载入京华

京梅 著

北京燕山出版社

图书在版编目（CIP）数据

载入京华 / 京梅著 . — 北京 : 北京燕山出版社，
2019.6
ISBN 978-7-5402-5397-4

Ⅰ . ①载… Ⅱ . ①京… Ⅲ . ①人物—生平事迹—北京
—现代 Ⅳ . ① K820.81

中国版本图书馆 CIP 数据核字（2019）第 103449 号

载入京华

著　　者：京　梅
责任编辑：邓　京
封面设计：王　鹏
出版发行：北京燕山出版社有限公司
社　　址：北京市丰台区东铁匠营苇子坑路 138 号
邮　　码：100079
电话传真：86-10-65240430（总编室）
印　　刷：北京世纪恒宇印刷有限公司
成品尺寸：152mm×235mm　1/16
字　　数：330 千字
印　　张：27.125
版　　别：2020 年 1 月第 1 版
印　　次：2020 年 1 月第 1 次印刷
书　　号：ISBN 978-7-5402-5397-4
定　　价：58.00 元

大学时代的作者与姥姥合影于自家小院

京城老字号大北照相馆特级摄影师为作者拍摄的肖像

作者采访梁从诫

作者与毓嶦及其夫人合影

作者与郭耕在麋鹿苑

作者与韩德民

作者与李滨声

作者看望金宝森

目　录

怀念

特写

载人京华

溥任

李滨声

周 汝昌

梁从诚

专访

韩德民

郭淑珍

溥任
末代皇弟的养生秘笈

初识溥任先生，是在去年夏天恭王府花园里举办的溥心畲艺术研讨会上。

他很魁梧的身量，着一套浅色西装，精神饱满，一点看不出是年近八旬的老人。可是，他很沉默，基本上不大讲话，只是在发现台湾方面印发的材料上有明显错误时，才纠正了一句："恭亲王不是道光第七子，是第六子，第七子是我祖父。"矜持克制的姿态颇有天潢贵胄遗风。

以后，由于工作关系，又与他有过数次交往，才发觉他其实是一位谦和、淳朴、做事很随意的老人。然而他并非面对任何事情都唯唯诺诺，没有主见。去年，某电影厂投拍了一部以醇亲王载沣代皇兄光绪出使德国道歉一事为题材的故事片，其内容与历史的真实大相径庭。溥任先生得知后，四处奔波，终于使有关部门出面干预，制止了影片的上映。此次，刚接到我的采访电话，老人就高兴地告诉我："上次跟您说的那事儿已经解决了。多亏了大伙帮忙，领导重视，不用再提……"

爱新觉罗·溥任，1918 年出生在北京什刹海北岸的醇亲王府，是第二代醇亲王——摄政王载沣第四子；末代皇帝溥仪的胞弟。

溥任祖父，第一代醇亲王奕譞是道光皇帝的第七子。道光二十六年，当六十五岁的道光皇帝自感老之已至，开始考虑立嗣问题时，帝位的竞争就在他的第四子奕𬣳（即咸丰皇帝）与第六子奕䜣之间展开了。其时，奕譞年方七岁，不足以构成竞争力量，看起来已注定与帝位无缘。可谁又曾想到，在以后的二十几年中，咸丰皇帝与其独子同治皇帝先后英年早逝。1875 年 1 月，在慈禧皇太后的一再主张下，奕譞四岁的儿子载湉被选入紫禁城，延祚称帝，就是光绪皇帝。1908 年冬天，37 岁的光绪皇帝病入膏肓，11 月 13 日，同样重病在身的慈禧太后召见光绪胞弟，第二代醇亲王载沣，宣布立其长子，三岁的溥仪为嗣皇帝，是为宣统皇帝。

显然，在中国最后一个封建王朝即将结束的几十年里，醇亲王府一直以它特殊的位置处在一个举世瞩目的政治漩涡中。个中滋味，其人自知。也正是因为这个缘故，醇王府的后裔，甚至一切与溥仪有关的人们，似乎都被笼罩上一缕神秘的色彩。

去年冬天，当我第一次踏进蓑衣胡同 2 号溥任先生居住的小院时，就颇有些类似感触。那是一座向北开门的二进深庭院，院内的房屋高大且古旧，北面一进院儿空着没人住，里头的建筑已然残破不堪，溥先生跟老伴儿只住南院的正屋。时值冬季，院子里没有绿色，唯老树枯枝，衰草斜阳，令人顿生出"乌衣巷口夕阳斜"之类的慨叹。

而今，再次造访，寂寞小院已然盛满了绿意，草色正浓，花树正香，溥老的心情也随之大好。他告诉我，受国内某杂志社之邀，明天一早，他就要赶飞机到苏、扬二州参观游览去啦！

谈起养生，溥老颇有些自豪道："我 80 岁了，可身体很好，还能骑自行车满处转悠呢！不是那句话说'生命在于运动'么，我就是常活动，爱满处走走。打年轻的时候就这样。"

载入京华

"您年轻的时候爱好哪方面的运动，比如说打球、游泳什么的？"我问。

"那倒没有。我小的时候，家里管得严，一直到结了婚才准许一个人出门，更甭提打球、游泳啦！"

"溥老，有件事我一直挺好奇，以前在中国没有像样游泳场所的时候，所有贵族子弟就全都不游泳么？"

"不游，贵族家的孩子很少有游泳的，只有平民百姓家的男孩子才光着屁股下河游泳呢。我二十岁以前，身体并不特别好，也是常有病，主要是运动得少。

"后来呢，一个是经常活动；再一个就是我生活一直都很有规律，这也是身体健康的原因之一吧。小时候在王府里头有王府的生活规律，1956 年以后上'市立小学校'教书，每天更是按时上下班，准钟点的，下了班骑着车逛逛东安市场的旧书市，看看电影什么的，挺好！"

"嗯，从您坐立行走的姿态，就能看出，打小是被严格规范过的。"

"王府的规矩是不少，可也不都是好习惯，甚至有的还很不科学。我给《紫禁城》杂志写过一篇叫作《清季王府于饮食医疗偏见》的文章，说的就是这方面的问题。那时候王府里小孩子一病，大人就以为吃多了，再加上请来的御医也想当然地以为王府里吃得太好，小孩儿们容易存食，就常常地告诫王爷、福晋少给小孩子吃山珍海味和油腻的东西，这就更引起一种谬误，以为小孩儿就是不能给好的吃。所以家长们往往因为爱孩子太过，在他们生病的时候，很残酷地采取所谓'饥饿疗法'，不给小孩儿东西吃，或者只给吃很少的一点粗粮。我的嫡祖母叶赫那拉氏，也就是慈禧太后的妹妹，一共生了四个儿子，除了长子载湉进宫当了皇帝以外，剩下的三个全都是幼年夭折，据说就是因为爱子心切，经常让他们处于饥饿状态，以致营养不良，身体过分虚弱造成的。其实这种'饥饿疗法'是很没有科学依据的，早在雍正年间，就出过一本叫作《庭训格言》的书，内容是回忆康熙大帝说过的话，就录有康熙皇帝对此观点的看法，您认为什么事都得一分为二地看，小孩子生了病，病跟病还不一样，有的病应该禁食；而有的病还应该增加营养呢。其实这说得挺对的，也不知道后人怎么反倒糊涂了。"

"您小的时候还禁食么？"

"反正也不让多吃。那时候讲究吃老米，认为老米好，上档次。那老米是黄色的，其实就是在仓里放得时间长变色（shǎi）了，我觉得还不如白米好吃呢！就经常背着大人拿老米饭跟用人换白米饭吃，他们还挺高兴的。"

"那您这种'忤逆之举'后来被发现了么？"

"没有！一直也没人知道！"溥老诙谐地笑出声来，那神态里有一丝得意，一丝狡黠，仿佛又回到数十年前的儿童岁月。

"不过王府里也有不少好的规矩。"溥老继续道，"主要是我父亲这个人比较古板，很少跟外界交际，抽烟、喝酒、赌博什么的一样儿也不会，一天到晚地就是看书、画画，或者写写字，我从小到大一直跟着父亲，所以受他的影响很深，旧社会里不好的习惯自然也就一点没沾。现在有人请我打牌玩，我说不会，人家都不信，说：'您这样家庭出来的人能不会打牌？'其实，我真是不会。

"还有，我觉着要想身体好，最重要的还得经常保持心情愉快，我就是这样。"

"心情愉快"？是啊！莫看这简简单单四个字，人生在世又有几人能够做到？它要你在红尘纷杂、世事无常中心若止水，平气如兰，置一切荣辱得失于化外。就如自幼生长醇王府的溥先生，在经历了民

载入京华

国、日伪以及"文革"等一系列家国兴衰、沧桑巨变后，却依然保有宁静与乐观的心态，这——真的不是随便一个人就可以做到的！或许，这便是他健康、长寿的重要秘笈吧？

去年冬天，第一次走进溥任先生简陋的书房，一眼看见东墙上高悬着大清醇贤亲王奕譞亲笔书录的治家格言：

> 财也大，产也大，后来儿孙祸也大。借问此理是若何？子孙钱多胆也大，天样大事都不怕，不丧身家不肯罢。
>
> 财也小，产也小，后来儿孙祸也小。借问此理是若何？子孙钱少胆也小，些微产业知自保，俭使俭用也过了。

"溥老，这真的是原件吗？"我问。

奕譞手书的这份治家格言，在近代史上颇有知名度，不少清史学者在文章中旁引这一格言，以论证奕譞恭谦、谨慎、隐忍、退让的性格特征与处世哲学。我难以想象，这样一幅"真迹"，在历经一个多世纪的风云动荡后，仍旧完好无缺地保存在他后人的手中。

"是原件，您仔细瞧瞧，原先都快碎成片了，后来又找人重新装裱的。"溥老答道。

哦，好高超的手艺！不离近了，几乎看不出。

奕譞的谨小慎微，向来被认为是缺乏政治家风骨。但是，他的儿孙两代却都做了皇帝。从这个意义上讲，你能说进不是退，退又不是进么？而从治家的角度论，这样一个格言，就是拿到当代也颇具襟怀，极有见地。作为奕譞后人，溥老的平常心态或许正源于此。

1947 年，不满三十岁的溥任随父亲创办竞业小学，到 1956 年私立学校改为市立，他始终在校教书，一直到 1988 年退休，统共做了 41 年的教育工作，可以说是当了一辈子小学教员，清贫自甘。他说他热爱这个工作，他所有教过的学生都跟他挺有感情。在他的那个专门录记大事件的本子上，工工整整抄着一首自己创作的七言律诗：

雨中琼岛

—— 为厂桥人大代表联谊庆祝教师节作

画堂玉砌倚栏时，

水漾秋光太液池。

雨落前溪荷擎露，

风吹两岸柳垂丝。

五龙亭外烟波爽，

玉蝀桥头景色宜。

盛会讴歌人尽乐，

尊师重教口皆碑。

从厂桥小学退休后，溥任先生依旧很忙，他是北京文史馆馆员，并且连任了七、八、九三届北京市政协委员，开会学习、参观讨论等社会活动很多，他总是恪守职责，认真地做每一件事。闲下来的时候，他仍旧是看书、写字，逛逛旧书屋，转转什刹海，回忆些陈年往事，那是许久许久的过去，又仿佛就在昨天……

他从未动过以自己特殊身份赚钱的念头，他甘心就这么平平常常地生活。今年初，一位企业界朋友同我一起来拜访溥老，看见他偌大的几间陋屋里只有一个小炉取暖，屋内的陈设也如此简陋，不禁慨叹，昔日堂堂王族，末代皇弟，如今竟生活得这般俭朴！于是，动心思想赞助溥老一个一万多块钱的电炉子。不久，我小心将此"信息"透露给溥老，他却十分得体地拒绝了："那么大的炉子多费电啊，我

载入京华

这个挺暖和的。"

辞别溥老时，已是下午四五点钟光景，夕阳正红。庭院中，两株蔽荫的椿树，遮护着满庭花草。此时此景，光阴静美、芳馥悠长……溥老忽指北院的一株桑树道："您瞧，这么多桑葚，没人吃，熟透了就掉地下，全都可惜了。"

我伸手去够那些深紫色的桑葚儿，溥老也帮忙。一会儿工夫，举手可摘的都吃光了。八十高龄的您，跳起脚来，去够那些更高处的果实。我急忙打开镜头盖，却没能拍下那极为精彩的一瞬。

1998.5.20

2015 年 4 月 10 日，溥任先生安详离世，享年 97 岁。

韩德民
医生的人生应该很精彩

一位天才的舞蹈家曾说："假如没有舞蹈，我只是一个很平凡的女人。"相识韩德民，给我的第一印象恰恰相反——假如没有医学，他仍然是一个很优秀的男人。

对于大多数北京人来说，韩德民的名字并不陌生，2003 年春天"非典"爆发之际，是他临危受命，担当起北京市卫生局常务副局长、SARS 医疗救治总指挥的重任。

现在，打开互联网，搜索"韩德民 同仁医院"，各种论坛、会议、培训、书籍出版、专访、新闻之类的东西就会铺天盖地涌出来，可以想见，身兼数职的他，日程是怎样被这一切填得满满。尽管如此，当我通过手机短信约访，他却仍旧"慷慨"允诺："可以，时间大把。"其幽默性情可见一斑。

采访约在北京秋季一个阳光明媚的午后，走进他那间宽敞明亮的办公室，迎面一大捧鲜亮的花束正泛着馨香。

"这是昨天我的学生们为教师节送的。"韩德民解释着。他说刚刚在新疆主持"光明行"和一个学术会议，昨天飞回北京。于是，我的采访就在这花儿的浓郁馨香里展开。

载入京华

1. 最看重"韩大夫"这个称呼

京梅

韩院长，你的简历让我目不暇接，医生、学者、管理者、教授，所有这些身份中，你最喜欢哪个？

　　韩德民： 你注意到没有，我给你回信息，署名是韩大夫，我发信息，都是用的这个署名。

京梅

好，韩大夫，我注意到你跟很多媒体都讲过，你觉得自己身上肩负着缩小中国医学专业领域与国际先进国家差距的历史责任。那么，目前在你所研究的领域，国际最先进水平是怎样一种状况，中国的水平与他们还有多大差距？

　　韩德民： 改革开放以前，应该说我们的总体水平与国际上差距巨大，这主要表现在医疗设备、基础研究以及新理论新技术的临床实践方面。近十余年来由于国家经济建设发展迅速，差距在明显缩小，不少领域我们还走在前面，比如鼻内镜外科技术、呼吸睡眠疾病外科治疗以及人工耳蜗技术等领域。原因是设备条件改善很多，病人多实践机会多，积累的经验也就变得十分丰富了。没有大量的病人，医生技术水平的提高是不可能的，所以我常说病人是医生的上帝，就是这个道理。

京梅

我知道你到过许多发达国家讲学、考察，能否将中国的医疗卫生状况与这些国家做一比较。

> **韩德民：**世界各国每年都会公布给医疗事业的投资，这个是公开的，比如：美国有 3 家医院管理集团进入了世界 500 强，整个医疗卫生产业占 GDP 的 14%；而日本更高，占到 15—18%；中国只有 5% 左右。其次是对人的重视程度不同，比如，美国医院最大的支出就是人力资源，大概要占到总支出的 50% 以上，我国医疗机构的最大支出主要是药品、设备和基建，人力资源支出所占比例不到 20%，其中包括庞大的行政和后勤人员，比较而言，医护人员的技术劳动价值远未得到体现。另外，在发达国家，医疗集团的管理，基本实现了职业化，这种管理至少包括市场营销、人力资源、财务、科研教学、信息等多个方面；而我们医院到现在还少有职业经理人参与管理，这就造成了成本核算缺位，大量利润跑漏。其实与发达国家相比，目前我们的医疗水平、设备、医源并不差到哪去，差距在于管理，在于体制结构与运行机制。

京梅

目前医改也确是个棘手的问题，你认为中国未来的医疗体制应该采取怎样一种模式？医院应该如何发展？

> **韩德民：**具体应该采取怎样一种模式，我不好说，因为我的身份只是一位医务工作者，决策是国家的事情。但在全球经济迅速一体化的今天，我们的医疗卫生领域也总是要与世界

载入京华

通行规则接轨的，当然世界各国的模式也是五花八门，存在不小的差异，但发达国家的总体趋向是，保障大多数人的根本利益。比如：在日本，得了急病是可以先治病救命的，过后大部分费用都是由政府埋单。我在日本留学时，就见到一位同窗得了急性胰腺炎，他当时上的保险也不多，最后在急诊住了两个月，所有费用都是政府出的。不过若是得上皮肤病一类的"富贵病"，去医院做一次检查，就得花销半个月的生活费，而且还是自掏腰包。它的宗旨其实就是先保障全民的基本医疗，再提供不同层次有偿的医疗服务。

再比方美国，它拥有强大的传染病防治体系和无与伦比的公共卫生监测网络，这就使全社会的公共卫生得以充分保障。2003 年春季"非典"流行期间，美国口岸的管理看起来似乎很松散，其实不然，他的 CDC 跟踪水平可以有足够的保证。无论采取何种模式，我们的医改无疑也应当首先保障公众性和公共性，对个人（急诊）及社会突发的紧急情况（如"非典"）一定要保证有强大的控制能力。其次，应该为绝大多数人健康度过一生提供基本的医疗卫生保证，这种保证应该由政府、单位、个人和社会保险体系共同投入参与完成。此外，在实现社会大众的基本医疗保障之后，医疗服务应该适应社会各阶层的需求，提供有偿性服务。

2. 医院最可贵的是公益性和公德心

京梅

医生在美国，以及很多发达国家，都是最受尊敬的职业，而在中国却不是，你认为这是为什么？

韩德民： 你认为呢？

京梅

一个国家的吏治是否清明，走在大街上，单看警察就一目了然；而社会文明程度如何，看医生的地位就可以了，因为医生是治病救人的，一个文明程度较高的社会，医生的社会地位也必然高，甚至高于行政官员，反之也是一个道理。

韩德民： 你这么明白干吗还问我啊？

京梅

（笑）可我不是你啊，这只是我个人的观点！

韩德民： 我同意你的观点。

京梅

"非典"时期，中国的医务工作者，也曾经备受政府与公众的赞扬与尊敬，仅仅几年时间，医患关系却异常紧张。患者骂医生黑，医生怨患者刁，甚至竟有不少做医生的朋友常常向我发牢骚说："都是你们这些记者，把我们搞成这样！"你认为，这一问题的症结在哪儿，作为管理者你会有怎样的作为？

韩德民： 这个问题很难回答，因为个中的原因很多很复杂，不是谁的责任的问题。在市场经济的今天，医院大都已经市

载人京华

场化了，而管理体系却仍然是计划经济的，二者之间矛盾深刻。当然体制的转轨是需要一个艰难过程的，所以我觉得国家有责任通过各种途径让全社会都了解这些，从而能够顾全大局，而不是片面强调各自的局部，只有这样才能给医务工作者以信心；也最终给老百姓一个满意的回答。当然，这样说对于那些制定政策的实践者可能不公平，中国地域那么大，情况那么复杂，站在他们的层面，可能有更多不为我们了解的情况需要去权衡。至于改善医患关系，我作为一个医院院长，所能做的就是在现有环境下，推进医疗服务全过程质量管理，最大程度提供使顾客满意的医疗技术和服务，比如加强对购销领域关键环节的控制与监督，杜绝"红包"、回扣，以保证患者利益不受损害；当然，我们也非常重视与媒体之间的沟通，要求让真实的信息第一时间收集到领导层，第一时间发布给具有公众责任感的媒体，第一时间在院内外披露，将医院的公益性和公德心透明地展现出来，提高医院正面的社会形象。

3. 念念不忘 30 年前的老主任

京梅

这些说起来多少有点沉重，好，不谈"国事"了，说说个人，你的气质、你的做事风格，常给人一种沉着、理性，甚至有点清高、冷峻的味道，但当我阅读过你的资料，发现你其实是一个很容易怀旧、很重感情的性情中人，你好像一直念念不忘 30 年前一位姓张的老主任。

韩德民：那还是 1976 年的时候，我刚从中国医科大学毕业，被分配到当时学校的战备医疗队耳鼻咽喉科，那时候觉得特憋屈，按说我这么大的个子，应该是一个当外科医生的料，而且我做外科的功夫也的确不错，在学校时比赛打手术结，没几个能比过我的，凭什么硬要我去耳鼻喉？想不通，于是就"罢工"，不上班了！那时候正是 6 月，雨水不断，有一天晚上下大雨，我饭也懒得吃，一个人关着灯，躺在宿舍里怄气。突然有一个穿着蓑衣、雨靴全副装备的人进来，拉开了电灯，我一看是耳鼻咽喉科的张立主任，他那时候就已经快 70 了，应该说是我们国家很有影响的老教授。老爷子进了门，从湿淋淋的蓑衣里捧出来一个用小棉垫包裹着的饭盒，打开一看是几个热腾腾的粽子，"端午节，你熊老师（张主任的老伴）给你包的，你就趁热吃了吧。"老爷子一边说着一边又从口袋里掏了半天，掏出来一小包白糖，倒在饭盒盖儿上，然后坐下来给我剥粽子。我当时的心理防线一下就都崩溃了，眼泪唰地涌出来，我说张老师，我明天跟您上班！老爷子一听，激动得差点把手里的粽子扔地上。至今为止，一想起这段历史，我就很感动。

京梅

呵，几个粽子，一小包白糖，就这么把中国的一位医学天才拉进了耳鼻咽喉领域，这老爷子情商也够高的！现在看着你材料上那一大堆成就，我都觉着眼晕，想不通一个正常人，怎么能同时做成那么多事？

韩德民：那你是说我不正常啊（开玩笑）？其实啊，我这个人只不过比"正常人"用功，能吃苦而已，从小就是不肯服输

载人京华

的性格，17 岁上农村插队，城里的孩子哪儿干过农活啊，可到后来，愣是能把 180 斤重的麻袋一举过肩，肩膀一层一层脱皮，然后就长上老茧；在清河工地上 18 磅的大锤我一口气抢 180 次，拿到全农场的冠军。刚才说的打手术结一分钟最多 80 个，现在很多医生都觉得不可思议，怎么打的？练的！晚上不睡觉，较劲啊！再说解剖吧，当年入门时，我在张立教授的指导下每天晚上做尸头解剖，一做就是三个多月，当然也包括后来的勤学苦练。所以，今天我在这个领域的解剖基础，应该说是没几个人能比过的。在耳鼻咽喉科，气管切开属常规性手术，有点年资的医生都不屑一做，但我从不回避。我在中国医大一院工作 10 年，那段时间医院最多时每天能有十几例气管切开，只要有了病人，我会随叫随到，参加过多少次紧急气管切开的抢救已经记不清了。后来到同仁医院不久，遇见一例意外的手术，病人是个孩子，在例行手术完成，麻醉师拔管的一瞬，他突然窒息，而且嘴巴咬得很紧，气管内也灌进了很多血，麻醉的管子无法插进去！生死一瞬，只有切开气管！我近乎本能地抢过链状刀，一刀切开气管，插管成功，吸出气管内血性分泌物，氧气跟上，很快，病人的心跳回来了。那次手术之后，我大病一场，平时很少生病的，可能当时心里还是太紧张，你想啊，要是当时那一刀下去，角度、长短、位置稍有偏差，病人就有可能死在手术台上，假如没有那些年大量临床实践的历练，后果可就难说了。另外呢，你看到的那一大堆所谓成就，不能说就是我一个人的，比方说我主编了十几本书，那也是由我组织然后大家做的；现在做手术，有时候也只是做最主要的那部分，其他由助手们做。一个人的力量总是有限的，群体的力量无穷。作为一个管理者就得学会用人，敢用比自己聪明比自己强的人，要允许周围的人超越你，这需要一种勇气。

京梅

这些年，引入 MBA 管理人才，以及一些知名专家加盟，对同仁医院的发展的确意义深远。不过，像你这样一人身兼数重身份，做那么多事情，那你还能过一个正常人的生活吗？比如，享受一下亲情、友谊。

> **韩德民：**说起来这应该是我的弱项，心底还是有愧疚的，牺牲最多的还是家庭。像我女儿，我基本上就没怎么管过。还记得她小时候上幼儿园，有段时间她妈妈上夜班，只能由我接送。那时候，我正准备考研，常常是当我去接，幼儿园里就只剩下她一个孩子，每一次都是带着满脸的泪水扑过来，眼睛哭得跟桃似的。至今想起当时情景，仍是一种痛的感觉。

京梅

你也挺不容易的，豪言壮语就不说了，那么艰难奋斗到日本，拿到博士头衔，又决定回国，那时候你对医生在中国的学术和职业环境有没有了解？回来以后后悔过吗？

> **韩德民：**之所以选择回来，确实就是有一种使命感，好像是一种冥冥之中的东西。我自幼生长在这里，经历了那么多，怎么可能不了解中国！但有句话说得好，"适者生存"，把这个规律看透了，你就能低下头，做很多别人不愿意做的事情。我刚到同仁的时候，身份是博士后，但参加临床工作，根本

载人京华

没有说话的资格，只能在后面看，就连查房这样的事，也是排在进修医生的后面。一段时间下来，我把每个人的水平基本上摸得差不多了，有一天面对一群喉癌病人，我问，能不能让我谈谈看法？主任们也没当回事，就让我说，我从第一个病例开始说起，一直到第五个，依据我的研究基础以及当时国际流行标准，系统分析了这些病例。有人说既然你说得这么好，那做做看看行不行啊！于是我开始主刀做喉癌手术，第一天做了一例喉垂直部分切除，声门重建；第二天又做了一个喉水平声门上切除；第三天做了喉水平垂直半切除；第四天做了全喉切除……一连几天做下来，全院哗然，说耳鼻咽喉来了一把刀，了不得！主任、副主任，都上台了，说差别的确是太大了！

其实，人生就是这样，最大的精彩在于战胜自我，最初几年的"沉寂"，让我得以将全部精力集中在专业上，中国耳鼻咽喉大学科建设的思路就是在那个时候形成的。现在经历的事情多了，回过头一看，人生就是这么不断地经历磨难，经受考验，你必须正视这个伴随终身的现实。其实，磨难对于人性的修养、意志的锻炼，对于一个人将来适应更艰苦的环境和担当更重要的责任，都是非常值得的。

4. 争议中决策：收购金朗大酒店

京梅

我知道，无论当年做"非典"总指挥、院长，还是医生，你常说的一句话是："有什么问题我负责！"这也是你的人生态度？

韩德民： 人活在世上需要有责任感，大有大的责任，小有小的责任，古人不是说"穷则独善其身，达则兼济天下"吗？医生的天职是为患者服务，他所承负的是生命的责任，危急时刻，为解除死亡对患者的威胁，有责任感的医生应该有勇气承担一切风险。而作为一个管理者我身上所承担的是医院发展、学科进步，进而代表国家站在世界医学前沿的责任，为了这个责任，我就不能计较很多得失，计较社会上这样那样的说法。

京梅

你一直是一个有争议的人物，当年收购金朗大酒店时，就有不少传闻。

韩德民： 岂止传闻，确实经过严格的立案审计。结果如何呢？历史已经证明了当时的决策正确，金朗大酒店的全面破产、倒闭、拍卖，价格是当时地产界的最低谷，对于同仁医院来讲，是一次绝无仅有的天赐良机，因为在同仁医院周围的环境当中，再选这样的地方已经不可能了！后来金朗被我们改造成东院区，增加了300多张病床，在一定程度上缓解了住院难的问题；设在这里的服务实验区，物业社会化、竞聘上岗等也多见成效。说到人生态度，我信奉十九世纪英国思想家塞缪尔·斯迈尔斯的格言："一个伟大的人生，尽管会随着生命的结束而终结，但是，它将永远是展示人类力量的里程碑。谁能登上人生职责的最高峰，谁就是他所属的族群中最杰出的人物。"

载人京华

5. 当医生就要用最大的能力来体现病人生命的价值

京梅

你认为做医生最重要的素质是什么？或者说什么样的人才能成为这个领域的大家？

韩德民： 当医生要治病救人，首先你得有这个能力；然后是责任感，医生面对的是人，不能有半点差错和失误；然后呢，要身体好、心态好，因为这个职业很辛苦：看不完的书，值不完的班，做不完的手术。此外，心理承受能力得强，敢冒风险，抢救危重病人是把双刃剑，一个好医生要永远把病人利益放在第一位，才能在有效的时间里实施最有效的措施。而对于生命的敬重，我认为是任何医学大家所必须具备的风范，生命的价值高于一切，当医生就是要用最大的能力来体现病人生命的价值。

京梅

能讲一个你自己的例子吗？

韩德民： 2005 年春节，还记得吗？下了一场特别大的雪，京津塘高速公路封路。有一位职员急于回北京，开车从辅路返回，结果超车时为躲避对面行驶的一辆货车而发生追尾，前挡风玻璃撞碎，他的半边脸整个被撕开，颅底多处骨折，血管、神经严重损伤，气颅，右眼失明。在这种情况下，如不及时手术，视神经被长期压迫，有可能引发交感性眼炎，导致双眼都失明！甚至继发颅内感染死亡！如果做出保守性的处理，医生不会有任何责任；选择手术呢，难度太大，如果不成功，病人会随时死在手术台上，医生可能被追究责任。眼科、神经外科的会诊意见是不适合手术。经过仔细分析，我决定做这个手术。晚上 7 点手术开始，整个过程诸多凶险，有个观看的老医生甚至承受不了。一直做到午夜，手术成功！两个星期后，他就能朦朦胧胧看见光影；三个月以后，两侧视力几乎恢复到一样……类似这种事，做医生的都会遇见，要是你总在想，呵，这个不成，太危险，成功概率不大，一朝失误，我的一世英名就完了啊！那你就永远都不要做了。

京梅

这么丰富的人生经历，最让你难忘和感动的一件事是什么？

韩德民：2004 年 7 月，我率光明行医疗队赶赴青海班玛县，那里距西宁 400 公里，因为路不好走，需要十几个小时的车程。到达那里后，当地群众见到我们特别激动，都自发地排起队伍，用"火贡"的仪式欢迎我们，听当地官员讲，火贡是藏民们迎接尊贵客人的最高礼仪，而今天，在他们心里，这是把医生当作活菩萨了！

第二天，当我们准备开始给藏民们手术，他们却又不肯，坚持一定要给活佛和僧人先做，他们才做；而活佛们此时正在祈祷，祈祷医疗队能给更多的藏民做手术。此时，我觉得这些活佛的确是很高尚的，关键时候他们想的不是自我、金钱，而是众生！

你看在这样一个平均海拔 4000 米，自然环境那么恶劣的高寒

载入京华

地方，人的灵魂却得到一种如此纯粹的升华！

京梅

给活佛做过手术吗？

    韩德民：做过。

京梅

那可得说说！

    韩德民：那个活佛好像是十世班禅的堂侄，青海格鲁派文都寺的住持。他得的是中耳炎，鼓膜陈旧穿孔。开始我让助手修补，后来一个多月过去了，穿孔还是不愈合，他又不愿开刀，我只好披挂上阵，显微镜下仔细清除穿孔缘的上皮，然后贴上蛋膜，穿孔竟然奇迹般地愈合了，有些神奇！

6. 尊重中医，不轻易否定自己不知道的东西

京梅

不神奇，古往今来的大家，身上都有一种特殊的场，你看病的时候，不光是开药开刀，也有这种场的影响啊（开玩笑）！顺便再问一个问题，前段时间，满世界讨论"取消中医"，包括一个所谓影响很大的学者、院士都站出来说话，你怎么看这个问题？

    韩德民：这可能与中医现阶段发展缓慢的现状有关。然而，

对一个存在了五千年的学科，仅仅因为某一时期的相对滞后，就提出取缔，这显然不是科学的态度。目前，以中医的思维模式，的确难以解决甚至解释许多现代医学的问题，但你不能因此断定它就是伪科学，因为任何科学都不可能解决所有的问题，就说西医，也不是所有问题都能解决啊！

至于你说的有位影响很大的学者，他可能在自己研究的领域里有所成就，但离开那一领域，其实也和普通人一样，知之不深。但作为一位科学家，说出的话是对社会有影响的，所以就更需要深入思考、谨言慎行，这是社会责任感问题。

京梅

难得你这么看，我认识的不少西医都对中医持否定态度。

韩德民：我想，这与个人的文化底蕴有关。相对茫茫的宇宙时空而言，人类的生命太短暂，太脆弱。人对自然世界和自身的认识也才刚刚开始，不能说科学就只是你用现代科学证实了的那点东西。中医与西医之间、自然科学研究之间应该相互尊重，不要轻易否定自己不知道的东西。你在自己的专业上有发言权，离开熟知的领域，可能没有多少发言权，更要谨言慎行了，否则就会表现得肤浅。

京梅

你心目中真正的科学态度是什么样的？

韩德民：相对历史的发展而言，"科学"的确仅仅是一种态度，就是不断对旧有思维模式、定论提出质疑与挑战。缺少

载人京华

了这样的探索，人类的科学就不会向前发展。长期以来，在医学领域有着与制造业相类似的思维方式：引进、模仿、延续。似乎前人、外国人创造的东西，一经认定便是金科玉律。像我们开展的"睡眠呼吸暂停低通气综合征"手术治疗，无论国内外，一代代医生们多少年重复着同一个动作——将口腔内的部分软腭、悬雍垂一刀切掉，引起不少并发症。实际上，人体的结构是千万年以来，人类进化过程中保留下来的，凡是没有退化的生理组织结构必然是有用的。软腭和悬雍垂之所以在进化中被保留下来，正因为它对咽喉负有重要的防御之责。伤害或切掉它会使人在进食时发生误吸误咽、呛水呛饭；说话失去抑扬顿挫的效果，出现开放性鼻音、鼻漏气。1997 年，我提出保留结构，维系功能同时剔除多余组织的手术思路，就是这样一个小小的改变，使病人术后的生活质量得到明显改善，这个手术思路在国内外得到广泛的推广。这应该算我追求科学的态度吧。

京梅

近期主要在做什么？

韩德民：我在关心喉癌肿瘤生物学特性和生长扩展方式的研究，因为年轻医生们在开展外科手术治疗或综合治疗时缺少这方面的功底，影响了治疗效果。另一个问题就是我们作为国家重点学科或重点实验室发展尚不均衡，需要组织国内外力量联合做些事情。当然，也有些医院管理方面的工作，包括新建的医院要开业。

京梅

我认识不少贵院的同仁，他们都很关心医院未来的发展方向，特别是最近社会上有传言，说医院将来都改成公务员制，得知我来采访，纷纷要我打探——韩院长将会把他们带向何方？

韩德民： 这件事我没有听说，不大可能吧？如果是这样，国家的医疗负担会加大到难以承受。我们国家现在是市场经济体制，尽管出于某些历史与文化的原因，医疗，人们不大愿意承认它是一种市场，但谁也回避不了它客观存在的市场氛围。所有医院的设备、必需品以及运行消耗等，哪一件是没有成本的？不需要进行核算？我们思考问题，不能离开客观存在，只要是存在的就有它的合理性，重要的是如何将它变得更加科学、和谐、合理。在市场经济体制下，医疗产业化是一种必然趋势。尽管这个产业是一个影响到国计民生、关系到人们健康的产业，但它的发展也不可能完全依赖国家的财政扶助，不可能单纯依靠地区性有限的医疗资源，它的成长需要立足本土，放眼全国，甚而面向全球经济。在 2006 年中国 500 最具价值品牌排行榜上，同仁医院以 37.6 亿元人民币的品牌价值排名第 167 位，在全国医疗卫生行业中名列第一。这个是我们的优势，因为一个好的品牌有利于低成本扩张自己的规模，从而最大限度调动资金和人力资源，规模化采购医疗设备和必需品。而这些成本降低后，最终受益的是老百姓。我想，未来的发展就是要建立起一个适应市场体制、适应首都城市定位和居民健康需求的综合医疗体系，具体说就是要以一种长效、有效的机制，保证服务质量，创造优良的就医环境，提升医院整体的运营水平，满足群众日益增多

载入京华

的多层次医疗服务的需求。

京梅

现在中国医生的职业环境面临很大挑战，就这个问题，你想不想为同行们说上几句话？

韩德民： 你说到中国医生的职业环境，这确实是一个问题。以美国为例，医疗产业链的龙头是保险业，完善的保险制度为医生、医院以及投资方等各方面的行为提供了保障。我们现在的医生需要承担的压力确实很大，以医患纠纷而论，大都是需要医院和医生直接承担。然而，还是那句话，我们的医疗体制正在改革的刀尖上，现在伤口没有愈合，甚至还在流血，你必须要正视并且面对这痛楚的一段。特别是当我们面对患者，人家在弱势，在困难中求你，你从职业的角度，有责任去帮他。病人把生命托付给你，就是对你的信任！如果你到过青藏高原，你就会更加真切地感受到这种信任的价值。在那里，当我看到人们为健康相互祈祷时，那样一种虔诚与庄重，心里特别地感动，我觉得深怀那种对于生命的爱，正是我们这些从医者需要具备的仁心、仁术。

也许是我太热爱自己的职业了，我觉得，医生的人生应该很精彩！

原载 2007 年 12 月 7 日《北京日报》15 版

姜俊贤
让全聚德薪火相传

对大多数京城百姓来说，姜俊贤这个名字是陌生的，可若要提起"他的买卖"——全聚德，相信那是无人不知无人不晓：几年前，当电视连续剧《天下第一楼》在央视一套热播，全国观众曾迅速掀起一个品尝全聚德烤鸭的"高潮"；2007年，从上半年前门老店的"封炉、存火"歇业整修，到下半年股票上市、改用"电烤炉"，全聚德一直都是媒体关注的焦点。相比起全聚德的大名，它的掌门人姜俊贤是低调的、务实的。走近这位优秀企业家，这个代表国家接过中华老字号薪火的人，听到的是一段段精彩的故事。

1. 全聚德"这炉火"已进入国家级非物质文化遗产名录

京梅

前些日子听说全聚德改用电烤炉制作烤鸭，网上争论得很厉害，据说在新浪网调查中，有 76.88% 的网民持反对态度，认为这是严重的文化流失，有人说："传统工艺没了，原汁原味丢了，这还是北京烤鸭吗？干脆改叫肯德鸭得了！"看见这样的评论，您心里是什么感觉？

姜俊贤：我很感动，这说明广大消费者对全聚德是有感情的，对老字号、对我们的传统文化是热爱的！我想，大家的反应，在很大程度上可能是因为我们对这件事给出的解析不够清晰。实际上，现在这种烤炉并非简单的电烤炉，它是运用现代 IT 技术模拟人工烤制过程的智能烤炉。从 1864 年挂炉烤鸭自宫廷传到民间，100 多年来，全聚德烤鸭一直凭的是人工相承的经验；而今，现代科技既然已经能够完全模拟传统的烤制过程，就应该加以利用。

京梅

电脑模拟烤鸭过程？

姜俊贤：对，我们的专业研究人员，在测试了 1000 多只鸭子烤制的全过程、收取数万个数据的基础上，制定了时间、温度、湿度三维合成的技术指标，如：前 10 分钟的温度、湿度应该是多少；之后半小时的温度、湿度又该是多少……这些东西，在过去凭的是经验；现在，我们将它们设定好，输入电脑芯片，用电脑程序指挥烤鸭炉，就可以烤制出与人工一样，甚至比人工更好的烤鸭。因为人工烤制会因人而异，比如，小师傅经验不足烤不好；老师傅体力差了、情绪不好，也可能受影响。而电脑确定的指标只会使烤鸭的质量更稳定、更有保障。

京梅

可电脑烤炉是没有明火的啊？又怎么能保障烤出来的鸭子与传统的完全一样呢？

> **姜俊贤：** 全聚德传统上所谓的"明火挂炉"，并不是将鸭子直接放在火上面烧烤，而是像烘干衣服那样的烘烤，实际上利用的是热辐射循环原理，把烤鸭子时的潮气带走，所以烤出来的鸭皮才能是红亮、酥脆的。

京梅

但传统挂炉烤鸭使用木柴，烤出来的鸭子有果木香味儿，这一点又如何保持？

> **姜俊贤：** 配制天然果汁和糖色，提前刷在鸭坯上，这样烤出来的鸭子同样能有果木香味，甚至比原来更浓。

京梅

其实，"智能烤鸭"之所以遭受众多质疑，不仅仅在于口味，更重要的是全聚德烤鸭的手工技艺经过百年传承，也已经成为全聚德传统文化的一个组成部分，人们来全聚德吃饭，就包括要吃出这种老北京的文化韵味，如果全聚德全都改成像肯德基、麦当劳那样工业化的流水线制作，那么它所拥有的文化内涵会不会发生改变，会不会大打折扣？

> **姜俊贤：** 这是一个问题，电脑虽然可以模拟人工，但它毕竟不是人工，所以，我们目前仍在培养手工烤鸭的继承人。在

载入京华

028

029

我们北京的主力店，只要是具备明火条件的，都保留着适当数量的烤炉，进行传统的人工烤制，供前来就餐的消费者参观。另外，人工烤鸭技艺作为全聚德一项古老的文化技艺，我们申报了国家级非物质文化遗产，现在已经进入名录，它一定会同其他众多优秀的传统文化一样，长久流传下去，这一点，我相信我们能够做到！

京梅

嚯，这可是功德一件！

姜俊贤： 事实上，全聚德使用这种智能烤炉已经好几年了，只不过一直到"2007年度北京商业高峰论坛"时，才由我们邢总经理向外界透露这个信息。烤炉的更新换代，是市场发展的必需。近几年黄金周时，我们和平门店平均日销售额在100万元左右，大概每天得卖出3000多只鸭子，靠人工怎么烤得出来？更主要，连锁经营的迅速扩大，要求我们必须解决标准化、自动化的问题，如果仍然用传统的烤制方法，全聚德的百年手工技艺就会外传，这样，不仅我们的专利会流失，传不好还有可能砸了这块老牌子！而现在就简单多了，我们规定每个连锁店必须使用智能烤炉，炉子由我们提供，而且只租不卖，炉子设定的使用时间与合同时间相一致，这样既保证了连锁经营的标准化，保住了品牌信誉，也保护了我们的专利。

另外，对于现代城市来讲，木柴炉子存在环保、安全等问题，像香港以及其他一些海外城市就禁止使用明火，如果不使用智能烤炉，就不可能在那里发展连锁。

京梅

是啊，全聚德"这炉火"可是宝贝，我听说前门老店的炉火从 1864 年点燃后就从来没再灭过，真有那么神奇吗？

姜俊贤： 20 世纪 30 年代，前门老店烤鸭炉两侧有一副对联："金炉不灭千年火，银钩常挂百味鲜"，这火说的就是全聚德烤炉里的火。那时候每天晚上打烊以后，烤鸭师傅都要"封火"——将还没烧透的柴炭扒到一起，用铁锅扣上，但不能扣死，得留一点缝儿，让它能透气儿，这样木炭慢慢地燃烧，火就不会熄灭。到第二天上工，揭开铁锅，续上新柴，炉火很快就熊熊燃烧起来。就这么日复一日年复一年，全聚德的炉火始终不灭，迄今为止，全聚德仍沿袭着这一传统。去年前门老店装修时，我们特意准备了一个铜铸的宝鼎，将炉火引入，派专人看管，每天都要添加燃料，开张的时候再把它请回来，重新点燃……可以说，老店炉火的延续对全聚德来说意义重大！

京梅

那么，作为全聚德的领军人物，面对着这样一炉百年老火，给您一只鸭子，您能烤出来吗？

姜俊贤： 坦率地说，我不会烤。不过，用现在这种烤炉，我想应该没问题吧？你们媒体不是称其"傻瓜烤炉"吗？

载入京华

2. 连锁，吃出的还是北京味儿

京梅

十几年前，当肯德基、麦当劳进入中国市场，人们说吃它们实际上吃的就是美国文化。现在，全聚德的发展模式和管理手段已经与这些美式快餐基本相同，那么，现在我们的消费者来这里，吃出的又有多少老北京的文化味儿呢？

姜俊贤： 这个问题提得好，正是出于这样的考虑，我们的"连锁"没有片面照搬美国模式，当然，借鉴他们的经验，建立起一整套发展连锁经营的体系是必需的。为此，我们投资建成了食品配送中心，投资兴建了我国第一条鸭坯开生、晾坯、冷冻连续作业生产线，引进了薄饼生产线等机械设备。统一质量、统一品种、统一进货、统一加工、统一配方、统一配送，这是从运营上讲。但中餐取料丰富、制作复杂、品种繁多、口味差异大等特点，都决定了它不可能像美式快餐那样的绝对标准化。拿全聚德来说，我们现在有几百种菜品，国内外80多家店全都采纳一个标准不可能，也没必要。你不要说到国外，就是在中国，南北各地的口味差异也很大。所以，我们最后确定了以烤鸭为代表的48种特色菜为贯标菜——必须严格按照统一的技术指标制作，其他可根据各自的市场需求、经营特点开发适合不同口味的特色菜。

京梅

所有贯标菜都要量化吗？

姜俊贤：当然，这是一项繁杂的工程，光第一批的二十几个菜就花了 8 个月时间。比方说荷叶饼，当时我们的师傅也有一个传下来的标准，叫作绵如纸薄如镜，绵如纸就是搁在手里揉跟纸一样柔软，薄如镜就是把这个饼搁在盘子上，能透出盘子底部的花来。后来我说，这不行！太模糊，绵如纸是什么纸，新闻纸、复印纸、还是牛皮纸？薄如镜薄到什么程度，是 0.1 还是 0.5 毫米？必须用尺子量一量，最后制定出来一套标准。

这是说给菜品定标，另外我们的店面、就餐环境，也没有像肯德基、麦当劳那样搞成统一的形式。像我们的前门老店，利用一面清代全聚德的老墙，重现了昔日老店原貌：老账台、八仙桌、瓷算盘、打散酒的黄铜酒舋子、手动上弦的留声机……客人一进门，就会有青衣小帽的"店小二"迎上来："几位，里边儿请！"——地道的老北京味儿。

京梅

能不能讲讲老店的历史？

姜俊贤：这个店铺最初的名字叫"德聚全"，是一个山西人开的干鲜果品铺，到同治三年（1864 年），因为生意不好，濒于倒闭，被当时在附近摆摊儿售卖生鸭的杨全仁买下来，之后请风水先生来看，先生说这是一块风水宝地，只需将原来的旧字号调个个儿，改成"全聚德"就会财运亨通。后来杨全仁在此开起了炉肉铺，又高薪请来原清宫包哈局（包哈为满语下酒菜之意）专伺烤鸭的一位孙姓师傅，挂炉烤鸭从此由宫廷传入民间，而全聚德也由此长盛不衰。

载入京华

京梅

说起这个老店，好像电视连续剧《天下第一楼》就是你们投资拍摄的吧？

姜俊贤：是我们与紫禁城影视公司合作拍摄的，这个剧在中央一套黄金时间播出后，我们各店的营业收入和接待人次增长了50%以上，这让我们看到，深厚的历史文化底蕴，是全聚德在激烈的市场竞争中立于不败之地的一张王牌！此外，2002年我们还赞助北京人艺复排了话剧《天下第一楼》，聘请中央新闻纪录电影制片厂拍摄了专题片《百年全聚德》，出版了《全聚德今昔》《全聚德的故事》《品味全聚德》等书籍。

京梅

目前，全聚德所开的连锁店都能成功吗？有没有失败的？

姜俊贤：有，2001年广州开了一家特许加盟店，是广州一家外贸公司投资的，刚开业时生意很好，天天排队，不预定都吃不上。可后来，加盟商觉得从北京进鸭子路途远、成本高，就背着我们悄悄收购当地的湖鸭替代。这样一下就砸牌子了！因为，全聚德烤鸭的用料是非常讲究的，必须得是北京填鸭，因为这种鸭子生长期短、脂肪丰厚、肉质鲜嫩。目前我们都是定点专供的，对鸭苗、饲养时间、饲料等都有具体要求。即使这样，送来的鸭子也要经过严格筛选，比如重量，就要求2.5公斤，上下有一个幅度，差多了不行。另外，对鸭表皮也有要求，有淤血有划伤的都不行。这样烤出来的鸭子才能通体枣红、外酥里嫩、入口醇香、油而不腻。

等我们得知这一情况，马上派一个团队过去，但为时已晚！2002 年这个店倒闭，《羊城晚报》以《全聚德兵败羊城》为题，在头版进行报道，新华社很快转发，造成的负面影响很大。我们也从中吸取了教训，发展连锁经营不能只求速度，宁可慢一点，也不能让品牌形象受损，因为全聚德的品牌在消费者中影响实在是太大了！

另外，还有一件事情对我触动很大：禽流感期间，为防止烤鸭滞销，我们特意准备了烤鱼、烤肉，可后来发现，禽流感好像对烤鸭的销售没什么影响，我们就问顾客，他们说："闹禽流感，要么就不吃，要吃就来全聚德！"这么重的信任我们岂能辜负？！

京梅

那目前能否对特许加盟店采取一些有效的管理措施呢？

姜俊贤：以前发展特许店，主要是由于资金上的短缺，不得已而为之。2005 年，我们与首旅集团进行重组后，连锁已转为以直营为主。特别是去年上市成功，集团的现状已今非昔比，今后要重点发展直营店，对正在经营的特许店也会通过协商参入一定股份对其加强管理。

载入京华

3. 业绩是一只一只鸭子烤出来的

京梅

说到股票，可得祝贺您！这么大的手笔，上市 9 天 8 个涨停，据说第一天就刷新多个纪录，好像是每股 42.3 元收盘吧？比发行价上涨了 2.7 倍以上，以至那些老记们都惊叹"姜是老的辣"！这么大好的形势，为什么您在接受采访时却明确表示"不希望全聚德的股价像中石油一样"？

  姜俊贤：全聚德股票上市之前，很多机构都预测在 20 元以上，我也觉得涨幅不会太低，但我还是希望投资者保持一个比较冷静的态度，我不希望我们的股票出现暴涨暴跌，甚至像中石油那样高开低走，最后把股民套住的情况。而是希望它逐渐地往上升，让大家都有钱赚。买了我们的股票，就是我们的股东，对投资者负责，这也是全聚德文化精髓的一部分。

京梅

后来我见到有一篇文章说，全聚德上市首日造就 18 位千万富翁高管，真是这样吗？

  姜俊贤：讲实话，当初我们设计内部持股时，根本还无暇考虑"富翁"的问题。无论高管层、技术骨干，还是普通员工的股份，都是在〇一年国家提出"加大国有资产改革力度"时，按照有关政策给出的。我觉得企业员工持有内部股权，是一件好事，它会让大家成为一个利益共同体。我们的持股者都与公司签有协议，三年之内不准抛，特别是管理层，在任职期内都不得转让，这会让这只股票非常稳定，避免出现管理层为了变现而炒作的问题。

京梅

那，现在情况如何？这问得是不是有点不合时宜？

 姜俊贤：没关系，全聚德股票从开市时每股 30 多块钱，最高涨到 70 多元，到现在是 50 元左右，应该说抗跌能力还是比较强的。

京梅

那您认为股票抗不抗跌的主要因素是什么？

 姜俊贤：这很简单，股票投资被称作"炒股"，从目前的中国股市来看也确实如此，很多股票都是被追捧被炒出来的，但全聚德不是，我们的鸭子是一只只烤出来的，目前已经销售了大约 1.2 亿多只。这个数字虽然听起来不小，但和全国 13 亿人口比就不大了，平均每 10 个人还没吃到一只呢，所以我们的未来市场也是很有潜力的，我们有信心让全中国人民每人都能吃上一只烤鸭！

京梅

全聚德好像是第一家进入中国资本市场的老字号餐饮企业？

 姜俊贤：是。从西方餐饮市场经验看，餐饮业经过群雄逐鹿

载入京华

格局后，最终将形成引领市场的几大品牌。目前，中国餐饮市场也开始进入品牌时代，而进入品牌时代的一个强大支撑就是资本市场，所以说也有压力啊！全聚德上市的表现不仅仅代表全聚德本身，还关乎餐饮业同仁的期待。

京梅

您认为，未来全聚德究竟还有多大发展潜力？

姜俊贤： 全聚德作为全国最大的餐饮集团之一，目前净资产量近 7 个亿，无形资产价值 106.34 亿元，在中国餐饮业 500 强座次排定中，被评为正餐之首，已获 300 多项荣誉和奖励。我们现在共有 80 多家门店，按照计划，到 2010 年，我们在国内的连锁企业要达到 100 家以上，形成一个全国的市场网络，至于未来，我个人判断，在中国内地发展 300 家店应该没有问题。另外，我们现在国外有 5 家门店，目前也在探讨海外发展的新模式，如果能够实现，那发展国际市场也很有希望。

4. 每年春节都去看望"杨掌柜"的后人

京梅

纵观全聚德 140 多年的历史，何时有一个精明强干的"掌柜"，何时就生意兴隆；反之就萧条。您到全聚德工作这 15 年，从组建集团、发展连锁，到股份公司成功上市，可以说是迄今为止全聚德历史上最有成就的一任"掌柜"了，对这一角色，您的感受如何？

姜俊贤：在全聚德工作这 10 多年，是我一生中最累的。过去，在工厂当过厂长、在局里（北京市第二服务局）做过副局长，从来没有哪一个角色比做全聚德的老总更累！但我觉得这种付出很值，因为有收获——全聚德发展壮大了，职工的收入增加了，尤其是上市以来，就像你们媒体说的，造就了那些"富翁"，这些都让我很有成就感。但是，在全聚德工作，我感受最多的还是责任：对民族品牌的责任，对历史的责任。当全聚德的老总，只能成功，不能失败！

京梅

那这些年有没有感到特别困难，甚至力不从心的时候？

姜俊贤：力不从心倒还谈不上，但困难确实不小，品牌老字号在带来经济效益的同时，也背负着历史的包袱。比如 100 多年来形成的固有思维定式、复杂的人际关系、40 多年计划经济形成的传统管理模式等，可以说每走一步都很不容易。不要说股份制改革、建立配送中心这样的大事，就是很多技术性的细节推行起来都很难，比如：全聚德 100 多年的规矩，都是师傅从宰鸭子开始一直到把鸭子烤出来，一个人全活儿，对流水线作业他们一开始不能接受，当第一批鸭坯生产出来拿给他们去烤的时候，有人甚至扔在地上说这东西根本不能用。再说那个"傻瓜电烤炉"，刚开始研制的时候，大伙儿都很高兴，说有这样的炉子，以后干活儿就不那么辛苦了。可到了炉子研制好那天，师傅们反而不踏实了，说"有这个炉子，那还要咱们干什么啊?!"这样问题就来了，第一台样机是在晚上运到和平门店的，到第二天早晨要试机时，突然发现零件被拆了。遇见这样的事，说不生气是假的，但从另一个角度去想，这些师傅，他们也是因为对全聚德这个老字号倾注了自己的心血和感情。不管怎么说，这一切现在都已经过去，大伙儿最终还是理解和支持了我。

京梅

中国人常说"舍得"，有舍才能有得，对每一个成功者都是如此，您觉得，在您成功的背后牺牲的东西多吗？

　　姜俊贤： 牺牲肯定是有的，比如说属于个人的时间与空间。我很喜欢读书，年轻的时候游泳也还不错，可现在哪有这个时间？所以我每次出差都拿着一本书，3 个小时的行程，对别人是一种无奈，对我却是一种享受。若说舍弃，1983 年，我 33 岁时已经是当时北京市为数不多的最年轻副局级干部之一了，1993 年调全聚德之前，很多人都劝我不要轻易舍弃仕途（因为那时候企业已经不再保留行政级别了）。现在，很多当时一起工作的同志都成了省部级领导。

京梅

但是，历史会记下一个创业者的名字，而不是某个平庸的部长！

　　姜俊贤： 我对自己的选择并不后悔，我最欣赏《钢铁是怎样炼成的》一书中保尔·柯察金那段话："人最宝贵的是生命，生命对于每个人来说只有一次。当他回首往事的时候，不会因虚度年华而悔恨，也不因碌碌无为而羞耻……"但说实话，要说牺牲，还是对家庭的牺牲最大，我对此一直心怀愧疚。

现在，只要有一点时间，我会尽量陪着夫人逛逛商场、跟女儿聊聊天儿。男人都希望有自己的事业，没有事业的男人，家庭也不一定幸福；而得到家人的理解、支持，对事业也是必需的，如果后院总起火，事业还怎么干呢？

京梅

您怎么看待婚姻？

姜俊贤：婚姻是一种责任。年轻的时候可能你说有爱情有浪漫，但归根到底它更多的是责任！尤其对男人来讲，他必须对这种关系负责，现在的很多男人都太随便了！

京梅

还是责任？就像对全聚德一样？姜总，我突然想到，144 年前，当全聚德的杨老掌柜将他求来的那块钱秀才"墨宝"（全聚德牌匾，为晚清秀才钱子龙题写）挂上新开张的小炉铺时，他肯定是做梦也想不到，100 多年以后，会有一个叫姜俊贤的"掌柜"把这个买卖打理得这么大——做成名闻全国的大股份公司，而这个"掌柜"跟他们老杨家没有一点血缘关系！

姜俊贤：我对老字号有很深的感情，每当听到一些老字号经营困难，甚至倒闭，我心里都特别难过。它们都是民族的无价之宝，是前人花几十年，甚至上百年时间创下的品牌，如果在我们这些接任者的手里没有发扬光大，反而毁于一旦，我们无颜面对江东父老啊！

载人京华

京梅

现在，全聚德与创始人杨全仁的后人还有关系吗？

姜俊贤： 杨全仁的第五代孙女杨宗满，原来是我们前门店的副经理，现在已经退休做顾问了。她的母亲也仍健在，80多岁了，享受我们在职干部的某些待遇，每年春节我们都要去看望她。她是一个非常明事理明大义的老人，我发自内心地尊敬她！近期由于股票上市，他们一些后人对品牌的属权有争议，她表态说："全聚德如果不是政府成立集团，也没有今天，你们不要看现在上市了就提出这些……"老太太确是见过世面的大家闺秀，据说，五二年全聚德经营困难濒临倒闭时，她曾经卖掉自己的嫁妆给工人发工资。后来实在经营不下去了提出歇业，政府没有同意他们的申请，而是拿出资金公私合营。

京梅

与其他许多老字号相比，应该说全聚德是幸运的。那么，在这风雨飘摇的100多年里，除了烤鸭的美味，它有没有留下什么从未改变过的东西？

姜俊贤： 有！无论世事变迁，全聚德始终保持着它"创业、创新、创一流"的企业精神，虽然这7个字是现在总结归纳的，但它是全聚德百年历史形成的一种永不服输的精神！从挂炉烤鸭的引进，到"鸭票子"的发行；从最初仅有烤鸭、鸭油蛋羹、鸭丝烹掐菜、糟骨鸭汤的"鸭四吃"，到今天拥有400多种菜品的"全鸭席"；从最初旧胡同深处的老炉铺，到如今拥有丰泽园、仿膳、四川饭店以及通过聚德华天公司管理的鸿宾楼等20多家优秀老字号餐饮品牌的中国全聚德（集团）股份有限公司，全聚德的发展历程，就是不断适应时代，不断创新的历程。

京梅

不变的是永远在变，嗯，富有哲理！

> **姜俊贤：** 你就说30年前，那时候人们生活水平低，吃顿烤鸭就为解馋，吃得满嘴流油那才过瘾；可现在呢，你再烤成那样的鸭子就没人吃，所以现在全聚德烤鸭的标准是酥脆醇香，油而不腻。

京梅

有什么新的绸缪？

> **姜俊贤：** 怎样适应新的消费者群，是我们正待研究的一个重要课题，其中包括：菜品、服务方式、就餐环境，以前尝试过搞烤鸭快餐，但效果不理想，短时期内我们不准备再搞。现在，初步想要搞一个卡通片，从文化渗透的角度来争取和培养未来的消费者。总之，尽管百年名号未变，但今天的全聚德已不是144年前的全聚德了，我想再过20年、100年以后，全聚德也不会再是今天的全聚德。

京梅

那100年后的全聚德是什么样？

载入京华

042

043

姜俊贤：我也不知道，但我相信，餐饮是一个永恒的行业，它会不断地发展、丰富，过去有人说餐饮没文化、科技含量低，这是不对的，中国的美食文化博大精深，世界公认。

原载 2008 年 4 月 11 日《北京日报》15 版

李祥霆
让世界听懂古琴

　　萌生采访李祥霆的念头，缘于读到作家迟子建一篇名《苍苍琴》的文章，说某次她陪几位外国作家去听香港城市大学举办的古琴演奏会，参加演出的有多位国内名家，由于剧场大，古琴音量小，演出效果不好，以致那几位外籍作家有的提前离座，有的酣然入睡。但李祥霆的出场，由于其演奏风格"粗犷豪放，如同一阵急雨，沁人肺腑，声声入耳"，致使一位尼日利亚作家大喊："我喜欢他！"接下来迟子建评价说："看来李祥霆那苍凉雄浑的琴风，与尼日利亚大地上回荡的风是相似的。"

　　地地道道兴起在华夏的文化土壤，陪伴中国文人三千年之久的古琴，怎么会与尼日利亚的风相似呢？

　　一个冬日午后，我来到李祥霆位于京南陶然亭附近的居所，这位曾经有过 5 年海外教学经历的中央音乐学院教授，给我的第一印象是善良、率直，不要说同"尼日利亚的风"画上等号，就连那一首苍凉悲壮的《潇湘水云》，也让我很难想象出自这位身材瘦小的老教授之手。

　　沏上一杯碧绿的香片，李祥霆告诉我，他前两天刚刚从欧洲演出归来。

载人京华

1. 古琴，是全世界都能听懂的音乐

京梅

这一次是什么演出？

> **李祥霆：**是上海市政府为宣传 2010 年上海世博会，与法国、比利时大使馆合办的中国非物质文化遗产文艺演出。

京梅

很成功吧？

> **李祥霆：**很好！这一次总共演了四场，分别在比利时的欧盟总部和巴黎的法国音乐厅，古琴很被看重，场场都排在第一个，在巴黎演的那场，去的都是法国上层人士以及各国驻法的外交官，反响特别热烈。

京梅

那您觉得这些外国人，是真的能听懂古琴吗？还是附庸风雅，听个新鲜？

> **李祥霆：**2003 年，古琴艺术被联合国教科文组织列为"人类口头和非物质遗产代表作"，成为公认的人类共同的精神财富。而早在 20 世纪 70 年代，美国发射的一颗宇宙探测飞船上，专门放置了向可能存在的外星智慧生命介绍地球人类文化的镀金唱片，古琴《流水》的录音就是其中重要的一曲，整整七分多钟的全曲！实际上，自从 1982 年在英国举行的第

一次独奏音乐会之后，凡是在西方演出，我都觉得特别从容、坦然，不光是自信，更对观众有信心，一般来说，我选的曲子他们都能接受、喜欢，特别这次用的琴又好，是一张唐琴。

京梅

听说 1982 年的那场演出是古琴历史上的第一次独奏音乐会？

李祥霆：没错，国内国外那都是第一次。

京梅

中国古琴史上的第一次，竟然是在英国！不过，李老师，别说是 1982 年，就是现在，古琴已经成为"人类口头和非物质遗产"了，大部分的国人还是对它缺少了解，不少人以为，古琴就是古筝。在这里，您能不能为我们系统地介绍一下古琴？

李祥霆：古琴是我国古老的弹拨乐器，产生在大约三千年前的商周时期，在当时只称"琴"，近代为区别于其他乐器，才改称"古琴"。中国古代文人所谓"琴棋书画"四艺之首的琴，指的就是古琴。商周时期，用以规范士大夫、文人阶层交往、行为的《礼记》中有"士无故不撤琴瑟"的训诫，说明在当时，弹琴是每一个士大夫、文人、贵族都必须掌握的技能。

古琴的外观，长度为三尺六寸五分，暗合一年的三百六十五天；琴身上圆下平，象征着中国传统"天圆地方"的宇宙观；琴身由上至下，有琴额、琴肩、琴腹、琴尾等，象征人体，加在一起，代表着天、地、人三才。

载人京华

在我国古代乐器中，只有古琴既留下了乐器，又留存了丰富的音乐文化和理论文献。几乎历代都有关于琴家、琴曲、琴艺的记载，以及以古琴为中心的故事和传说。春秋时的孔子就是一名出色的琴家，他所教授"六艺"之中的乐，就有弹琴咏唱诗歌的项目；汉代的名家更多，最著名者为东汉时期的蔡邕，他撰写的《琴操》一书传至今天，是中国音乐史上的重要文献。关于他，还有一个传说，说有一次他被朋友邀请做客，走到那家门外，听见里面有弹琴声，蔡邕听了那琴声，竟突然掉头离去。过了一段时间，朋友相见，问他那日为何爽约，他答说，我在门口听到你家的琴声透出一股杀气，就没敢进去。朋友大惊：那天弹琴时我见到螳螂捕蝉，螳螂又怕蝉跑掉又想抓它，莫非就是"这股杀气"入了琴音吗?!

京梅

能有这么神奇啊?!

李祥霆：只是一个传说吧，说明古代文人对琴的尊重已经带有理想的神话色彩。而到了 19 世纪中期，由于历史的原因，古琴开始走向衰落，20 世纪 50 年代，全国会弹古琴的还不足二百人！80 年代以后，古琴艺术得到了恢复和发展，估计现在国内外会弹琴的人已经逾万，尽管如此，与其他乐器比起来，古琴仍然是最冷门。

京梅

但古琴的收藏这些年好像特别热，〇三年嘉德拍卖的"大圣遗音"，听说是张唐代琴，可是拍到 890 万的天价啊！李老师，现在存在于世的最古老的琴是什么朝代的?

李祥霆: 目前已发现的最古老的琴, 就是唐朝的, 距现在一千多年的历史, 这样的琴全世界也仅存不到二十张, 但是应该说已经很了不起了, 要知道西方最古老的上等小提琴才不过三百年左右的历史, 全世界仅有上百把。

京梅
那确实可说是稀世之宝了, 这些琴现在都被什么人收藏?

李祥霆: 大部分都在大的博物馆或国家单位, 比如: 最著名的落有清乾隆皇帝御款的"万壑松涛"现在台北故宫博物院; 与之同时代, 名"九霄环佩"的琴共有 4 张, 分别在北京故宫博物院、中国历史博物馆和辽宁省博物馆, 只有一张为香港企业家何作如先生私人收藏, 就是我这次出国演出时用的那一张。该琴落款为"至德丙申"年(756 年)制, 是唐玄宗的第三个儿子李亨继帝位时的皇家制品, 算起来, 已有 1252 年的历史, 那一年, 诗仙李白 55 岁, 诗圣杜甫 44 岁, 又过了 16 年, 大诗人白居易才诞生……

2. 一世琴缘, 难忘恩师

京梅
说到琴, 我听说, 您好像自己还做过一把是吗?

李祥霆：那都是 50 多年前的事了，说起来话长。我出生在一个中医家庭，父亲和哥哥都是中医，可以说从小就是在传统文化的环境中成长。童年时，父亲给我们念唐诗，后来我又接触国画，13 岁时学会吹箫。1955 年，我父亲买了一台收音机，那时候收音机还算是新鲜物件呢！后来，就是从这台收音机里，我第一次听到古琴的声音，当时觉得那种美丽奇妙的声音，好像一下子就把我的心给提起来了！尽管我当时还不知道那是什么乐器弹奏的。后来，曲子播完，播音员说："刚才播送的是琴箫合奏《关山月》……"

"呵！原来这就是古琴！"此前我只在国画中看到过《携琴访友图》，在唐诗宋词上读到有关琴的名句，却不知道它的声音竟然是这样天籁般的美妙！从那时候起，我开始痴迷地寻找各种有关琴的资料，后来终于在旧书摊上买到一本《今古奇观》，在那上面找到关于古琴外观、结构的详细描述，于是决定按书中描写的样子，做一张古琴。

京梅

15 岁的孩子就自己动手做木匠活儿啊？

李祥霆：我小时候对什么都感兴趣，之所以敢自己做琴，是因为我们家邻居有一个木匠，他干活儿的时候，我经常在旁边看，大概知道是怎么回事，怎么用锯、用刨子、上漆上颜色。我当时是找来一块我父亲诊所过去用的牌子，拿它做琴身；用二胡弦替代琴弦；摁钉儿当琴徽，前后共用一年的时间，最后终于做成了。

京梅

听说斫琴可是一门手艺啊，您就这么一做，那琴能弹吗？

李祥霆： 能弹，我后来就一直拿它练，有一次还拿到学校新年晚会上，跟同学"琴箫合奏"，就弹《关山月》。拿着它往学校走的路上，同学因为都没见过，觉着新鲜，都问我："这是什么啊？"我说："古琴。"问："在哪儿买的？"我说："文具店。"因为那时候文具店也卖乐器。然后又问："多少钱啊？"我仗着胆子吹牛说："20 块。"他们就说："那么贵啊！"因为当时的工资低，一般人一个月也就挣几十块钱，所以 20 块就已经显得很贵了。

京梅

（笑）您也够有创意的！

李祥霆： 当然我做的这张琴，跟真正的古琴比是差远了，但也正是它带着我走进了古琴艺术的美妙境界，因为有了它，我后来才有勇气给查老（查阜西，李祥霆的第一个古琴老师，当代最具影响力的三位古琴大家之一）写信，倾吐对古琴的热爱，请求赐教一点弹琴的方法和一两曲琴谱。查老当时是北京古琴研究会副会长，中国古琴界泰斗级的人物，所以信发出去以后，我也并没抱太大希望，因为，毕竟当时我只是一名普通不过的小城少年。没想到的是，后来很快就收到了查老亲笔回信！他说，收到你的信我们很感动，我想要全力帮助你。然后，他提出几个问题：（1）你的家长是什么职业？他们能否供你到大学毕业？是否同意你将来搞音乐艺

载入京华

术?（2）你想学古琴是仅仅出于爱好，还是想学好它？（3）要学好古琴，必须对古典文学和数学有一定修养。你是否也喜欢古典文学和数学？

收到这封信的当天，我激动得都没怎么睡着觉，到第二天早晨，才提笔给查老写回信，表达了要学好古琴的决心。没多久，查老与溥先生（溥雪斋，爱新觉罗氏，当代著名古琴大师、宫廷派画家）共同署名给我回了第二封信，他说，既然如此那我就收你做徒吧！所以，我后来一直管查老叫"师父"，而不是老师。

京梅

这两个称呼有区别吗？

李祥霆：有，俗话说师徒如父子啊！师徒关系比较起老师和学生自然又近一层。后来1957年暑假，我来北京向查老学琴时，吃住都在他家里，免费的。此外，他还带着我游览名胜古迹、听昆曲、逛琉璃厂……临走还送给我一张清代古琴、两支洞箫、一本《琴学入门》、一册《今虞》琴刊；亲自送我上火车，后来看见天要下雨，又赶在开车前出站为我买来一把雨伞……

京梅

这可真是如父子啊！那现在这些东西您还都保存着吗？

李祥霆：琴谱、《今虞》琴刊和琴至今仍然珍藏着，可惜两支箫在"文革"中损坏了。相识查老，是我今生最大的幸运，可以说正是这位充满热情的琴坛领袖，影响了我一生的命运，他教会我的，不仅是琴艺，更有健康的人生态度。不过应该说，我还是没有辜负他老人家的期望，1958 年夏天，我顺利地考进了中央音乐学院，开始向吴景略（中央音乐学院教授，当代最具影响力的三位古琴大家之一）先生学琴。

京梅

从艺术上说，查老与吴先生，哪一个对您的演奏风格影响最大呢？

> **李祥霆：**我的艺术的基础，是查老为我打下的；艺术的主体是吴先生的；同时还受到管平湖先生的重要影响。比方说：我的《梅花三弄》是查老的真传，同时吸纳吴先生的优美风格；而《忆故人》是吴先生教的，但我加进了查老的典雅深远。

京梅

也就是说，您已经形成了自己的艺术风格！那么李老师，您的另一个"艺术风格"——那张自制的古琴现在还有吗？

> **李祥霆：**您还想着那张琴呢！ 1957 年我来北京的时候，最初没带那琴，后来查老说想看看，我才写信让我哥哥寄过来。查老看过之后也没说什么。后来有一天晚上，在查老院子里聊天儿，那天来了两个读历史的大学生，是天津大学的，也会弹琴。查老就指着那琴跟他们说："你们看，这是一张汉朝的琴。"大学生一看，觉得很奇怪，心里想，这汉朝的琴，琴徽怎么是拿现在的图钉儿做的啊？可他们当时又不敢说什么，

载入京华

因为查老是一位伟大的琴家、学者，肯定不会乱说啊，场面一时尴尬。查老见状呵呵笑了，用手一指我说："他做的！"后来，查老把那张琴送给了古琴研究会，"文革"时该会取消，库房里的东西散失掉，琴也就没了。

3. 不能打动听众的，肯定不是好音乐

京梅

自从当选为"人类口头和非物质文化遗产"后，人们对古琴的关注的确加大了，但对如何保护好这一"遗产"，好像存在不小的分歧，我听到一种说法，说古琴原是属于士大夫阶层自娱自乐的雅乐，不适合表演。

李祥霆： 古琴是一种高雅的古典艺术，但这种艺术是任何人都可以欣赏可以理解的，要说雅，中国雅的东西太多了，唐诗宋词雅不雅？《老子》《庄子》《易经》雅不雅？这些东西，现在的大众包括小孩子都能接受，变成人们的一种文化修养，为什么古琴就不行呢？现在有些人主张，说古琴不是文化艺术，是一种神秘的"道"，高深莫测，甚至超越了哲学。这是不现实的，我坚决反对！

京梅

这会不会与不同流派的艺术风格有关？

李祥霆： 不会！我的老师吴景略，是虞山派传人，按照一般

的说法，虞山派琴风应该是最为"清微淡远"的，但实际上，吴先生的琴曲却常常是根据内容需要，有的奔腾动荡、撼人心魄，比如《潇湘水云》；有的优美华丽，比如《梅花三弄》；还有的凄楚哀伤，像表现昭君出塞内容的《秋塞吟》，没有一个是"清微淡远"的。为什么？因为这些都是充满了人世间深情、豪气的经典之曲，吴先生作为一个古琴大家，他懂得艺术必须尊重作品的表达，尤其是对这些经历过千百年自然选择，流传下来的经典之作！

有一些琴人，总觉自己是在捍卫传统，坚守所谓"轻微淡雅"，其实传统并非都是他们理解的那样，唐代《琴诀》中，就有古琴"可以观风数，可以摄心魄，可以辨喜怒，可以悦情思，可以静神虑，可以壮胆勇，可以绝尘俗，可以格鬼神"之说。一个连鬼神都能感动的音乐，它能是不感人的吗？刚才您也提到，有不少观众在听古琴音乐会时犯困，甚至睡觉，为什么？那个音乐打动不了他。这样的音乐会，您说他下次还会再来听吗？音乐首先要感染人，不能感染人的音乐，肯定不是好的音乐！

京梅

您如何看待古琴的传承，在坚守与变异之间，您更偏重哪一边？

李祥霆： 任何艺术都是在不断的发展变化中求得生存的，这是千古一理。古琴也是一样，三千年来，无论是琴曲、琴谱，还是琴的本身，都在不断发生着变化。以琴而论，最初时曾经有过十弦、九弦、五弦，甚至一弦琴；以人而论，音乐强调的是每个人的灵气，跟老师一样的叫模仿，模仿从古代一直到现代,在哲学、美学上永远是一种错误。传承本身就是在不断地变化中进行的。事实上,如果你不变,很多东西就传不下去。为什么在中国,箜篌会失传?瑟会失传?失传的乐种很多,因为它不适合社会需要了。古琴如果继续不变,坚持脱离大众的所谓"轻微淡雅",那也注定将要失传!

京梅

过多的变异会不会影响到古琴作为非物质文化遗产的价值?

李祥霆:我认为不会。实际上,良性的变异,只会不断加强和丰富艺术的表现力。西方的羽键琴变成古钢琴;古钢琴变成现代钢琴,用现代钢琴演奏古代巴赫的作品,没有人觉得它不是巴赫。

京梅

听说您的每一场音乐会,都要留时间给观众,请他们出题,您作即兴表演,这算不算也是一种变异与创新?

李祥霆:其实我这样做的目的,主要是为了能跟观众之间建立起一种更加自然的沟通与和谐,以此来提高他们对古琴的兴趣。

京梅

效果怎么样?那些题目您每次都能"答"上来吗?有没有被难倒过?

李祥霆:都能"答"上来,不过有一次是差一点,那是在美国的一次演出，有位观众给我出了个题目——"旧金山飞机场"！最后，我不得不在演奏之前加了一段"开场白"，我说："我不会用琴去表现飞机起降时的轰鸣，但我可以表现飞机场充满了活力与祥和，表现人类追求和平与幸福的思想感情和精神。最好的音乐是表现人内心的感觉。"这么一说，也还算是圆满吧？

4. 古琴应该像唐诗宋词那样影响中国人

京梅

您如何看古琴在中国的发展前景？悲观还是乐观？

李祥霆：当然是乐观！我这个人，对事情很少悲观，1958年，我考入中央音乐学院时，我是那里第一个因为喜欢古琴而主动选择这个专业的人，往届学生都是因为入学成绩不好，才被调换到这个专业。在当时，民乐是被人瞧不起的，学生拿着二胡在校园里走，都觉着没面子，而古琴又是民乐里最小的乐种，当时对古琴的普遍说法是"难学、易忘、不中听"，大环境非常不乐观。但即使那样，我都没有悲观，现在，事实最终证明了我选择的正确。

京梅

那么您认为，古琴在中国文化中应该占有一个怎样的位置，或者换句话说它的分量到底应该有多重？

载入京华

李祥霆：应该像围棋、书法、国画那样被喜欢；像唐诗、宋词那样成为每个中国人的基础知识之一，对社会文化产生深广的影响！

京梅

您这个目标太宏伟太远大了！恐怕有一定的难度。

李祥霆：其实并不难，只要在中学音乐课上，放一个小时最经典的古琴演奏录像就可以了！让每一个接受了九年义务教育的中国人，都能在课堂上看到古琴的模样，听到最有代表性的琴曲：《广陵散》（现在世界上最古老的乐曲，来源于二千年前）、《幽兰》（其乐谱为现存世界上最古老的手抄谱，距今一千三百年以上）、《流水》《梅花三弄》和《潇湘水云》。

京梅

这确实是个不错的主张！

李祥霆：还有，全国各音乐院校、综合大学的音乐系都应该配备一位古琴专业教师；省一级以上的民族音乐团都应有一位古琴演奏员；各大学和省一级以上的艺术研究机构都应有一名古琴研究人员。从现在国家的综合实力来看，这类单位增加一个专业人员的编制，绝不是一件困难之事。而一旦踏踏实实稳步去做，逐步得以实现，会大大充实和加强对古琴这个人类共同的文化遗产的保护、继承，使其严谨、科学地传播发展。

5. "我是发疯级琴人"

京梅

说了半天古琴，也谈谈您个人吧，比方说，您的家庭、个人爱好、出版了几张光盘，销量如何？

李祥霆：我妻子原是北方昆曲剧院乐队的琵琶演奏员，现已退休，我们有一儿一女两个孩子。女儿是我院1992年古琴专业毕业生，女婿是德国李斯特音乐学院的钢琴教授，儿子在北京一家保险公司做评估师，他也喜欢听音乐，但不会弹琴。我的业余时间更多是用在写字、画画上，有时候也写点古体诗。

京梅

您的字画我都见过，那可不是什么"业余爱好"的水平，李老师，您可别因为怕我跟您要，就过分谦虚啊（开玩笑）!

李祥霆：不谦虚，在这上面我也确实下过不少功夫，50年代后期先后师从溥雪斋、潘素两位先生学画，后来在伦敦、台北也举办过个人画展。其实在我小的时候，与古琴邂逅以前，我的理想就是当画家。我现在出版有十多种录音录像光盘，其中有一张与美国音乐家即兴重奏的，在美国特别畅销，听说很多人都是当作"治疗音乐"买的。

京梅

那疗效怎么样？

载入京华

058

李祥霆： 这个我就不知道了，只知道销售还不错。不过 2003 年，这个盘曾经被当作抗击"非典"的放松音乐使用，据中日友好医院的跟踪调查问卷显示，古琴曲对缓解医务人员的焦虑、抑郁，改善睡眠、消化状况等都起到了积极作用。

京梅

再说说您给影视剧配音的事儿，对哪个戏印象最深？

李祥霆： 印象最深是 1996 年的《秦颂》，因为它讲的是琴师高渐离跟秦始皇之间的故事，是以古琴为主奏乐器的，剧情要求弹奏多段充满激情的古琴曲。但那是秦朝发生的事情，又不能用后世流传的这些名曲，一开始导演打算请作曲家作曲，再请演奏家演奏，后来我说只要你把想要表达的情绪、精神告诉我，我可以即兴演奏给你听。他听完我的演奏很兴奋，说："没错，这就是我要的！"

京梅

那开拍的时候怎么弄？您给演员做替身？

李祥霆： 不是，我只是要知道这段演奏是几分钟，表现什么内容，然后就是根据感觉弹奏，摄像师为我录制音像。然后，葛优就是对着我的录像模仿，实拍时跟着我的录音做弹琴动作。他的动作做得非常像，节奏都跟得很好，感觉很真实。

京梅

在资料上见到过很多对您的评价，其中有一位法国音乐台的编辑说您是"现今最伟大的中国最优美的乐器的诠释者，他能够将他艺术中的音乐性传达给对他的传统文化完全陌生的群众"。您怎么看这个评价？

> **李祥霆：**我觉得还是我们中国的古琴艺术本身就具有这种魅力，我只是将这种魅力充分表现出来了。

京梅

还有一位中国作家说您的琴风苍凉雄浑，与尼日利亚大地上回荡的风是相似的。您认为相似不相似？

> **李祥霆：**（笑）我不知道尼日利亚的风是什么样的，但我想，那可能是一种能让人振奋的感觉，看起来，人类的思想感情和智慧是相通的。

京梅

"看起来"，您是一个激情横溢的艺术家啊！那么我想知道，最近三年最令您难忘最打动您的一件事是什么？

> **李祥霆：**是 2005 年，我在美国旧金山艺术博物馆演出，300人的大厅座无虚席，只有二三十个华人，其他都是西方人。我当时的感觉是：我既为这些文化完全不同的人能够接受和喜欢我们的古琴而感动，又为我们的祖先在三千年前就能创造出全面表现人类社会感情和精神世界的成熟音乐而自豪！我把古琴艺术传播到这么远的地方，我没有辜负我的两位老师对我的大恩！

载人京华

京梅

最后请您告诉我们，古琴究竟是不是像原来说的那样"难学、易忘、不中听"啊？

李祥霆：古琴其实是乐器中比较容易入门的几个乐器之一，对学古琴，我也总结了三句话："喜欢就能学会；入迷就能学好；发疯就能学精。"

京梅

那您是属于哪个级别的啊？

李祥霆：这您还看不出来，我就是"发疯级"啊！

原载 2008 年 2 月 1 日《北京日报》15 版

张维良
中华国乐"第一箫"

第一次接触张维良这个名字，是在大约 10 年以前，因为对"箫"这种神秘的中国传统乐器发生兴趣，在王府井音乐书店"淘"到当时唯一的箫独奏盒式带《箫的世界》，独奏者即是张维良。前些时候，又闻现在身为中国音乐学院国乐系主任的张维良，已经被与他合作 18 年的著名电影人、2008 年北京奥运会开、闭幕式总导演张艺谋邀请为本届奥运会开、闭幕式的音乐创作人员之一。

一个初夏的午后，天空飘洒着小雨，我来到中国音乐学院院内的张维良寓所，拜访这位十年以前"相识"的神秘吹箫人……

1. 笛箫埙宛如中国山水画的"留白"

京梅

你好张教授，听说你是张艺谋导演邀请的这届奥运会开、闭幕式的音乐创作人员之一，能不能透露一点这方面的情况？

张维良：（笑）一谈到有关奥运的事我就紧张，因为从一开始我们就被告知，开、闭幕式之前，这些都属绝对保密的，据说这可是国际惯例啊！

京梅

我是在《箫的世界》音乐中认识你的，最近才知道，你最早是以笛子而闻名。另外从事埙、尺八、葫芦丝等许多冷门乐器的演奏，对笛子，读者都很熟悉了，而箫和埙这些乐器，大家普遍都不太了解，趁此机会也想请你给作一下介绍。

> **张维良：**好。不过要说箫，还是免不了先要说说笛子，因为笛子的历史应该说最古老，已8000多年了，但那个时候是骨笛；距今约4000多年以前，开始用竹子制笛，《史记》上记载说："黄帝使伶伦伐竹于昆谿，斩而作笛，吹作凤鸣。"笛子在汉代以前多是竖吹的，到汉武帝时，张骞通西域传入横笛，最初称"横吹"。我们现在所谓的箫，也叫洞箫，是竖吹的，汉代就有了，当时被称为"羌笛"，原为四川、甘肃一带羌族人民的乐器，公元前1世纪时流传到黄河流域，经过发展，逐渐演变成今天的箫。在汉代以前，横吹竖吹的单管乐器统称为笛或箎，到明朝为了与横吹之笛区分开，才将竖吹的这种乐器称作箫。
>
> 箫的形状也和笛子非常相像，一般用紫竹、黄枯竹或者白竹制作，管身比笛子稍长一点；演奏技巧基本上也和笛子相同，但与笛相比，箫的音色更加悠古、深厚，其表现力也很丰富，可用于独奏、重奏、合奏，以及一些地方戏曲的伴奏。箫的品类很多，常见的有紫竹洞箫、玉屏箫、九节箫等。

京梅

埙好像是陕西那边的乐器吧？我印象在参观半坡、河姆渡文化遗址时见过。

> **张维良：**对，在距今大约六七千年前，已经出现了埙的雏形，几千年以来，它一直都是为皇家所用的。其音色幽深、悲凄、哀婉、绵绵不绝，具有一种独特的音乐品质。《乐书》上说："埙之为器，立秋之音也。"我觉得这个说法再准确不过了，春天、夏天过去了，秋风吹过来，落下一片黄叶，感觉凉飕飕的。

京梅

但北京秋天，不光有落叶的凄凉，更有漫山遍野的红叶。

> **张维良：**对，我碰到很多音乐家、艺术家，不管是西方的还是东方的，他们都特别喜欢北京的深秋，既有时光如斯的淡淡伤感，又有成长与收获的深层感动，是那种缓缓的，非常厚重的东西。

京梅

你在大学时，好像主修的是笛子，但事实上，后来很多听众都是通过箫和埙这些神秘的、为大家所不太熟悉的乐器认识的你。这样的选择，是你当初设计自己艺术道路时的主观故意吗？这种爆冷门的选择，是不是意味着更容易成名？

> **张维良：**1977 年以笛子专业考入中央音乐学院民乐系，迄今

载入京华

为止我也从未间断过在笛子演奏和教学上的追求，1982 年在文化部举办的第一届民族器乐大赛上我获得笛子专业第一名，1987 年举办个人笛子独奏音乐会，全国媒体予以高度评价。要说演奏箫和埙更容易成名，那我还真没想过，我想主要还是缘于我对箫和埙的特殊偏爱吧，它们都是古代士大夫和文人墨客操弄的乐器，从某种意义上说，是中国文人音乐的一种体现和代表。埙的声音神秘、空灵、沧桑，犹如天籁之美，寄托了文人雅士们面对时光长河流逝的失落感，对封闭而沉重的中国历史无可奈何的批判精神。所以说，它不是一般用来把玩的乐器，而是一件沉思的乐器，怀古的乐器。而箫音色则凄迷幽怨，引人无限遐想，每当我想起它，心中总有一种悠悠然、凄凄然的感觉；每一次演奏，当肺腑之气通过那根小小的竹管从十指流出的时候，我已忘记了自我，时间和空间已没有确定的概念，我觉得我仿佛在与古人闲谈，在与自然对话……

京梅

你好像对"士大夫"特别情有独钟啊！

张维良： 当然！我一直认为，中国五千年文化中最精彩的还是文人文化、文人音乐，中国能真正压倒世界的也正是文人文化及音乐！应该让今天的中国人在代表中国文人音乐的箫、埙、古琴等音乐中，感受和领悟我们自己传统文化的厚重！

京梅

"文人音乐"的确魅力不凡，但是，古人也常说"曲高和寡"，你的这样一种定位，又有多少人能够接受？会不会影响受众面？

> **张维良：** 我想应该问题不大，我的很多光盘发行都在十几万张，其中《天幻箫音》发了 18 万。我的"粉丝"里也有农民啊！其实从人性的角度看，人类有很多情感是共通的，不分职业、学历和文化背景。比方说，面对一丛盛开的玫瑰，文学博士能感觉到愉悦，打工仔也一样的赏心悦目，所不同的是二者在表达这种感觉时的差异。而中国音乐的优点，恰恰在于它是一种纯粹的表达意境的艺术，儒雅、内向，留给人想象的空间，只需要感觉，而不需要文字。

京梅

就像中国山水画中的留白。

> **张维良：** 对！这就是中国的文人音乐，它是创造一种氛围、一种意境，提供一个引导性的东西，让不同经历、不同文化背景的人能够产生共鸣，留下回味。

2. 弘扬国乐不要有狭隘的民族主义

京梅

从多幅演出照上，看到的你都是一袭长衫，淡淡的书卷气，给人的感觉是很传统、很神秘、很文人，从你刚才的一番话里，也能证实这一点；可现实中，你的很多做法又都是反传统的，甚至有台湾媒体评论说你"不顾禁忌，叛逆国乐"，我不知道应该如何解读这种反差？

载入京华

张维良：我觉得我骨子里还是蛮传统，但传统不等于保守，现代也不等于胡来，继承传统不能食古不化，创新也不能是漫无目的的标新立异、哗众取宠。我想，历史走到今天，中国音乐需要发展各种的可能性，也唯有这样，它才能健康地发展和传承下去。

京梅

"各种可能性"是什么概念？

张维良：我们现在所处的时代，对艺术家来讲可谓是千载难逢，你看，各种文化的涌入，传统与现代、中国与西方、高雅与通俗……谁能在这些碰撞与融合中清晰地找到自己，谁就是一个成功者！用现代人的审美观念多方位开发中国的传统音乐，使中国音乐思维与西方音乐思维融合、传统文化意识跟现代人文意识的表达融为一体，就会出现"各种可能性"，我们那些古老的乐器就能够吹奏出属于今天和明天的、属于中国和世界的新声。

京梅

那至今为止，你尝试了哪些可能？

张维良：很多，包括以现代音乐的手法创作并演奏传统题材的作品；还有笛箫演奏与交响乐队的结合；与电子音乐的结合；与钢琴和室内乐形式的结合，等等。

京梅

箫的音量好像非常小，竟然可以和钢琴对手？

> **张维良：**正因为箫的音量小，在中国民族乐器中也属于小字辈，我才选择它与西洋的"乐器之王"钢琴合作，这样既能拓宽箫的表现形式，也能加大在媒体的宣传力度，扩大影响。前些年曾与加拿大著名钢琴家罗伯特合作，我们俩在舞台上，人，是一中一洋；乐器，也是一中一洋；演奏的曲目中西合璧；音乐的理念也是中西结合，效果很不错。

京梅

中国也有很多高水平的钢琴演奏家，不少人都在国际上获过大奖。你选择与西方音乐家合作，就是为了达到这种舞台效果？

> **张维良：**不是，我觉得钢琴发端于西洋，在西洋文化背景下成长起来的外国人对钢琴的认识，从理论上讲比中国人更深刻、更地道，而且，西方人富于理性，非常严谨，在合奏过程中能把握大局，收敛个性，紧密配合，合作起来更加轻松流畅。

京梅

有人说，中国的音乐明显落后于西方；也有人认为，音乐作为一种艺术，不具备可比性。你怎么看待这一问题？

> **张维良：**应该说中国的民族音乐，与国际审美情趣标准确实存在很大差距，不承认这个事实，就是狭隘的民族主义。如

载人京华

果单纯从不同的特质而论，艺术的确是没有可比性，但音乐不是这样：音准音色的统一、音域的宽广程度、音乐表现手段精彩与否等，全都是可比的！中国民族音乐的落后是历史性的，过去几千年，音乐主要是作为各种仪式上的配角存在的，乐器的演奏者是艺匠而非艺术家。应该说民族音乐功能的转型至今还不到 100 年，这种情况下，根本就不可能形成一套完整的体系。

京梅
那你认为，要改变这一现状，关键在哪里？

张维良： 在教学！现在世界正逐渐地向无障碍、一体化的方向推进，而无障碍的关键在于系统化教育。中国音乐从传播传诵的角度来看，留下来的文献很少，教材奇缺，这给现在的音乐教育带来一个难题。我觉得我们这代人应该承担起寻找、开拓、创建出一个规范化的民族音乐教育体系的历史责任。

在这些年的教学实践中，我也在逐渐改变传统以曲代功的教学模式，编写了大量练习曲，用以提高学生演奏的基本功。编写《箫曲集》《箫演奏法》等教材，尝试将箫的教学和演奏规范化、系统化。

3. 恩师一句话，成就今朝"第一箫"

京梅

应该说，经历了这么多年的打拼，你现在已经是一个非常成功的音乐教育家、中国笛箫演奏艺术的领军人物。从你的简历上，我看到赵松庭、陆春龄、冯子存、刘管乐等许多著名笛师都曾经是你的老师，在这些老师中谁对你的影响最大？

张维良： 应该说在艺术观和人生观的形成上，对我影响最深的是赵松庭先生。赵先生不仅在笛子演奏、创作、教学和理论研究上有着非凡成就，而且精通诗棋书画和戏曲，有着中国文人的逸情雅志，是一个文人音乐家。他在教授笛子的同时，也教学生怎么做人，我印象中最深刻的是他对我们讲："谁若染上计较门户的习气，不管吹得多好，我也不认！"我觉得就是这句话成就了今天的我。它不光使我在后来的日子里多方拜师学艺，也激励我在专业学习之余，向其他艺术门类的专家求教。比如：我曾经跟随王酩学习作曲；向李西安等不少音乐学学者请教理论创作、音乐史等方面的问题；与新潮音乐家、外国音乐家接触合作；与影视艺术家合作……这样的探索，让我在音乐观念上受到启发，得以站在更高的层面，以广阔的视角来审视中国民乐的发展、看待中国音乐的传统和现代。

所以我认为，我并没有背叛传统，我一直是按照老师教我的去做的。一个真正的艺术家，他的心灵应该是自由的、宽容的、无拘无束的……

载人京华

京梅

你是什么时候开始与张艺谋合作的?

> **张维良:** 大概 90 年代初吧,我还记得他第一次来学院找我时,我还住在学院刚分给的一间 40 平米的平房里面。他人很谦和,很有耐心,先是给我讲剧本,讲那个故事,然后就坐在那里,一种一种地听着我试乐器,那一次好像是给《菊豆》配器,最后选择的是埙……我原来以为,一个电影导演对音乐的理解不会那么到位,想不到他非常的细腻、非常有感觉。与他合作,让我看到了一个真正的艺术大家对艺术追求的执着、对工作的敬业。

京梅

好像张艺谋对你的评价也很高吧?

> **张维良:** 应该说比较高吧,所以后来我们一直在合作,包括电影《大红灯笼高高挂》《一个不能少》《霸王别姬》等多部电影。

京梅

也包括北京奥运会?!

> **张维良:** 一提这个我又紧张了!

京梅

别紧张,我不会强人所难。刚才谈到艺术大家,在你心里,什么样的人才能成为音乐艺术的大家？或者换句话说，要想成为一个优秀的音乐演奏家，需要具备怎么样的素质？

  张维良：我想，艺术家与艺匠最大的区别在于他具有较高的文化修养和独立的精神；其次，艺术家的心灵一定是敏感的，对社会对生活有敏锐的观察力和使命感，换句话说，他应该具有悲天悯人的大慈悲；然后是过硬的基本功和与生俱来的音乐感觉。

4. 音乐家成才，只此一路

京梅

现在社会上学音乐的孩子很多，作为家长都是望子成龙的，无论在经济、精力上投入都很大，但最终成材的毕竟是少数。你作为一个搞音乐教育的权威人士，能不能以一个过来人的身份谈点什么？

  张维良：好，那就先说说我，我是8岁开始学习吹笛子，正赶上"文革"的时候，没有老师教、更没有专门的教材，只是凭着自己喜欢，吹一些江南的民歌小调，后来又吹"语录歌"，一年之内，把当时社会上流行的那些"语录歌"都吹遍了。到10岁时开始向江苏省苏昆剧团顾再欣老师学习传统的演奏技巧，14岁考入苏州吴县京昆剧团。我是生在苏州长在苏州的。

  载入京华

京梅

苏州可是好地方，文化底蕴深厚，自古以来就出文人出艺术家，昆曲好像就是起源于苏州的昆山？

张维良：对，不光是昆曲，还有苏州评弹、江南丝竹以及沪剧、婺剧等。在剧团六七年时间，我差不多跑遍了江、浙所有的城市、乡镇，每到一个地方，就向当地老艺人学习这些传统艺术。那时候我个子很小，17 岁才发育到 1.49 米，整天穿着一双雨鞋、背着个铺盖卷走街串巷，有时鞋坏了，舍不得买就光脚走，江南的冬天也冻冰啊……

京梅

那个年代的孩子好像特别能吃苦。

张维良：1972 年的时候，我有幸成为赵松庭先生的弟子，每个月上两次课，那时候老师住在杭州，每次上课我都是搭乘京杭大运河上的客船，头天晚上 6 点从苏州上船，第二天早晨 6 点抵达杭州的卖鱼码头，从那里到赵先生家，还有一段路程，坐公共汽车花 5 分钱，走路却要 2 小时，但我一般都是走着去，因为当时省下车费，再加 3 分钱就可以吃一碗面了，这样的生活，我一直坚持了 7 年……

京梅

现在想想不堪回首吧？

张维良：不过我还是觉得蛮值得的。我说这些的意思也不是要忆苦思甜，现在到音乐学院来学音乐的外地孩子，都是家长陪着，乘飞机、火车来，有的还在学院附近住宾馆、租房子，这个都无可非议，毕竟现在的经济条件好了，我要说的是，不管时代怎么发展，要想在这个领域出成就，都必须付出超乎常人的代价！勤奋、刻苦，除此以外，别无他路！不要相信有些人讲的什么"音乐神童"，绝对没有那样的事情。我打功底的时候，每天都是几小时甚至十几小时的苦练，这个对任何人都是一样的！

5. 人生乐趣在不尽的追求过程中，而非得到

京梅

最近在忙些什么？

张维良：正在筹备 7 月在新加坡举行的"梦幻星岛"音乐会，忙着创作，这是我个人与新加坡华乐团合作的。这场音乐会将把原生态二人台、长调等传统音乐融入现场的笛、箫、埙等乐器演奏中，将中西方不同文化的音乐材料和元素嫁接在一起，使色彩鲜明个性突出的中国乐器在随机组合乐队背景烘托下，将艺术魅力发挥到极致。

京梅

你在海内外已经举办过数十场音乐会，并且在英国皇家音乐厅，港澳台、新加坡等地区和国家也都成功地举办了个人独奏音乐会。你觉得那些西方观众来听音乐会，究竟是出于猎奇呢，还是真的能被我们这

载入京华

种艺术所感染?

    张维良：应该说两种情况都有吧，相对而言，我们的演奏家也有两种情况：一种是糊弄；一种是认真选择、创作作品，力图从艺术感觉上，深度表达人文、人性的某些东西。中国音乐本身就很有韵味，不像西洋音乐那么直接。我一直深信人类有着共通的情感世界，音乐欣赏的最高境界不是要听到什么，而是通过音乐引发自身的感受，从而获得某种宣泄、满足甚至超越，得到心灵的平静和安宁。

京梅

我知道在这方面，你付出的很多，所以取得现在这个"天下第一箫"的称号也在情理之中。不过呢，现在已经"第一"了，那以后该怎么办啊？

    张维良：那只是别人的一个说法罢了，其实艺术上哪里有什么第一？人生的乐趣，在不尽的追求过程中，而不是得到。今后要做的事情，我觉得还有很多，其中最主要就是在艺术上不断探索、创作新的作品；在教学上力求创建出一个比较规范的系统。

京梅

你对自己人生的满意度是多少？有没有什么遗憾或者困惑？

    张维良：遗憾是我在生活上牺牲了太多的时间；困惑是我现在作为中国音乐学院国乐系的主任，经常需要处理大量与音乐无关的事情。对我来讲，人的问题是最难弄的，好在我心态还可以，不过有的时候，还是来不及转换……

京梅

你怎么看中国民乐的前景，乐观吗？

张维良：应该说，整体上还是乐观的，当然也有担忧，比方说，随着全球经济文化一体化的增强，中国传统文化的生态环境受到了严重破坏，传统音乐正在远离年轻的一代，年轻一代的民乐人才，虽然演奏技术在提高，而传统艺术素质和神韵却明显缺失。当然，如果我们辩证地看待这一问题，也可以得出另外一个结论：在高科技强烈冲击着现代人生活的今天，人们对于返璞归真的传统文化越来越需求。从这一意义上出发，我们的民族音乐还是非常乐观的！当然，这需要从事中国音乐事业的我们付出百倍努力！

原载 2008 年 7 月 11 日《北京日报》15 版

载入京华

郭淑珍
满园芳菲唱祖国

　　一个夏日的正午，我受《北京日报》之托，驱车来到坐落于北京西城清朝醇亲王老府的中央音乐学院，采访著名歌唱家、声乐教育家、被誉为中国声乐界"掌门师太"的郭淑珍教授。7月10日，在人民大会堂举办的"第二届中国国际青年艺术周"上，她将率领弟子为首都观众奉献一场精彩的声乐演唱会。进入相约的采访地——322琴房，"郭老师太"的午餐还未结束：一只食品袋里尚余小笼包几个。吃完包子，郭师太拿出我要求她准备的资料——学院为她从乐从教60周年出版的纪念影册，那是她春华秋实美丽一生的缩影……

1. 我遇上了好老师，我也做了好老师

　　郭淑珍：这就是我父亲、母亲，这是弟弟，我父亲的养子。

京梅
那您没有其他的兄弟姐妹？

郭淑珍： 下面本来还有两个妹妹，都没活下来。那时候医疗条件差，家里又穷，没钱看病。其实我小时候也经常生病，我从来就不记得吃过什么药，一病了就给山楂片水喝，说是停食，还有时候喝香灰水，有一回甚至是麻疹跟水痘一块儿出，愣就那么扛过来了！人家就说我命硬，克姐妹……

京梅

看这张照片上，您父亲的样子不像穷人啊？

郭淑珍： 名副其实的赤贫。我家祖籍山东长清，我父亲4岁丧父，18岁那年从老家出来，一路要饭走到天津，当时天津是码头，商业挺繁荣的，他就在一个杂货店当了小伙计。那时候的人结婚都早，我母亲16岁嫁给他，17就生下我。她嗓子好，还是个戏迷，后来经常带着我到戏园子里听戏。

京梅

看来您遗传了母亲的嗓音？

郭淑珍： 是，我像她，我还记得那时候常听见街坊说："大明（郭淑珍母亲小名儿叫大明）的嗓子——铃铛！"她不识字，但是性格好，人很乐观，从早到晚就是唱，京戏、评戏、地方小曲儿什么都唱。

京梅

那您父亲喜欢唱吗？

郭淑珍：他也唱，其实那不叫唱，准确地说是"吼"，全是他老家的民歌小调。一般来说，他那时候扯开嗓子一唱，那就是又遇上烦心的事了！

京梅

嗯，中国的传统医学讲"脾为忧虑发为歌"。

郭淑珍：那时的天津码头十分繁荣，唱戏的大老板，都必须先在那儿站稳了脚，才能到北京。就连大一点的商铺也全都把话匣子、留声机、大喇叭什么的对着马路，说一段相声，放一段京戏、曲艺，也有什么周璇、郎毓秀唱的电影插曲……实际上就是招揽生意，我从小受这些熏陶，后来上了小学，在学校的周会上就唱京戏，不过青衣花旦那些咿咿呀呀的我不喜欢，我嗓门大，外号叫"大喇叭"，就唱老旦《钓金龟》、老生《甘露寺》。别说，有板有眼，就一句"劝千岁杀字休出口"，下边一大片"好儿"。那时候在天津码头，京剧比现在的通俗音乐还火爆！

京梅

可这种中国式的"通俗唱法"，似乎与您后来的成就不大沾边儿？

郭淑珍：要说起来我这人命好，一辈子尽赶上好的音乐老师。我 11 岁才上小学，不过一上就上 4 年级。5 年级时教音乐的是个男老师，他不光教唱歌、五线谱、二部重唱，还同时教我们体育，我对这些都特有兴趣，唱也敢唱，又爱运动，什么跑、跳、单双杠、打排球、打乒乓球、爬树、爬杆，所以经常受到老师的表扬，小孩子嘛，越表扬就越来劲儿！现在想想就是淘啊，新鞋一穿上很快就破，那时我母亲给我做衣裳，从来没有兜儿，做了兜儿我就往里装石头子儿。

京梅

所以后来您成就那么大啊，中国民间有说法："淘小子是好的，淘丫头是巧的。"

郭淑珍：后来上初中在天津女子第一中学，我的音乐老师叫李洪斌，也是特别有才华！最初我的钢琴就是跟他学的。他跟沈湘是好朋友，常带着我们到沈湘家听一些西洋歌剧的唱片，应该说那是我最早接受的西洋音乐熏陶。后来我被选进天津的青年会合唱队，男青年会唱张肖虎的《圣诞曲》，女青年会唱亨德尔的《弥赛亚》。每星期练两次，放学以后排练，从五点练到七点多钟才回家，那是日本侵华时期，因为防空管制马路上没电灯，天黑离学校又远，怕家里不让去，就不断编瞎话，说学校有这事儿那事儿、得在那儿做功课……1946 年我考上了国立北平艺术专科学校，可我父亲不让去，说那是戏子、"下九流"，让人瞧不起。

京梅

您父亲有他自己的想法吧?

郭淑珍：有什么想法啊，他自己大字不识一个，最初送我上学只是想能帮着他管管账、念念信就成。后来看我那么爱上学，考试老是第一，就又动了心想让我当小学老师或者学医;

载入京华

我母亲呢，更是只想让我早点嫁人！结果我只好放弃……

京梅

您后来不是上了艺专了吗？

郭淑珍：你听我说啊，我父亲不是想让我学医吗？第二年我就去北京考助产士学校，正好有一个在天津一起唱歌的人当年报考艺专，让我陪着她去报名，我一看人家报心里又痒痒，也跟着报上了。考试时候往台上一站，赵梅伯看着我："你不是去年考上了吗？怎么没来上学？"我说："家里不同意。"他又问："那今年呢？"我说："今年同意了。"其实哪儿同意了？我也不知怎么着，这话当时张嘴就来！他说那就不用唱了，说明他前一年对我印象很深，这次没考就要我了！

回到家里，我父亲照样不让去啊！后来我有一个表舅很有文化，曾经听过电台里放我唱歌，他跟我父亲说："她是个天才，学的是艺术，不是戏子。"我父亲哪儿懂什么叫艺术啊？就问他，他说："你为什么穿长袍大褂？你怎么不缝个口袋套上？这就是艺术！"我父亲听得云里雾里，最后说："我不管了！"他不管就是同意了。

京梅

北平艺专当时很有名的，好像校长是徐悲鸿吧？

郭淑珍：没错，是徐悲鸿。我当时的启蒙老师是一个美国人，叫珍妮·汉基，她是道济医院院长的夫人，德国学派，一位非常好的女中音，她对歌剧和室内乐特别熟，而且德国学派很严谨，特别注重基本功的训练。她不光唱得好，教得也好，所以我唱 High C 很容易。唱了很多东西，她说我的声音很漂亮，是一个优秀的女高音。其实我那会儿还没有声部的概念，一年级做乐理题闹过一个大笑话：为马、牛、羊、猪分声部，我写猪最低是贝斯，结果满拧，正确答案为：猪是女高音；马是男高音；羊是女中音；牛是男低音。

京梅

这太有意思了！不过汉基太太的判断很准确，您后来确实成为一个优秀的女高音。那您父亲呢？后来是不是也特感激您那位表舅？

郭淑珍：哪儿啊？根本不是！我后来到苏联留学拿了国际大奖，人还没回来，记者已经挤破了门。就这么成功，等我回来后他还是说："你学错了！应该学法律，你那么能说，记性又好，学法律多好多受人尊重啊！"

京梅

那您父亲确实与众不同，按现在的话说，叫"够酷"！

3. 李德伦说："你把我唱哭了。"

京梅

现在，到了您这样年纪，再回首，回想过去的岁月，尤其当年留苏的那些异国风情，什么感受？是不是觉得特别美好？

载人京华

郭淑珍："无情岁月增中减"啊！那是 1953 年，当时我才 26 岁，现在 82 了，时光跟水一样就过去了，想起当时的情景还历历在目：第一次出国，来到一个全新的、以前不认识的世界，那种感觉就像神话！尽管出国前在预备部学了一年俄语，可真到了那儿还是不成，柴可夫斯基音乐学院的那些朋友们就主动跟我交流、给我介绍当时苏联民间创作的一些优秀作品，这样我俄语提高得非常快。

特别幸运的是，我后来分配到跟他们那里最好的老师卡杜尔斯卡娅教授学习。瞧，这就是我老师！她是大剧院的演员，人民演员，从 20 岁就开始演戏，一生演了 40 部、44 个角色，在他们那儿非常有名。我去的时候她已经不唱了，在大剧院当艺术指导，电台还是经常放她的音乐会录音。她人特别好，对我尤其好！暑假里还帮我学习。看这幅照片，我显得挺憔悴的吧？重感冒！那时候教授真跟慈母似的照顾我。后来为了我能回国从事歌剧表演，她还特意给当时的赵沨院长写了信……

京梅

后来您在国际比赛上得金奖也是她指导的吗？

郭淑珍：是，我在苏联 5 年一直跟她学。

京梅

得奖是哪一年？请您具体介绍一下。

郭淑珍：1957 年。那个时候最大的国际比赛就是"世界青年联欢节"的比赛。社会主义国家和资本主义国家的人都来参加比赛。规模是最大的，参加的人数最多。我获得的是第六届"世界青年联欢节"古典歌曲演唱比赛一等奖和金质奖章。

京梅

后来您在莫斯科最著名的三大歌剧院连演三大女一号，是不是也跟这次得奖有关？

> **郭淑珍：** 有这个因素，但也不全是，当时唱了两部歌剧《叶甫根尼·奥涅金》和《艺术家的生涯》，还有一个片段《蝴蝶夫人》。《艺术家的生涯》挑演员时竞争很激烈，最后是我与一位捷克的留学生竞争"咪咪"，谁唱得好谁参加首演，后来选中我来演。

京梅

那不容易，毕竟歌剧是西方的艺术，作为东方人无论从文化背景还是外形上表现起来都不占优势。但后来您扮演的塔姬雅娜却被当时苏联的著名评论家叶·格罗绍娃誉为"普希金和柴可夫斯基式的女主人公"，为此，您是不是也付出了很多？

> **郭淑珍：** 为了竞争塔姬雅娜，我当时看了大量普希金的作品，中文、俄文的都看；参观莫斯科、列宁格勒的著名画廊和博物馆……就为找感觉，熟悉角色的文化背景，体察俄罗斯少女追求爱情的那种心理特点，一直到那个天真、纯洁、富于幻想、充满激情的塔姬雅娜的形象在我心里一点点清晰。我想我没有因为我是一个中国人就把塔姬雅娜塑造成崔莺莺。

载入京华

京梅

曾有评论家评价您的演唱风格是"声情并茂，文质彬彬"，按我的理解就是，高雅而不远离大众的审美习惯，这是否也与您所受的"俄式"教育有关?

> **郭淑珍：**应该说从我学音乐时起，就受到"唱声为唱情"的教育，特别是在苏联的五年，深受俄罗斯音乐学派的美学观念影响，我觉得美在于能够充分表达作品的内容，合乎当时时代的要求，也与当代人的审美习惯相契合。

京梅

《黄河怨》是您"唱情"最成功的代表，也是中国观众最熟悉的，请您具体谈一谈相关情况。

> **郭淑珍：**这首歌我几十年前当学生时候就唱，当时声音漂亮，反响也不错。后来"文革"，停唱了七年。1976年，要重新演出聂耳、冼星海作品，让我参加演员选拔。我当时心里没底，主要是担心自己的声音。第一天排练之后，赵沨院长无意说的一句话触动了我，他说："我有一张唱片，法国人唱的当代歌曲，声音一般，但充满了感情。"我回去以后一夜都没睡好，就琢磨怎么才能把《黄河怨》那种愤懑、悲痛的情绪表现出来……后来脑子里突然迸现出京剧《智取威虎山》中李勇奇母亲哭儿媳的情境，心里一下就知道怎么办了。正式选拔的时候，我就运用了传统戏曲里的"苦音"，完全投入进去，唱完以后整个人手脚都是冰凉的，台下一片静……后来李德伦跟我说："你把我唱哭了……"

京梅

好像当时有评论说，您是用歌声描绘出一幅民族灾难的图画。

> **郭淑珍：**《黄河怨》的时代背景是抗战，但我想我们现在演唱它，应该用一种扩大了的民族意识，想到整个中华民族的现实命运，想到自己扮演的角色不仅是一个被日寇蹂躏的中国妇女，而是五千年苦难深重的中华民族发自内心的呐喊，这也许和歌曲的本意不符，但与歌曲的基本精神是统一的。

京梅

您是说，用一种广义的民族感情去演唱像《黄河怨》这样的作品，它就会产生出新的生命力，永远不过时！

> **郭淑珍：**对！

京梅

"美声唱法"在中国的声乐舞台上，一直都是"阳春白雪"，很多演员用外语演唱觉得还是那么回事，一唱中文就觉得特别扭，是不是西洋歌剧就不适合译成中文呢？

> **郭淑珍：**绝对不是！吐字不清楚、不好听，那是毛病！是功夫不到！要想唱好歌，你首先得把歌词念到非常准确，非常熟练，字正了腔才能圆，一首歌词先念它50遍，50遍不行就100遍！当然用"美声"唱中国歌确实不好唱，这牵涉到中国歌的字和风格与西洋唱法的结合问题，另外还有意境的不同，这里面有一个文化的问题。
>
> 载入京华

京梅

恐怕还有一个意识的问题。

郭淑珍：你说得对，搞艺术的人不能保守，对其他的艺术要汲人所长。当年，梅兰芳听我演唱外国歌曲就非常赞赏，他是京剧革新派，西洋的科学唱法也照样吸收。20 世纪 60 年代，李少春拍《野猪林》时，嗓子出了问题，找我想办法，那有名的大段反二黄"大雪飘，扑人面"，一直到高音区"满怀悲愤问苍天"，我帮着他一句一句往下顺，保证"林冲"的声音不劈不嘶哑。后来过很久他还提起这事，对我一直心怀感谢……

京梅

这是真正的大家风范！

郭淑珍：搞美声的人也是一样，不能老觉着我这个是洋的，我这个高雅，你们都老土！音乐是人类一种共通的语言、共同的财富。声乐表演和教学不应该有任何狭隘的民族观念、门派观念，真正高尚的艺术是把全人类的心灵联系在一起的！

3. 桃李高歌，芳菲满园

京梅

京剧《武家坡》中薛平贵有段唱："少年子弟江湖老，红粉佳人两鬓斑。"时光如梭，岁月对谁都是一样的残酷。但是我想，您应该是例外的，您的学生一茬儿接一茬儿，不断地在更新，不断地在成长。学生老了，又有学生的学生……

郭淑珍：嗯！我最自豪的就是我这些学生，如今都事业有成，很多已经成了国家一、二级演员，教授、副教授，有的登上世界级音乐舞台，在国际国内大赛上频频拿奖……都成材了，老太太我这辈子值了！

京梅
好像最具传奇色彩的是吴碧霞？

郭淑珍：吴碧霞是民族声乐改美声，中国音乐学院保送过来的研究生，素质好、声音漂亮，到我这里观察一段，我觉得她改成美声唱法更适合。训练一年多，潜质就出来了，开始在国际国内重大比赛中连连得奖，至今为止她是中国唯一一个既获国内民族大奖又获国际美声大奖的演员。还有的你可能不太熟悉，20 世纪 70 年代很有影响的花腔女高音邓韵，也是一位极有天赋的声乐演员，音色美音域宽，风格很华丽。后来却得了声乐演员最怕的"声带双侧小结"，她 5 次请调工作，别人都不理解。后来她到北京找我，我把她的声部改成女中音，状态一下就调整过来了。现在她在美国，与大都会歌剧院签订了 13 年的合同。

京梅
您的这种教学状态，让我想起了 20 世纪著名京剧表演艺术家、教育

载入京华

家，被梨园行誉为"通天教主"的王瑶卿先生，包括四大名旦在内的很多京剧大腕都是他的弟子。所以说，千里马常有，伯乐不常有。如今，我们已无缘探究王教主"因材施教"的秘诀，能否请您谈谈您的教学心得？

　　郭淑珍： 心得确实不少，技术性的不说了，"读万卷书，行万里路"这样的老生常谈也不细说了，这方面我总结了几个字："要唱深，通古今。要唱好，中外学养不能少！"我重点说说声乐教学中的"因材施教"，道理很简单，每一个人就是一件乐器，人人都是独特的，所以声乐教师必须研究不同学生的生理、心理特质，才能最终谈到"因材施教"。这其中对学生声部的判断是关键，事实上，一些很有成就的演员都因为声部的错位断送了前程。

京梅

一般来说考到这里的学生都是唱了很多年的，突然要改声部，会不会有心理上的排斥？

　　郭淑珍： 排斥也没办法，这是科学！从生理结构上讲，不同声部在声带的长度、质地，咽喉结构，头颈的长短等方面都体现出不同的特征。比如，女中音的声带长而厚，咽喉腔较大，头颈较长。我的学生郭燕愉 1974 年考进来的时候是"女高音"，实际在那个声部她既没有高音也没有低音。观察了半年多，有一天我把她叫到琴房，我说："你可以用任何一种声音唱，但就是不能用现在这种声音唱，你试试。"她当时愣了，站在那快一个小时不知道该怎么办。我也不着急，我就那么看着她，后来她憋啊憋，憋到最后终于唱出来了——是中音！从改了声部，她就进步飞快，后来拿到了美国伊斯曼音乐学院的硕士学位，一直活跃在美国和欧洲的歌剧舞台上，被美国著名音乐杂志《美国音乐》评为十大优秀年轻歌唱家之一，现在德国曼海姆歌剧院担任主演。

京梅

怎么女中音都出国了？

　　郭淑珍：这个感觉正确！当今中国美声歌坛女中音稀缺。当然这也许与目前中国声乐市场的审美取向有关，但更多还是声乐界自己内部的问题。现在有个误区，就是谁唱得越高说明嗓子越好，于是很多学生都奔着唱高音而来，实际上很多人的先天生理构造并不适合。另外，还有一个错误，认为女中音就代表男人似的粗嗓门，其实女中音也可以唱得很高，只是和女高音的音色不同而已。回过头再说声部确定是一件非同小可的事，可以说重不重视学生的声部属性，在某种程度上体现一名教师的师德！

4. 艺术家、教育家应该是有德之人

京梅

古人说"善歌者使人继其声，善教者使人继其志"。对此您都是当之无愧的。我也注意到，这些年来，与所取得的成就相比，您做人是低调的。

载入京华

郭淑珍：我自幼出身平民，从来就没做过什么豪华大梦！我父亲是一个诚实、厚道的山东人，他的为人对我一生影响很大，他幼年丧父被迫离乡，应该说尝遍世情冷暖，但每逢老家来了亲戚，他仍然是对人家管住又管吃。跟我母亲结婚后，他还要帮助我舅舅，其实他自己也不富裕，也就那么一口饭！父亲虽不识字，但我认为他很有文化！

京梅

理解，您是说他虽然不识字，却秉承了中国传统文化根深蒂固的道德观念。

郭淑珍："想当艺术家，先学会做人！"这是我给迈进音乐学院大门的学生所上的第一课。真的，只有做一个踏踏实实、本本分分、谦虚谨慎的人，你才有可能在艺术的殿堂里收获！搞艺术的人不能像商人似的，商人要赚利润，要投机，要冒风险，搞艺术的不行，这个难点你没突破，就得老老实实练，不能说冒着风险"台上见"，为什么人家说"台上几分钟台下几年功"？就是说你必须得很有把握、很有功夫才能上台去演。靠撞大运？这次撞上了下次没撞上，人家会承认你是一个很出色的唱歌家吗？不可能！

教学也是一样，虽然说人犯错误在所难免，但有些领域就是不允许犯错误。飞行员驾着飞机上天，不能犯错误。医生给病人做手术，不能犯错误，人命关天呢！老师能吗？也不能！人家学生跟着你学，把未来把命运交付给你，你犯错误了，人家的艺术生命可能就完了！老师教学生要有一种永不言弃的执着，如果没有点燃自己照亮别人的情怀，你就不要干这一行！

京梅

您认为现在中国音乐界存在的最大问题是什么？

郭淑珍：是浮躁！声乐艺术是一门科学，起步就充满学问，可如今的现状是：不仅学生急于求成，教师队伍中也存在功利欲强、拔苗助长的倾向。不少学生一门心思就啃一首歌，老师也恨不得一天就把学生教出来，拿个大奖什么的。另外，现在社会越来越商品化，校园之外的诱惑也太多，比如像"超级女声"那样的选秀比赛，"一夜成名"对年轻人的诱惑的确太大。在这儿，我要对所有有志于声乐事业的青年人说一句肺腑之言："虽然时代在变，但是'凭实力走得更远'这句话永远不会过时！"

京梅

目前，国家也在逐步完善一些法规，制止演艺圈的诸如明星代言不实广告、歌手假唱等浮躁之风。

郭淑珍：这是艺术家的耻辱！这样的问题还用政府提出来吗？一个艺术家就应该有这种觉悟！旧社会看不起艺人，叫"戏子""下九流"；现在地位提高了，大众把你当成"艺术家"、名人，信任你，你不弄清楚就做广告，就为那点广告费啊！你缺钱吗？住窝棚了吗？你都3套房了恨不能！尤其是一些老艺术家，你都活那么大岁数了，人大、政协委员也当上了！能这样做吗？你现在老了声音不如过去了，那是

载人京华

正常的是自然规律，你今天唱了一个高音没上去，丢人吗？不丢！过去人都承认过你了。做人不能做假，什么都不能做假！放录音、假唱，那才是一个艺术家的耻辱！

5. 深深姐弟恋，弹指五十年

京梅

从照片上看，您女儿好像年龄很小。

郭淑珍：她长得小，其实也三十大几的人了。你瞧，这是我们一家三口在美国照的，她当时正在纽约曼哈顿大学做访问学者，学艺术管理，现在回来了，也在我们这儿（中央音乐学院）教书。我是在 1973 年——结婚 14 年以后才生的她，那时候已经快 46 岁了，忙啊，结婚 3 个月就出访欧洲、南美，转一大圈整整 10 个月！

京梅

先生做何职业？

郭淑珍：原来是中国交响乐团的小提琴手，现在在我们这儿兼课。他比我小 8 岁，人很耿直，在家就爱发牢骚。

京梅

您够前卫的啊！郭老师，"姐弟恋"可是近些年才在中国兴起的，您能称上先驱了！那时候谁先追谁呀？

郭淑珍：那绝对是他先追的我啊！我在中央音乐学院读本科的时候，他念少年班，上海人。那时候学院还在天津，我跟他堂哥——钢琴家朱工一的太太很要好，节假日常去他们家打牙祭，一般都是跟朱工七（郭淑珍丈夫）一起，雇上一辆三轮到码头，然后坐轮渡过海河。那时候我们亲如姐弟，但没有任何别的想法，你想想他当时才14岁，我都22了。1953年我出国留学时，他还在上学，后来有一段生病他就休学回上海了。我即将要从莫斯科毕业的时候，原来的男朋友（在国内）宣布要跟别人结婚，也是在这个时候我收到了朱工七的来信，他说淑珍姐，我在淮海路友协的报栏里见到你的照片了，我现在一没事儿就上那儿看去，好像总也看不够……我当时听了就有点感动，后来我回国时他已经到中央乐团工作了，一下班就来找我看电影去，第一个月发工资他就买了一个暖瓶送给我。

京梅

毕竟这在当时比较特殊，"社会反应"不小吧？

郭淑珍：那是，没有人看好，朱工一首先反对，他甚至找到学院领导要求行政干预，就连当时我们的赵沨院长也劝我，说他哪点配你，既没政治前途又没本科学历，别跟他！可你知道吗？在这个问题上，人都是有逆反心理，越是反对的人多我们反倒越坚定，我1959年1月回的国，12月中旬我们就结婚了。

载入京华

京梅

那您觉得您跟朱老师的感情基础是什么？总不会真是一"逆反"就在一块儿过了一辈子吧？

> **郭淑珍：**我觉得最主要是他欣赏我的演唱，他能读懂我的艺术！我前边讲过，我是平民出身，在梦里从来就没有当官太太、享福这些东西，我不羡慕那种生活！这一点上，我父亲从来就没干涉过我的婚姻，一直到后来听说我要结婚，他就说了一句话："淑珍，咱可比人家大，咱可不能欺负人家啊！"

京梅

这句话您记了一辈子？

> **郭淑珍：**是啊，到今年12月就是我们50年金婚了，想想就像昨天一样。后来学院50年校庆的时候，赵沨院长私下里跟我讲："我错了，没想到你的婚姻家庭这么幸福，挺好！"说起来我的这位"朱老弟"也不容易，这些年一直支持我，在家买菜做饭都是他。

京梅

您现在带多少学生？

> **郭淑珍：**去年（2008年）9月到现在，我带了一个教育部青年骨干教师访问学者班，另外还有本科生、研究生、助教，他们的声乐、独唱、歌剧课都由我上，另外我还兼着本科一年级的思想道德修养课，"青骨"班的歌唱俄语课也是我上，

另外还有一些研究生的声乐、独唱课。

京梅

那您最近就是在全力以赴准备此次演出?

　　郭淑珍: 还有在主持排练歌剧《奥涅金》。

京梅

7月10日的演出都有哪些高足上阵?主要演些什么曲目?

　　郭淑珍: 我的学生们都希望来,可只能安排二十多人吧,有歌剧选段、中国歌曲、音乐剧选段等。没有来的也是我的好学生啊!

　　时间已是下午4点,郭老师学生在隔壁琴房等着她排练,提及社会上对她的一些说法,老太太回答很干脆:"对党、对国家、对(中央音乐)学院我就两句话,一句是'情难了',一句是'恩难报'。"

原载 2009 年 6 月 26 日《北京日报》15 版

载入京华

梁从诫
肩负环保的生命之重

　　从计划采访一位环保人士起，我便锁定了梁从诫。先生自1994年创中国首家民间环保组织"自然之友"，至今一十五个春秋，其间，获日本和韩国媒体授予"亚洲环境奖"、中国环境新闻工作者协会和香港地球之友颁发"地球奖"、国家林业局之"大熊猫奖"、国家环保总局授予"环境使者"、中央电视台十大"年度法治人物"……并任全国政协委员，政协人口、资源、环境委员会委员……

　　先生乃中国近代维新运动领袖梁启超之孙；中国现代著名建筑大师，中华人民共和国国徽和人民英雄纪念碑设计者梁思成与林徽因之子……

　　然而，当我提请我的师哥、也是著名环保教育家郭耕帮助联系先生时，他提出两个问题：（1）梁先生目前的身体状况，已经很难接受采访。（2）梁先生不喜欢被记者当作名门之后追捧，即使只过去聊聊天儿，也不要提及这些……

1. 诗书继世长

那是一个夏日午后，郭耕陪同我来到位于东城区一条胡同中的梁先生寓所，那是一片建筑于 60 年代的老楼，先生家住在二层，说是四室一厅，其实那厅基本就可以忽略不计的。前来开门的是梁先生夫人方老师，她一见我就开玩笑："嗬，美女啊……"开朗、豁达的性格，一望而知是一位阅历丰厚的知性女士。

环顾梁家"陋室"，但见装修简单、家具陈旧，四周除了书还是书，只有一幅篆字书法、一块镶在保护膜中的黄色瓦当、一只鸟类图案的报时挂钟静静地贴偎在未经任何装修的赤裸的墙上……但文化这东西它就是这么怪，附庸风雅的暴发户，就是买一座天价四合院、摆着商周青铜器、大门口贴上副对联："忠厚传家久，诗书继世长"。你也照样能看出其三代"赤愚"。而梁先生家，就是这些简单的东西，却能让你感觉那种绵远流长的书香与高贵……

先生祖父梁启超，乃中国近代著名思想家、国学大师、政治家、活动家，57 载的短暂一生，为国尽瘁奔劳……梁启超出生于 1873 年，11 岁便考上秀才，16 岁中举。按照当今标准，是一位神童。他在 17 岁进京会试途中，接触到介绍西方的书籍并结识康有为，拜其门下，后来参与了"公车上书""百日维新"等重大事件。"戊戌"之后东渡日本，一度曾与孙中山为首的革命派接触。1903 年，清政府宣布"预备立宪"，慈禧派 5 大臣出洋，考察西方政治，5 人归国后即拟写奏折，很快得到慈禧认可，成为立宪依据。1906 年 9 月 1 日，清廷宣布预备立宪，但此时的慈禧并不知道，她的那些"立宪依据"，全部是由梁启超代笔的！

面对着中国社会几千年未有的重大变革，梁启超始终主张改良，而后来的历史证明他是对的——君主立宪最适合中国的国情。因为，

载人京华

在延续两千年封建帝制的中国，突然彻底废除皇帝，会造成权力的真空，引起大规模战乱……当然历史是不可以假设的，但我们还是禁不住遐想：假如实现了改良，中国，会不会避免其后数十年的战乱？

先生之父梁思成，作为一代建筑大师，对人类文化的贡献亦是可歌可泣：1944年，世界反法西斯战争出现重大转折，美军拟轰炸日本本土及中国的日占区，美驻华使馆请梁思成在地图上标出日占区里的文物古迹，以便轰炸时避开，而梁不但做出了中国需保护的文物古迹图表，还建议应该保护日本的京都与奈良。若干年后，日本的建筑学家们满怀感激地说，梁先生是日本的大恩人。

1948年冬季，北平被解放军包围，攻城部队的一位军官来到梁思成位于清华园的寓所，请他标出北京城应该保护的文物古迹，先生喜出望外，很快将一份北平重点文物位置图和一份《全国建筑文物简目》交到解放军手上。后来，那幅地图挂到了毛泽东西柏坡指挥所的墙上，他命令围城部队，一定要保护这些重要的文化古迹。

北平后来和平解放，文物古建毫发无损。遗憾的是，其后盲目的"旧城改造"却使它渐渐失去千年古都的风韵。

为保住北京，梁思成付出了一生的代价，他本来可以不说话、可以远走他乡，就让这座梦中的古都永远留在梦中。但他是梁启超的儿子，血脉里有着中国知识分子最宝贵的东西！据说那一时期，为了留住北京，厚道文弱、不善言辞的梁思成差不多成了"吵架专业户"：在扩大的国务院办公会议上，他与自称"改革派"的吴晗"吵"，吴晗攻击他："您是老保守，将来北京城到处建起高楼大厦，您这些牌坊、宫门在高楼包围下岂不都成了鸡笼、鸟舍，有什么文物鉴赏价值可言！"梁思成气得当场痛哭……他与当时的北京市市长彭真"吵"："（这个保护旧城方案）现在你不采纳，50年以后，事实会证明我是对的！"

50 年过去，如今，历史已证明他是对的，而古都也早已消失于历史，梁思成没能留住旧北京，他失败了。但他，是一个失败的英雄……

先生之母林徽因，著名建筑师、诗人，不唯才貌出众，且一身正气，颇具文士风骨！抗战最困难时，有一回日本人险些占领距离陪都重庆不远的独山县，林徽因就与梁思成商量，说如果日本人打到家门口，就一起跳窗外的长江！当年幼小的梁从诫忙问病榻上的母亲："那我怎么办？"母亲回答："真要到那时候，也就顾不上你了！"

应该说，在梁思成的思想与学术成就中，林徽因功不可没！1955 年，重病缠身的林徽因在同仁医院去世，年仅 51 岁。一直以非凡理性深爱着她的著名哲学家金岳霖为其撰写挽联："一身诗意千寻瀑，万古人间四月天！"

2. 发自肺腑的"责任"演讲

77 岁的梁从诫先生，看上去身体状况确是不佳，他只是坐在沙发上，静静地听着我们谈话。

"嘀，让我好好看一看，梁先生究竟长得像不像林先生？"我一边夸张地端详梁先生，一边去看挂在墙上的林徽因大照片。

"像！儿子都长得像妈！"郭耕在一旁帮腔。

听见提到母亲，梁先生笑了，他的脸上现出一抹柔和的温馨。据说当年，他极不认同那部叫作《人间四月天》的电视剧："母亲在我的印象里是个很严肃的学者，漂亮是另一回事，把她塑造成一个哭哭啼啼、只知道谈恋爱的小姑娘，完全不符合林徽因的形象！她那么漂亮，那么有才华的人，身边男性投以爱慕的眼光，这是很平常的

载人京华

事，用不着拿这个大做文章。"他说母亲曾经对他讲过，她当年在伦敦与徐志摩相识时，只有 16 岁，又是旧教育下长大的："徐志摩结了婚，有孩子。在民国时代离婚是不得了的事情，我怎么可能和一个已婚又要离婚的男人要好呢？这个念头我想都没有想过。"（这个说法我同意，因为以女性的敏感，我一直认为林徽因对徐志摩的感情是友谊，而非爱情）

梁从诫先生 1932 年 8 月生于北平，1950 年入清华大学历史系学习，1952 年转入北京大学历史系，毕业后进入云南大学任教，后调回北京，先后在外交部国际关系研究所、大百科全书出版社工作。正如学界泰斗季羡林所言："他（梁从诫）本来是一个历史学家，如果沿着这条路走下去的话，什么风险也不会有，就能有所成就的。但他不甘心走这样一条'无灾无难到公卿'的道路！"1993 年"6•5"世界环境日，在北京西郊京密引水渠边一座荒废的古塔下，梁从诫与 3 位好友围坐草坪，忧虑着日益严重的中国环境问题，探讨着要为此做些什么。次年，他们成立了中国第一家民间环保组织"自然之友"。而在 20 世纪 90 年代的中国，一个仅有 4 人的民间组织（现在已壮大到 2000 多人了），又能做些什么呢？经过思考，他们认为，要想改变中国的环境现状必须提高人们特别是青少年的环境意识！于是，借鉴德国绿色环保组织的做法，创办了自己的环保宣传车——羚羊车（车身上画藏羚羊）。自此，这辆车载着他们奔走在中国大江南北城镇乡村的中小学校：如果河水被污染了，就再也见不到活泼的鱼儿和小虾；如果山上的树被砍光了，鸟儿们就会失去自己的栖身乐园……

与此同时，梁先生走上首都乃至全国大专院校的讲台，以他深入浅出的幽默语言，为中国环保事业演讲不辍。惜我与先生相识太晚，无缘聆听那些演说的精彩，只能从曾经的讲稿中，领略一斑。现将其 2005 年为清华学子演讲文稿《环保与公民责任》，删节、整理如下：

　　在我们中华民族的五千年文明史上，我们的人口从来没有像今天这么多过。

　　专家们说，这块土地能够承受的最大人口量不超过 16 亿，我在 16 亿这儿画了一条线，那么超过 16 亿将是什么局面呢？专家们说叫作不可逆转的灾难，我不是小说家，不是科幻作家，没有办法用文学性的语言向大家描述这个灾难是什么样子的，但大家可以去好好想一想，超过 16 亿人要争夺这片土地的资源来维持各自的生存和发展，将是一个什么样的局面？

　　再说我们的国土，虽然很大——960 万平方公里，但是我们的人口基本上集中在东南沿海一带，西北部、西部和北部的很大一片实际上是不适合于人类生存的。

　　随之而来的一个逻辑结果就是说，我们的资源按人口平均，从来没有像今天这么少，我们的耕地是 16 亿亩也好，有的人说是 20 亿亩，大家拿 13 亿除一除还剩多少？

　　再讲水资源，中国的水是多少？是世界人均淡水占有量的四分之一。

　　再说森林，我们现在全国只剩下了不到 14% 的面积是有森林的，大家记得咱们看《水浒传》，著名的打虎英雄武二郎出在哪儿？山东省阳谷县，说明在北宋的时候，山东省中部的生态环境还好到那种程度，以至于有可能出老虎，它要没有森林能有老虎吗？更近一点的，就是解放初期，《智取威虎山》，杨子荣上山怎么上的，打虎上山，你现在再找个杨子荣上那儿去找老虎去，老虎全在公园里头呢，根本东北虎就没有什么野生的了，没有森林了。没有森林、没有野猪、没有草原、没有鹿，

载人京华

也就不可能有老虎，就是说整个生态破坏了。

那么讲到草原，"文革"时候很多知识青年下乡到内蒙古，回来讲，说牧民的孩子骑着马上学，鞋老是湿的，为什么呢？被草上的露水打湿了，说明那个时候的草可以到马的肚皮，才会把小孩的脚打湿，现在你到内蒙古看看去，那个草能把马蹄子盖住就算不错了，什么"风吹草低见牛羊"，那绝对已经是过去的神话了。

可是，我们的经济活动规模却从来没有像今天这么大，那么这件事情大家可以说是好事，我们经济发展了，我们并不愿意做一个贫穷落后的国家，但是大家不要忘记，我们所有的GDP增长，全是靠这些资源来支撑的，你没有土地、没有水、没有草原、没有森林、没有矿产，你有可能来支撑这样的经济活动吗？这中间造成了多少污染？排放了多少废弃物、污水、有毒的化学物质？哪里去了？也在我们这块土地上！怎么样能够找到一个更合理的结合点？而不是单纯牺牲我们的环境、资源，追求经济规模。

另外就是科学技术，我们科学技术的力量从来没有像今天这么强，因此我们改造自然的能力和可能性也从来没有像今天这么大，但是，我要说一句可能听起来大逆不道的话："科学技术固然是第一生产力，同时也是第一破坏力！"比如说臭氧层空洞怎么造成的？科学技术发展造成的，不是我们燃烧、使用这么多石油燃料，汽油、煤等等，怎么会有这么多的温室气体？所以说科学技术是一把双刃刀，一方面可以造福人类，但如果我们没有一个足够的智慧来限制它的不利方面，那么很有可能这把刀最后会伤了我们。

还有就是现在，我们全体中国人，发财的愿望从来没有像今天这么强。不是一个两个人想发财，而是13亿人各个都想！结果会怎么样？我们就这点资源，各个都想成大款，款得起来吗？大家都想美国人的生活多好：小别墅、小汽车……可问题是我们有没有条件去过那样的生活？美国930万平方公里，比中国就少30万，而且美国的国土，那是很富足的一块土地，它有多少人口？2亿6千万，只有我们的五分之一，就这样它还有将近40％的能源靠进口，他2亿多人消耗着全世界物资的34％，咱们都去过美国人那种日子，这个地球承受得了吗？我们中国人，我们就这块土地，老天爷就给了我们这块地，谁叫我们自己把人口一下子升到了13亿，这个毕竟是我们民族自己的悲剧。

你说这一切问题是谁造成的？是我们所有人大家一起造成的，并不只是说这个政府没搞好，环保局不像话，我们作为消费者，对于环境的改善也有一份不可推卸的责任。我就给大家举一个非常简单的例子，现在大家都在抱怨沙尘暴，怎么造成的？草原退化、沙漠化，而草原退化的最重要原因之一，就是过度放牧。牧民为什么要过度放牧？卖羊肉啊，很简单，他就是要多卖羊肉嘛，卖给谁啊？就卖给你我，卖给大城市啊，所以你说我们消费这些畜产品和沙尘暴的起因有没有关系？你是无辜的吗？这里头全是别人的责任，你自己一点责任都没有吗？我们现在已经在吃着前代的亏了，沙尘暴是几十年、上百年逐渐造成的，现在吹到我们的头上。我们再把现有的生态进一步恶化，将来谁倒霉？我们的子孙后代倒霉，而且过的日子甚至于连我们现在都不如！我们能做这样的事情吗？这就是我所讲的公民责任，我希望大家好好地把这个问题想一想，我们能做什么。

载人京华

我们能做什么呢？梁先生的回答是："在经济高速发展的今天，人类仍然可以选择另一种相对简朴的生活！"

在梁先生家，至今保存着梁思成从画报上剪下来的一幅画，画面是一碗冒着热气的薏米羹，一旁有梁思成笔迹："希望抗战胜利后能喝上一碗这样的粥。"梁先生至今犹记，当年，在四川农村那样贫寒的境况下，母亲给他讲米开朗基罗，讲贝多芬；父亲教他画画，一起做各种玩具……"我们的生活总是充满欢笑。物质生活虽然极度贫乏，精神上却很富足。"就是在那样艰难的岁月，梁思成、林徽因完成了《中国建筑史》等诸多建筑史上的恢宏巨著。

"其实对于幸福生活，我们完全可以有另外的一种理解，那就是：在物质上简朴一点，在精神上丰富一点。"梁先生如是说，也如是行：外出开会自带筷子，洗衣、洗菜的水冲马桶，再生纸印名片，居室不精装，不买私家轿车。

有一次政协开会，梁先生骑着自行车去报到，被门口的警卫拦下："你干什么去？"梁先生说我报到，"你给谁报到？！"梁先生说我给我自己，警卫说什么也不相信，一直到先生掏出委员证才放他进去。这个"以车取人"的警卫，他哪里知道，这个骑着自行车的老人，此时正怀揣着两份让中华大地上多一条自由河流的重要提案："停止对怒江梯级开发""对河流应分类规划治理"。

3. 为环保多次写信给国内外政要

午后的阳光灿灿照着，梁先生静静靠在沙发上听我们谈话，安详、专注。我一边拿起相机给他拍照，一边继续听方老师、郭耕讲述梁先生与"自然之友"这十几年的环保大业：

（1）滇金丝猴

1995 年秋，"自然之友"刚刚成立一年多，一个消息传来：国家一级珍稀保护动物滇金丝猴的生存栖息地受到严重威胁！滇金丝猴生活于云南西北，数量本已十分稀少，更兼现在德钦县政府为解决财政困难，欲砍伐那里 100 多平方公里的原始森林！

梁先生闻讯，当即通过"自然之友"中的新闻界会员，在媒体做出报道，又直接给中央有关领导写信呼吁，很快获得两位领导人的明确批示，制止了砍伐。为此，国家批给当地政府大笔财政补偿。然而，三年以后，人们却吃惊地发现，当地有关部门竟还在继续砍伐那片森林！梁先生闻知，又迅即请"自然之友"会员将情况通报中央电视台，央视记者很快前往滇西北现场采访，并在《焦点访谈》中予以曝光，这才迫使当地政府不得不严令禁止对原始天然林的砍伐，滇金丝猴最后的栖息地终于保存下来！

（2）藏羚羊

藏羚羊是青藏高原特有的物种，国家一级保护动物。其绒毛可纺织，因每只羊身上只能取到 125—150 克绒毛，故其价格比同等重量的黄金还贵——在欧洲市场，一条藏羚羊绒围巾高达数万人民币！这种情况下，盗猎者利欲熏心，经常驾驶越野车疯狂追杀藏羚羊，致使其数量从几十万只骤减到七万余只。为保护藏羚羊，青海省治多县县委副书记索南达杰带领一支队伍（因勇敢顽强被称为"野牦牛队"）与盗猎分子展开斗争，竟被残忍杀害。正在那里探险和拍摄藏羚羊的环保志愿者杨欣决心在可可西里的长江源头建一座"索南达杰"自然保护站。他闭门一个多月写就《长江魂》一书，而后将书作为抵押，向厂家订购保护站设备。梁先生得知，当即给他打电话："你到北京来，我给你组织演讲报告会，咱们一个学校一个学校地讲，卖书还钱！"

载入京华

106

107

1999 年 2 月 1 日，梁先生向国家环保总局、国家林业局提交了《"自然之友"关于保护藏羚羊问题的报告和建议》，提出由中央主管部门对藏羚羊保护工作实行统一领导并建立青海、西藏、新疆 3 省区联防制度。两个多月后，国家林业局参考这一建议，在 3 省区开展了大规模反盗猎的"可可西里一号行动"，取得重大战果。

后来，梁先生和"自然之友"的一些志愿者、媒体记者亲自前往青藏高原，登上 4000 多米高的昆仑山口，看望"野牦牛队"的小伙子，当他哽咽着说出："我们像是回家了！"剽悍的藏族小伙们顿时哭成一片，梁先生也禁不住泪流满面……

为了藏羚羊，梁先生不仅给温家宝总理写过信，还亲自用英文给来华访问的英国首相布莱尔写了一封信："藏羚羊早已列入《濒危野生动植物国际贸易公约》严禁贸易物种名录，但它的羊绒制品至今在欧美上流社会受到追捧，以致每年有至少近两万只藏羚羊惨遭屠杀……我请求您，运用您个人在国内和欧洲的影响，使公众更好地了解藏羚羊悲惨的处境，并和我们一道防止这种珍稀动物被'致命的时尚'灭绝。"

见到梁先生的信，正在北京访问的布莱尔第二天就回复了，承诺将此事转告英国和欧盟的环境主管部门。布氏回国不久，梁先生便接到英国伦敦警察局保护野生动物负责人的来信，表示在首相的亲自关注下，他们将加强这方面的管理。

后来，梁先生在一次开会时，遇到原国家环保局王玉庆副局长，王副局长说，你们民间环保组织做了我们政府部门想做又不便直接出面的事情，你办了件大好事！而梁先生平静地回答说："环保，原本就不光是政府的事情。"

4. 永远的"人间四月天"

梁先生很配合我的照相，无论给他拍特写，还是与别人合影，总是那样看着镜头微微笑着，神色慈祥，甚至有些天真，让你无论如何想象不出他曾经是那样一位"壮怀激烈的环保斗士"，无论名士高官、金融巨头，谁的言行与"环保"背道而驰，都坚决PK他！

有一次，梁先生随全国政协到南方某城市考察，全团乘坐一辆大型面包车，参观结束后，大多数委员尚未回车，先生坐车内，见一中年男子将喝完的矿泉水瓶随手丢出窗外，很觉刺眼，立即向前道："你怎么可以这样做呢！知不知道这很不文明，请你去把它捡回来！"中年人面部表情很是不悦，但他没说什么，极不情愿地下车将瓶子捡了回来。活动结束后，坐在梁先生旁边的年轻人悄悄对他跷起大拇指，说："梁先生您真棒！也就是您敢说他，我们哪敢啊！""他怎么就不能说？"梁先生问，"他是我们市长啊！"梁先生笑了："哎，你刚才不是睡着了吗？""我哪敢不睡着啊？梁先生！"

某届财富论坛上，梁先生向台下全球经济巨头提问："你们纷纷来到中国，无非是想在中国这块大蛋糕上切更大的一块市场份额。可是，如果十几亿中国人都过上你们那种生活方式，中国的资源能支撑得起吗？按1990年官方统计，中国人均能耗只有美国的1/14，如果现在中国要达到美国1990年的生活水平，把全世界能源都供应给中国还不够。这，不仅是中国的灾难，也是世界的灾难。你们想过要承担什么责任没有？"台下听众报以热烈的掌声！

2005年的一期《环球》杂志上，刊载了对中科院院士何祚庥的一篇访谈《人类无须敬畏大自然》，梁先生见到后立即撰文反驳："我个人认为，让人类敬畏大自然，在大自然面前谦卑一点、谨慎一点，不要那么自信乃至狂妄，不要认为整个大自然都天然地以人为'中

载人京华

心'，只要我们'一声吼'，地球就得'抖三抖'，这并没有什么坏处，上不到'反科学'的纲上去的。相反，这才是对待'科学'真正理性的态度……"

当然，没有人比梁先生更加深悉中国环保事业的艰辛。曾经，他对记者言："环保不是一件浪漫的事。"曾经，他对朋友讲："我们家三代人都是明知不可为而为之。""明知不可为而为之"——这就是中国士大夫精神！梁启超为挽救民族危亡，参与公车上书、戊戌变法；梁思成为保住古都北京，奔走呼号；如今，梁从诫以古稀之年，为中国的环境保护事业殚精竭虑！"先天下之忧而忧"——梁启超父子为国为民未尽的种种遗憾，流淌在梁从诫的血脉！

2008 年底，《南方周末》评选出"中国改革开放 30 年年度人物"，梁从诫作为 1994 年年度代表人物，被誉为"绿色中国推动者"！但他说："我只是一个普通公民，在履行一个公民的职责。"

许多人知道林徽因的诗《你是人间的四月天》，曾经，父亲告诉过梁从诫："这是你母亲为你写的。""四月天"，在西方通常指艳阳日，象征着丰硕与富饶。我以为，梁先生对此当之无愧！

我说你是人间的四月天；
笑响点亮了四面风；
轻灵在春的光艳中交舞着变。
你是四月早天里的云烟，
黄昏吹着风的软，
星子在无意中闪，
细雨点洒在花前。
那轻，那娉婷，你是，
鲜妍百花的冠冕你戴着，

你是天真，庄严，

你是夜夜的月圆。

雪化后那篇鹅黄，你像；

新鲜初放芽的绿，你是；

柔嫩喜悦，

水光浮动着你梦期待中白莲。

你是一树一树的花开，

是燕在梁间呢喃，

——你是爱，是暖，是希望，

你是人间的四月天！

原载 2009 年 10 月 30 日《北京日报》15 版

载入京华

雷国秀
大爱托起便宜坊

决定采访雷国秀，有感于随意交谈中她一句情不自禁的肺腑之语："我觉得我这辈子就是为了便宜坊而来，之前人生所有的经历、努力，就是准备要做成这件事——做大便宜坊，不让传统文化流失！"人生一回，能够从事自己所热爱的事业是一种幸运。而女人一生，得以遇见一个令她如此痴醉的事业则更是一种幸福！2010 年的"三八"前夕，我来到位于丰台科技园区的便宜坊食府，访问这位身兼"全国三八红旗手""中国 100 大品牌女性人物""十大学习型企业家"等十数荣誉称号的"幸福女人"——北京便宜坊集团有限公司董事长、总经理雷国秀。

1. 做企业，女人也有优势

京梅

雷总，刚刚参观过您这个店，与我想象中很不一样，在这样一座钢筋水泥的现代科技大厦里，呈现出一个如此雅致的"便宜坊"氛围，着实与众不同，特别那个博物馆，竟然与用餐场所融在一起，融合得如此天衣无缝，确实很有创意！

> **雷国秀：** 您能这么说我太高兴了，我们当初的创意就是要把这里做成一个"文化体验店"，把经营和文化的呈现融为一体，使顾客既品尝到精美的食品，更体验到六百年老字号的文化底蕴！

京梅

曾经听老苏（中国烹饪协会原会长苏秋成）介绍，说当年您接任董事长时，便宜坊的经营状况已不是很好，您接手没两年，就打造出了如今这般的全新气象，他说："一个女同志，真不容易！"当时是不是挺困难的？

> **雷国秀：** 要说困难那肯定是在哪儿都有，做企业哪有不难的？我是2004年8月12日出任便宜坊集团董事长、总经理的。在此之前，我的全部管理经历是：崇文门菜市场副总经理；崇菜物美综合超市有限公司常务副总经理；物美集团便利超市公司人力总监。没一个跟餐饮有关的，又是个女同志，地地道道的"门外婆"。可我这人就是好胜，任何时候不愿服输，上任后的第一年——2005年便宜坊销售收入和利润分别同比增长23.16%和77.99%。

京梅

大见成效，看来您的确很厉害。使用的哪一路魔法？

> **雷国秀：**（笑）哪有什么魔法？只是认真地做文化、建机制、

载入京华

112

带团队。比如："按贡献分配"，明确各项考核条件，使各餐馆经理们的收入差距从 1∶1.3 增大到了 1∶4，形成优胜劣汰的机制，促进集团内部的竞争。忘了给您介绍，便宜坊集团除"便宜坊烤鸭店"，还拥有建于清乾隆三年（1738 年）乾隆皇帝亲赐蝠头匾的"都一处烧麦馆"；建于清乾隆五十年（1785 年）光绪皇帝御驾光临过的"壹条龙饭庄"；建于清道光二十三年（1843 年）北京八大楼之一的"正阳楼饭庄"；建于民国十一年（1922 年）经营佛家净素菜肴的"功德林素菜饭庄"；建于民国十五年（1926 年）以经营北京小吃著称的"锦芳小吃店"等一批中华老字号品牌。还有，第一年的时候，我让人力部门挑选了 20 个"后备经理"，每次开经理会这些人也列席会议。

京梅

（笑）您这叫"吓唬"！

　　雷国秀：（笑）是啊，可您想当时我一个外行又是女的，不用这样矫枉过正的方式能行么？树立不起威信啊！不过，那也只能是特殊时期的权宜之计，真正管理的最高境界应该是心灵与心灵之间畅通无阻的沟通、善意无碍的相互信任。

京梅

但实际上，这样的境界追求起来又有多大的可能？特别是在当今社会。

　　雷国秀：我的体会是只要你心中有爱，只要你那份感情是真的，就会被理解被接受！爱，可以放大信任、凝聚力量，实现管理者与被管理者的共赢。来便宜坊上班第一天，我就听说我们的行政总厨孙立新要调走，我说这哪行，孙师傅是鲁菜大师，这样的人才都流失了，那我们还干不干？后来我去了孙师傅家，跟他谈话，问他为什么要走。他说，现在各店经理承包了，各自为政，根本没法管，技术上统不起来，没人肯听他的……

我当即对他讲，我说这个工作我来做，为振兴品牌，要停止承包制，实行连锁经营，统一管理。今后在技术上各店必须都听孙师傅的！作为一个集团餐饮，技术上必须统起来，否则将来怎么标准化？后来规定每月开一次厨师长大会，由孙师傅主持。孙立新现在已经是大名人了——全国十大"中华名厨"，担任了我们集团的技术副总经理。其实要说起来，我给他的经济待遇不能算高，但他能感觉到受到了尊重和信任，能实现自己的价值，因为在我心里我是把他当成真诚合作做响品牌的伙伴。

京梅

真正优秀的人，都是把自己的尊严、事业看得比物质更重要。

雷国秀： 您说得太对了！我现在就是要把集团建成一个给机会、给平台、给荣誉、给尊重的舞台，让快乐的舞者能在这个舞台上尽情挥洒才情。是鹰，给你一片天；是龙，给你一片海；是虎，给你一片山……

载人京华

京梅

在与员工沟通方面，您是否认为女性管理者比男性更有优势？

雷国秀：我觉得应该是吧，男人有的时候爱做不爱说。

京梅

其他呢？作为一个成功的女企业家，您认为女性在管理中与男性有何不同？

雷国秀：其实，做女人很多时候都有自己的优势，比方说你示弱一点，大家就会关照你，不跟你计较，恰到好处地利用这一点可以化解很多矛盾。还有嘛，就是女性可以通过着装不断改变自己的形象，开比较重要的会议时，我穿黑色西装，尽量显得有威严；跟职工一起联欢我就更换时装，这样让大家觉得随和有亲和力。

京梅

您说了半天都是优势啊！

雷国秀：说实话，我在工作的时候是没什么性别感觉的。我从坐上这个位置的那一刻，就知道自己已经没有了软弱的权利！示弱是为了达到目的，那不是软弱，是女人另外的一种坚强！

2. 做品牌是我一生的梦想

京梅

您是一个很有激情的人。

雷国秀：是，刚到集团的时候，我差不多每天只睡两小时觉。我一生的梦想就是做民族品牌、做文化！特别当我越是深入了解便宜坊品牌的历史，这种使命感就越强烈。我21岁开始在崇文门菜市场工作，便宜坊就在一路之隔的对面，这不能不说是冥冥之中的一种缘分——尽管那时候我对它一无所知！600年啊，它历经多少风雨、磨难，就这样默默站在我们面前，我们不能辜负它，不能让它落在这个时代的后面！

京梅

说起便宜坊历史，知道的人还真是不多，您能不能简单地为我们读者作一介绍？

雷国秀：太愿意了！根据历史记载，最早的烤鸭始于南宋。到了明朝，明成祖朱棣筹备迁都北京时，一位姓王的南京人跟随明朝官员到了北京。永乐十四年（1416年），他在菜市口米市胡同开了家小作坊，用焖炉烤制鸡鸭等食品。由于这家没有字号小店所售食品加工考究、味鲜美、价钱便宜，街坊四邻就呼之为"便宜坊"。过了100多年——嘉靖三十三年（1554年），因上疏力劾严嵩"五奸十大罪"的明朝兵部员外郎杨继盛来这儿吃饭，店主亲自端鸭斟酒，与之攀谈。杨继盛见小店生意兴隆、待客周到，又鸭美菜香，便随口询问其

载人京华

116

117

字号，叹喟："真乃方便宜人，物超所值！"次年，杨继盛就被严嵩迫害致死。

京梅

看来，当时的老板很有正义感，而且不畏强暴。

雷国秀：这种正义感后来也成了便宜坊人的传统，便宜坊的另一个传统是勇于创新。清朝道光年间，这里的生意已经十分兴旺，因为生意火爆米市胡同常常人满为患。于是，掌柜刘子久向社会发出一则启事：

本坊自明永乐十四年开设至今，向无分铺。近因弊号人手不够，难为敷用，今各宝号愿意为合作者，尚乞垂赐一面洽商。若有假冒，当经禀都察院，行文五城都衙门，一体出示严禁。

咸丰五年　便宜坊老铺敬启

启示一贴出，上门商讨合作事宜的商户无数。刘掌柜便与他们商议，由便宜坊派人到各店传授焖炉技艺，以技术和字号参股联营。有人说，这是中国首家以连锁形式经营的商家企业！这样在北京就一时出现了多家便宜坊，为强调正宗，米市胡同便宜坊在咸丰年间将店名改为"老便宜坊"。咸丰五年（1855年），一姓王的有钱人与米市胡同老号合股，在前门鲜鱼口开了一个"便意坊"，由于经营有方，尽得老号的传家技艺，其焖炉烤鸭的味道甚至超过了老号。

京梅

那现在便宜坊集团的前身是哪一家？

雷国秀：就是鲜鱼口便意坊烤鸭店。1937年卢沟桥事变爆发，民族危难面前，便宜坊再一次表现出中华老字号的深厚德义之风。7月26日晚，当时的掌柜曲述文，率十二名店伙计持大饼、鸭肉、馒头等犒劳二十九军某团，并共同抵抗妄图从右安门、广安门冲进城来的日寇。后来其中有七名伙计随二十九军开赴保定地区，继续与日寇作战。随着日军侵入北平，日伪汉奸加紧了对支持过抗战的商铺的迫害，"老便宜坊"经营艰难。这种情况下，曲述文禀明东家，誓死不在日寇的铁蹄下苟活。东柜两家商议，对外宣布"老便宜坊"正式歇业，但拥有500多年历史的焖炉烤鸭技艺不能失传。他们来到鲜鱼口"便意坊"，与店主共话两家合作的前缘，言明民族危难之中，不分老号新号，要共同携手度时艰，不使中华烹饪绝技失传。说罢就将老号所存鲁菜菜谱及烤焖技法毫无保留地留给了鲜鱼口便意坊。鲜鱼口便意坊的同仁也不负重托，将店名正式更为便宜坊，继承发扬老号技艺，一直发展到今天。

京梅

看来您把"企业文化"打理得相当到位。

雷国秀：2004年我到任一周时，就成立了品牌小组，对便宜坊的历史文化和传统技艺进行整理、考证。除大量查阅资料，还采访了20多名已退休的老员工。当时规定这个小组每周都

载入京华

要开一次会，这样摸爬滚打了两年，我们又聘请了专业的文化创意公司，帮我们从专业的角度，对品牌历史和文化进行核实与系统化再造。一个具有 600 年历史的老字号，连自己的历史都搞不清楚那怎么行啊?！

3. 一个良好的机制才最安全

京梅

除了文化，您认为对于一个老字号企业来讲，什么是最重要的?

> **雷国秀:** 那当然是机制和团队！任何一个企业都必须建立起一种良性、可持续发展的机制，它才是相对安全的。"餐饮"是团队的事业，不能依赖哪一个人，因为人性总有弱点，总有克服不了的东西。所以，必须通过建立管理流程实现分权制衡的机制，现在集团有 6 位副总，从 30 多岁到 50 多岁，分属四个年龄段，大家各有所长、各司其职、各签其字。比如说由经营副总带各店经理；加盟合作则由发展副总拍板，由法律顾问审定合同内容……很多方面都不用我批，我会定期检查他们的工作，但是决不代替他们隔级接受任何请示。

京梅

那您负责什么呢?

> **雷国秀:** 作计划，永远在作计划——用计划描绘未来的便宜坊！我通过检核、沟通、协调，不断发现问题，确定对策。

我特别重视作计划，大到集团的发展战略，细到一次会议、一次培训、一次检核的策划，都要亲自做。每月二十几号，就把集团下个月每一天的所有工作都安排好了，不是那种泛泛的安排，而是制定下非常确切的时间表，定下就很少修改。大家事先都知道要干什么，整个集团就显得有条不紊，可以用最少时间做最多的事。

还有我规定，集团的所有会议不得开过 2 个小时，每人发言都有规定时间，最少的一次每人只有 5 分钟发言时间，要讲一个问题、一个对策，短而实。会议期间不能打手机，违者罚款 50 元。有一次正在开会，上级领导打来电话，我不能不接啊，一散会忙不迭说明原因，自觉缴纳 50 元罚款。因为我接电话打扰了会议秩序。

京梅

这些"计划"最直接的成效是什么？

雷国秀：改变了团队的工作作风，加快了工作节奏，促进了效益增长。近几年我们的销售额、利润和税金，一直都保持在两位甚至三位数的增长速度，我们现在是北京市纳税千强企业、中国餐饮百强企业。但是我想更大的意义还是给这个企业未来确立一种良性的稳定的机制，一种健康的向上的文化。这样即使将来我离开了，也是没有问题的！

京梅

您真让我感动！

载入京华

120

雷国秀：您是不是觉得我这个人有点自作多情？有时候我也知道是这样，可没办法，只有这样我才觉着安心，2005 年 9 月，我被诊断为乳腺癌，手术前一天，我在病房里摊了一床文件、资料，都是要决定的下年的预算和计划。临床病友在看电视——《大长今》，后来她跟我讲，说看你的状态，真不能相信你是第二天要做手术的。我是第二天早晨 8 点进手术室的第一个病人，所以早晨 6 点多就和我们的副总在说计划，一直说到被推进手术室。手术前我躺在那张床上，想到我这辈子谁都对得起，觉得心里非常宁静。醒来的时候，我被告知，那个东西是良性的，之前是医院诊断错了！

其实后来想想，我也有一个对不起的人，那就是我丈夫，他最大的爱好就是大自然，特别喜欢爬山，而我因为膝关节有病从来就没有陪他爬过山。那天手术之前我都没来得及跟他说上一句话啊……

4. 为事业牺牲家庭是另外一种自私

京梅

在便宜坊工作这些年，最让您难忘的一件事是什么？

雷国秀：是有一回过年，一群年轻员工偏要送给我一个锦盒，我说什么也不要。您想，那些孩子很多都是农村出来打工的，辛辛苦苦干一个月才挣多少钱，我怎么能要他们的东西呢？但他们说，您就收下吧！不是花钱买的！我打开一看，是这些孩子听我演讲的收获，每人写了一张字条，其中有一张写着："听了董事长的话，我的人生有了光亮、有了方向，人原来是可以这样活的！我长大要当董事长，要管好老字号的品牌企业！"那一瞬间，我觉得我是一个非常幸福的人！您知道，〇五年我讲培训课达到 500 多个小时，每一课的准备时间都是讲课的 5 倍、6 倍，很多人劝我，说你花这么大精力给这些孩子讲这些，他们听得懂吗？

京梅

您给他们讲什么？

雷国秀：讲人生、事业、品牌、企业愿景、营销、礼仪、竞争、心态调整、思维方式，很多东西，也讲我自己的经历，我 15 岁开始站柜台，始终相信"天生我材必有用"！相信现在的学习、实践、忍耐和坚持，终有一天会换来成功！现在那一批孩子很多都发展得不错，其中有一个普通服务员已成为"都一处"烧卖技艺的传承人、全国优秀农民工，去年"十一"上了国庆观礼台。今年春节她父母在北京过年，我去看望了他们，都是特别纯朴的老百姓，送我出来的时候都含着眼泪。人生在世，不就是将心换心吗？！

京梅

我看过您的一个演讲稿，其中谈到人生的责任，谈到一个真正优秀的人，不仅要敬业，更要对自己的家庭、亲人尽责。我很赞赏！还记得许多年前看中央电视台一个晚会，中间有一个美声唱法"歌唱家"，说他曾经为准备演出爹死前都没赶回去看一眼……许多人为其感动，可我觉着这人自私透顶！尽管他后来成了所谓"大腕"，但我在心里

载入京华

却一直鄙视他。

> **雷国秀**：每个人对人生的理解都不一样。我以为，完整人生
> 应该同时践行三重责任：对职业、对家庭、对社会。对我来
> 说，这是不能讨论的价值标准。为个人事业上的成功而牺牲
> 家庭，那是另一种层面上的自私！因为事业的荣耀毕竟是属
> 于你自己的，而对家庭、亲人尽责却是一种默默的、无人喝
> 彩的付出。所以我一直认为，只有那些孝敬父母、疼爱孩子
> 的人才真正是可以信得过的好人！
> 2001 年我被评为北京市优秀共产党员标兵，在准备报告会发
> 言时，我就表达了这个观点，其中谈到我对自己家人的关爱，
> 对病榻上婆母的尽心；对年幼弟弟妹妹的帮助……后来那个
> 报告审了好几次也没通过——人家是想让我说如何如何牺牲
> 个人、家庭的利益，用全部精力创造事业的。后来我说我不
> 是这样的，我对家庭是非常尽责的，要是不能说我就不说了。
> 我这人个性太强，这真的不是什么优点。

京梅

那后来怎么解决的？

> **雷国秀**：后来领导同意啦，我就讲了一个共产党员全面履行
> 党员义务、职业责任、社会责任和家庭责任的故事。

京梅

我也看到了您在讲稿中为自己罗列的一大堆角色、职责：做职业经理
要对老板、股东、员工、社会负责；在家里要做丈夫的终生伙伴、女

儿的终生朋友、弟妹的终生依靠……数了数多达 14 项，如此之多的责任您能负得过来吗？

雷国秀： 这个问题，我女儿也曾问过我，她说永远是你在付出，累不累？凭什么？累，当然是无可避免的，但也许我就是一个这样的人吧，"宁可天下人负我，我不负天下人"，这样才觉着心里踏实。其实一个真正感觉幸福的人，不是他得到得多，而是他计较得少。

京梅

雷总，对您有一点我特别好奇，按照自然规律像您这样五十几岁的女性正在更年期，无论生理、心理都发生极大变化，可您的心态却阳光得出奇……

雷国秀：（笑）我想主要是因为我遇人遇事总往好处想，这也是一种思维定式吧，但给我带来很多快乐。还有就是我总有事情做，有新的目标，我为便宜坊集团提出的第一个五年计划已经基本完成，2010 年是最后一年，我要酝酿便宜坊集团第二个五年计划，还想为集团培养 10 名总部领导级的后备干部，为开店培养 100 名后备干部。总之，想要做的事情太多了，属于我自己的时间太少了，我真没有时间郁闷。其实我也有烦躁的时候，那时候我就把自己关起来不面对任何人。（此时，服务员端上烤鸭）主菜来了，您尝尝这是我们的创新烤鸭"蔬香酥"，烤制前，通过特殊工艺用 10 种蔬菜将鸭坯脱油、入味、去腥，这样烤熟后，整只烤鸭从里到外充满蔬香，即使放凉了，也照样酥脆好吃。这薄饼也是采用百分之

载人京华

124

百的蔬菜汁制作，黄的是胡萝卜汁，绿的是芹菜汁的。还有，您尝尝这些配菜，这是香椿苗、萝卜苗、薄荷叶、花叶生菜，没有大葱，免得吃完嘴里有味儿。

京梅

顺便请教一个常识，焖炉烤鸭最主要的特点是什么？

雷国秀：焖炉的特点是"不见明火"，先将炉壁烤热，使炉膛升高到一定温度，然后把鸭坯放在炉中，关上炉门用炉壁的温度把它焖熟。烤好的鸭子呈枣红色，外皮油亮酥脆，肉质鲜美、细嫩。由于"不见明火"，所以干净卫生，对环境污染小。现在我们把便宜坊的品牌定位为"古老又年轻，经典又时尚"，不断开发新品，您今天品尝"蔬香酥"是第三代烤鸭，另外还有第二代"花香酥"、第四代"傲韵烤鸭"。

5. 便宜坊终有一天会
北京闻名、中国驰名、世界有名

京梅

在便宜坊工作这些年，您对自己的哪一项业绩最满意？

雷国秀：让便宜坊焖炉烤鸭和都一处烧麦技艺进入第二批国家级非物质文化遗产名录。

尽管近些年我们的经济效益不断攀升，新开办了多家直营店和特许加盟店；社会效益上也有了"国际餐饮名店""中国十佳酒家""中华老字号品牌企业 100 强"等荣誉称号。但是我认为所有这些业绩相加也没有申遗成功的意义更重大！因为效益只是一时的，而我们的品牌却是不可再生的唯一！保住它就是"留得青山在"，我们的未来就会有希望！

京梅

您认为作为一个成功企业家最重要的素质是什么？

雷国秀：我想首先是情商不能低，比如重阳节，我们都在店内举办敬老宴，准备重阳糕，到敬老院慰问老人，这也是老便宜坊延续百年的传统。近些年，我们又举办节俭日活动，每周的星期日，当客人在我们店内吃净盘中餐，就会享受到餐费的九折优惠。商业经营是一项社会行为，只有参与各方都能获利才可能长期进行下去。

京梅

所以您强调"共赢"。

雷国秀：对，共赢中的爱能创造企业新的机会与空间，只有谋求共赢的企业才有宽广的未来。沿着这样一条路走下去，我坚信：便宜坊终有一天会北京闻名、中国驰名、世界有名！

京梅

前些年城市女白领们一直在讨论"嫁得好""干得好"的问题，对此，您的观点是什么？

载入京华

126

127

雷国秀：我觉得嫁得好更重要！（大笑）当然这种好的标准每个人都不一样。天下的好人多了，关键是要嫁到一个适合你的人才是真正嫁得好。前些年有听我演讲的大学生问过我，说如果在事业与家庭之间只能选择一个我怎么选。我说，我选择我丈夫！但是，我的丈夫不会要我做这种选择，因为他理解我。真的，我这辈子有幸遇到了特别好的丈夫，在我的心里，他就是一座可以让我倚靠的高山、一个可以容我栖息的港湾。

京梅

您最喜欢的一句人生格言是什么？

　　雷国秀：路漫漫其修远兮，吾将上下而求索。

京梅

今年是三八国际妇女节 100 周年，您作为"全国三八红旗手"——一位成功的幸福的女人，请给我们的女性读者说句吉祥话。

　　雷国秀：人生真的是美好的，让我们用大爱描绘人生，用真情编织人生，用善良填充人生，用豁达驰骋人生。

原载 2010 年 3 月 12 日《北京日报》15 版

郭耕
万物有情皆可爱

　　深秋季节的北京麋鹿苑，荻花照水，秋阳瑟瑟。在这片昔日元明清三代的皇家猎苑，郭耕手指栖息在泽边的一对"仙鹤"为我讲述了一个感人至深的故事：在这里，曾生活着一对两小无猜的丹顶鹤，可就在它们刚刚换出成鸟那黑白色的羽毛时，其中一只便惨遭不幸。人们常说，丹顶鹤一旦丧偶，终生不再嫁娶，可出乎意料的是。那另一只孤独的丹顶鹤竟跟一只有同样丧偶经历的灰鹤结成了相依为命的伴侣。后来，麋鹿苑又买了几只灰鹤，大家都以为，那灰鹤这下子必定要抛开"临时情人"丹顶鹤重归种群了。可让人想不到的是，痴心的它仍旧一心一意始终相守着患难的爱侣！一直到如今……

　　"这个故事，我给好多记者都讲过，可不知道为什么，就没有一个人写。"郭耕有点遗憾地叨念。

　　"因为，它跟宣传'郭大使'的光辉事迹关系不大呗！"我向他开着玩笑，心里却明白，正是这种源自精神深处的对于弱者的慈悲，对于生命的敬畏，对于众生的爱，才使郭耕对所从事的环保事业痴心不悔。

　　载入京华

1. 可怜天下鸟兽情

离开那一对痴情的"仙鹤"，西行不远，便来到由郭耕创意的"东方护生壁画"前。

"众所周知，环保运动起源于西方，可实际上许多自然哲学、护生思想都产生在东方，特别是中国。古人认为，动物都是血肉有情之物，人类有夫妻情、母子情，动物也是一样。"郭耕动情地解说着。

首幅壁画名为《天地好生》，第二幅则展现一只鸟被人捕捉，另一只——它的配偶竟坠地而亡的凄惨情景。接着是一幅"哺乳图"，画上正在哺乳的，一边是狗的母子，另一边是人的母子，画面题有白居易七言绝句一首："谁道群生性命微，一般骨肉一般皮。劝君莫打枝头鸟，子在巢中望母归。"接下去便是几幅反映动物母子情的壁画，其中有一幅名为《烹鳝》，说的是古时候，一个叫周豫的学士在烹调鳝鱼时，发现一鱼总是向上弯曲身体，甚感蹊跷，后来剖开它的肚子一看，才知道这是一条怀孕的母鳝，它之所以拼命向上，曲身避汤，原来是在保护自己的孩子！周豫由此不再吃鳝鱼。

谈到动物的母子情，郭耕给我讲述了发生在非洲稀树草原上的一个故事：某探险家与一猎豹相遇，人兽相斗，探险家最终将豹子打死。可是，待他找来同伴准备抬回那死豹时，豹子的尸体却不见了。他们循着地上的血迹，找到猎豹的巢穴，发现那豹卧在里面，已经死了。待他们把死豹拽出，才发现大豹的身后居然还有两只嗷嗷待哺，连眼睛还睁不开的小豹。探险家此时才明白，那只大豹之所以死不瞑目，拖着垂死之身跑回巢穴，就是为了给两个饥饿的孩子喂上最后一口奶！

专　访
郭耕　万物有情皆可爱

2. 一生无悔为众生

"万物有情皆可爱，一生无悔为众生"，这是郭耕向人赠送他的"环保书籍"时常常题写的两句话。正是在这样的一种人生情结之下，毕业于中国人民大学商业经济专业的他，在 80 年代就放弃了商场生涯，投身环保。最初做动物的饲养、救护、考察等工作，1994 年开始转向环保科普教育，为大中小学生办讲座、在电台电视台做节目、为报刊写文章等，至今已出版《灭绝动物挽歌》《世界猿猴亲仔图》《鸟兽物语》《鸟兽悲歌》等著作多种。用郭耕自己的话讲，此次工作重点转移是他"从逃避红尘向回归社会的转变"。

郭耕戏言，他的绰号与这里的麋鹿相同，都叫"四不像"：做环保科普教育时，他像教师不是教师；撰科普著作时，他像作家不是作家；在动物科学研究上，他像专家不是专家；在麋鹿苑给公众作讲解时，他像导游不是导游。但说实话，作为一名旁观者，我还是最欣赏他作为"导游"的这一角色，因为那个时候，他与这个苑，苑中的动物、草木、湖泽、天空，还有荒野，是浑然融合为一体的。正是这样的一种融合，让他在麋鹿苑的科普项目上创意频频：麋鹿沧桑展览、绿色地球迷宫、动物之家换位思考游戏……动物之家有蜂巢、燕窝、蚂蚁城堡等，最有意思的是一个大鸟笼，人可以钻进去，体会"做鸟的感觉"。笼边有一牌子，上书："樊笼不是我的家，笼中动听的鸣啭应是凄楚的囚歌。始知锁向金笼听，不及林间自在啼!"《森林木十》雕塑，则使人对乱砍滥伐的结局一目了然。最触目惊心的还是那一座世界灭绝动物公墓：世界上近 300 年以来已经灭绝、濒临灭绝和现存物种代表的名字，被镌刻在一张张多米诺骨牌般排列的石碑上，"骨牌"的尽头便是那座公墓，墓碑上有铭文曰：

载人京华

风萧萧兮易水寒，

众生一去兮不复还！

工业革命以来，以文明自诩却无限扩张、为所欲为的人类，已使数百种动物因过度猎杀或丧失家园而遭灭顶之灾。

当地球上最后一只老虎在人工林中徒劳地寻求配偶，当最后一只未留下后代的雄鹰从污浊天空坠向大地，当麋鹿的最后一声哀鸣在干涸沼泽上空回荡……人类，也就看到了自己的结局。

善恶终将有报，

猎天必被天猎。

当物种灭绝的事件就像多米诺骨牌一样纷纷倒下的时候，作为地球物种之一的人类（智人 Homo sapiens），你就能幸免于难，在劫而逃吗？

就在墓碑的不远处，一眼望过去，属于人的那一张"牌"，排在倒数第二位……

"物种灭绝是难免的，可人类的过度开发却使之比自然的灭绝速度快了 1000 倍！"郭耕感慨道，"上天有好生之德，生命本该是平等的，可现在人类的非生存需要，却已高高凌驾在其他物种的生存需要之上！比方说，野兽一辈子也就那么'一件衣裳'，人可以更换的衣裳很多，可他们却还要把野兽唯一的一件衣裳扒下来穿在自己身上。为一衣而伤一命，伤天害理呀！"

眼见郭耕说到动情处，我忽然想起方才在麋鹿苑一把座椅上所见的诗："野人本来不求名，欲向深山过一生。莫嫌憔悴无知己，别有麋鹿似弟兄。"那好像就是在说他，他来到这世界，他做环保，不是为了那一大堆人类社会所给予的头衔、称号，他是来为那些无言的动物呐喊、申诉！据说，因为工作关系，他已不食"众生之肉"……

3. 悲情六月天昭雪

"还有，中国人自古就讲究吃燕窝，"动物的使者郭耕继续说，"燕窝是东南沿海一种叫金丝燕的鸟，用唾液拌海藻筑成的巢。当人把新婚之燕辛勤筑在岩壁上的'产房'撬走后，它们便无家可归、无处产卵。仅中国香港一地一年消费的燕窝就达 120 吨，这意味着 1700 万对'新婚燕尔'的燕子惨遭丧家之痛！当燕子失去自己的产房，它们不会就此放弃，而是重新再筑一个巢，再失再筑，再筑再失，一直到用尽所有唾液。之后，有些燕子会吐出口中的血来筑巢，那就是更为名贵的'血燕窝'，而对于'血燕窝'，人们当然照取不误，因为它的价格更加不菲。"（燕子吐血筑巢形成"血燕窝"的说法，近年已被生物学家否定。他们认为，红色燕巢的成因主要是金丝燕食用海边藻类、深山飞蚊等，其唾液含矿物质较多，一定环境下氧化出橙红或灰红色。但笔者认同郭耕观点——不赞成食用燕窝。）

接下去，郭耕为我讲述了两个更为鲜血淋漓的故事。

其一，在东北一家名为"仙人桥"的养熊场，关押着 10 余只被称为"胆熊"的黑熊、棕熊。每天，当身穿白大褂医生模样的人一露面，群熊顿如见着小鬼般哀号起来。冷酷的"白大褂"在一只黑熊笼前伸出铁钩，钩住熊颈，那熊顿时龇牙咧嘴地哭号起来。熊的腹部有一条永不愈合的刀口，上插一管，直通胆囊，取胆汁时，打开软管即可。当墨绿色的胆汁被一股股抽取出来时，无辜的熊大张着嘴，双眼凸暴，四肢剧烈地颤抖着……这样的酷刑（从每只熊身上榨取 150—200 毫升胆汁），从上午 8 点到 10 点，每天不落。终有一天，一只棕

载人京华

熊因无法忍受而自扒伤口，把肝肠拉扯出来狂嚼着挥舞着，其状惨不忍睹。而此刻，熊场场主却大声吆喝他的伙计："快，快砍熊掌！熊掌必须活着砍！"刹那之间，利斧闪落，棕熊的熊掌血淋淋被砍下来……

其二，某故事片摄制现场，欲拍一骏马坠崖的长镜头，为了能让影片具有强烈的感官刺激效果，导演决定采取实拍。然而，那匹买来的白色良种马却极通人性，每行至距悬崖几米远时，便拼死顿足，仰面悲鸣，再不肯向前。导演无奈，只好命人用布蒙上马眼，生拉硬拽走向悬崖。这时，马儿落泪了，大滴大滴的眼泪。最终，马被人生生地推下了山崖……就在它葬身崖底不到半小时，本是初夏六月的朗朗晴空突然阴霾密布，纷纷扬扬飘起了雪花，一朵两朵，千朵万朵，大雪掩埋了马的尸体……六月飞雪，古来几回？除非是"感天动地窦娥冤"！

郭耕说，他后来在《辞海》里查到过"六月雪"一词，其上竟标注：一种植物，意同"白马骨"。真是万物相通，天地有灵，人类岂可随意地生杀予夺，草菅性命！

4. 问苍茫大地，谁主沉浮

工业革命以来，人类在自然界面前变得越来越耀武扬威，想斩断江河就斩断江河；要刺破青天就刺破青天；想杀谁就杀谁，俨然以地球乃至宇宙的主宰自居。然而，"非典"来了；禽流感来了；大海啸来了……一刹之间，人们突然发现，原来自己的生命微如草芥，甚至连野生动物都不如。

据郭耕说，2004年12月26日，在斯里兰卡的雅拉国家公园，当印度洋的那场大海啸袭来，海水上升，淹没了大约3公里的陆地，建筑物被冲毁，很多游客不幸遇难。但专家们惊异地发现，这里种类繁多的野生动物却安然无恙，从庞大的大象到小小的野兔，人们没有见到一具动物的尸体。

印度古吉拉特邦传诵着一个义鼠的故事：一只小鼠因经常接受一个小女孩的食物，在地震来临前，为救女孩一家，咬了其家人的脚指头便往外跑。女孩一家以为老鼠作恶，都追杀出门，女孩爸爸用棍子打翻了小鼠，就在小鼠口吐鲜血，痉挛着死去时，一场大地震发生了，女孩全家幸免于难。

郭耕认为，由于野生动物的生存更加依赖自然，致使许多动物对天灾具备预先觉察的能力。在这一点上，它们应该是人类的老师。"问苍茫大地，谁主沉浮？"郭耕说，"不是我们，而是众生！否则，就会陷入唯我独尊的误区。"

他解释说："人类虽然高度进化，处于生态系统食物链顶端，但毕竟脱离不了动物的本能，因此，就必然受到环境机制与生物学规律的制约。而地球上环环相扣的生命之链无论从何处断裂，都将导致生态失调，甚而是整个生态系统的解体。比方说，当今世界有100万种，数量多达100亿亿只的昆虫，它们每年吃掉世界粮食产量的40%。事实证明，只有天敌才是治虫最安全有效的方式，而其中鸟类是最主要的灭虫力量。但倘若在人类的'恢恢法网'之下，鸟的种类、数量发生大规模减少的话，则作物不得不依赖药物灭虫，而昆虫可以依靠其体内遗传基因的演变，很快产生抗药性。这样，人们就必须不断研制更新一代药物，并且不断加大药的浓度，从而给人类自身带来严重的灾难——癌症。

"所以说，人类必须重新审视自己与自然的关系，从地球属于人的误区，回到人属于地球这一正确观点上来。"

载人京华

134

采访结束，已是夕阳西斜。金红色的光彩映照着麋鹿苑的荒野、沼泽，远方，有一群麋鹿在旷野上悠闲地散步，还有成片的寒鸦戏水，起了又落。秋深了，如今的麋鹿苑尽管犹有晴云碧树，果红叶黄，却早非当年水草肥美，虎啸鹰台的"南囿秋风"旧貌。据说它的面积仅为 100 年前皇家猎场（210 平方公里）的千分之三。那么，再过 100 年呢？它的命运又将如何？据现为市政协委员的郭耕讲，他已然提交了"恢复燕京十景之一'南囿秋风'"的提案。

站在这一方集麋鹿发现、灭绝、拯救、回归于一处的土地上，郭耕曾经激情宣讲"国家兴，才有麋鹿兴"！我们也真诚祝愿，他今后的环保教育之路，能越走越兴盛，越走越快乐。以下是郭耕在他"生态、生命、生活"科普讲座中的一段话："在茫茫宇宙中，地球，是迄今所知唯一有生命的星球，可她并不唯一属于人类，但愿她不要因人类的贪婪和无知，变成一条危机四伏的泰坦尼克，她只应是一条人与动物、人与自然和谐共处的诺亚方舟。"

原载《海内与海外》2011 年 8 月号

周汝昌
65 载红楼情

5 月 31 日傍晚，我正在家中阅读资料，接到《北京日报》编辑的电话："周汝昌先生去世了，你知道吗?"去年底，我们曾经策划为周先生写一篇专访，后因种种原因耽搁下来。

我赶紧拿起电话，经向周先生退休前所在单位中国艺术研究院党办证实，周先生确已于当日凌晨 1：59 在家中去世，享年 95 岁。世事何其无常，我们的采访计划，终成遗憾⋯⋯

次日清晨，电致周汝昌女儿周伦玲询问详情。伦玲女士说："主要还是年纪大了。大约 10 天前，周先生已经感到身体有些不适。自己也不在意，5 月 23 日，还口述了一本书的提纲，列了 12 条题目，书名暂定《梦悟红楼》。去世当晚，他脑子还很清楚，仍在构思他的新书。他一直觉得自己还能做很多事，可身体不允许，还是带着遗憾走了⋯⋯不过，他最后走得很安详，很平静。我们几个人（5 位子女）都守在身边。"

"周先生好像已过 94 周岁生日了吧? 这么大年纪，按民间说算喜丧了。您这些年也不容易，要节哀保重身体。"我劝说。

"我也知道是这样，但这么多年的相依相守，从未与父亲分开过，一想到真的生死两隔，仍然无法接受⋯⋯"周伦玲声音哽咽。

载入京华

问起先生后事，伦玲女士说，按照周先生遗愿，他们已决定：不开追悼会，不设灵堂，让他安安静静地离开这个世界。

1. 大化无忧文照耀：成就与学问

1918 年，周汝昌降生于距天津城 25 公里的咸水沽镇。自幼聪慧，入小学后，首先显示出其惊人的外语天赋，就读天津南开中学时，其英文水平已经可以与老师论伯仲。1939 年，以英语免试资格考上燕京大学西语系。毕业时，以英译中国古代文学理论著作《文赋》为论文，令中外教授举座皆惊。老师破例请学生周汝昌吃饭，告知其论文一字未改全票通过！此后，他又把《二十四诗品》译成英文介绍到欧洲，把英国著名诗人雪莱的《西风颂》以《离骚》的文体翻译成中文。周汝昌少年时就常听母亲讲《红楼梦》的故事，后来又从母亲手里看到古本《石头记》。然而，真正使他步上"研红"之路的，却是著名学者胡适先生。

1947 年，一次偶然机遇，周汝昌在燕京大学图书馆发现了曹雪芹好友敦敏的诗集（这是胡适先生多年以来考证曹雪芹生平，想找而没找到的），并根据其中六首吟咏曹雪芹的诗，写下了第一篇红学文章，发表在当年的《民国日报》上。胡适先生见到后，主动给他写了一封信，也在该报发表，立即引起了学术界的关注。

周汝昌后来追忆这段往事，十分感念胡适先生："先生的信，对我的考证只同意一半，另一半有所保留。我当时少年气盛，不知道天高地厚，也不懂言语轻重，就又写了一篇文章和先生辩论。"从 1947年的冬天到次年秋，胡适共给周汝昌写了 6 封信，探讨红学问题。1948 年，周汝昌向胡适借阅他收藏的极为珍贵的"甲戌本"（《乾隆甲戌脂砚斋重评石头记》），胡先生慨然允诺。后来，周汝昌回首往事时每每慨叹："当时我只是燕京大学的一个学生，胡适先生就敢把那样一部珍贵的藏本借给我！"当年暑假，周汝昌将这部书带回老家，四哥周祜昌见原本纸张已经黄脆，不忍翻阅。兄弟二人遂花费两个月时光，用墨笔和朱笔工楷把书抄录一遍！并向胡先生提出建议：应当依据"甲戌本"，加上"庚辰本"以及有正书局的"戚序本"，整理核订出一部接近曹雪芹原著的版本，不要再宣扬、散布那种被伪续者大肆删改的"程乙本"了。

见到周汝昌的信，胡先生当即（1948年7月20日）回复说："我对于你最近的提议——'集本校勘'——认为是最重要而应该做的。但这是笨重的工作，故二十多年来无人敢做。你若肯做此事，我可以给你一切可能的便利与援助。"

正是从那一天起，周汝昌开始了他长达60多年的"红楼之旅"，一直到他生命的尽头！然而，正如胡先生所云，这个工程确实是太繁重了！为了此书，他与四哥一起，不止经历了"三易"其稿，而且经受了"三抄"其家：起因是周祜昌有一邻居"告密"，说他与胡适有"海外关系"，正在闭门写"反书"！此事很快成为"特大政治案件"，几部门联合行动，声势惊人。三抄之后，他们的书籍手稿，一切资料片纸无存。最后是被"扫地出门"，八口之家，竟无立锥之地！变故之后，兄弟二人只得从零开始，白手创业"苦成此书"。而书完成后，出版又成了问题，历经数年碰壁，直到2004年5月1日，一部10卷本的《石头记会真》（对11种《红楼梦》古钞本的汇校勘本，堪称当今红学版本研究之最）才由海燕出版社正式推出。

一愿已酬，然此时距他当初慷慨激昂向胡先生提出建议已历56年矣！此时，胡先生早作古人，而周祜昌亦在1993年辞世……周汝昌百感交集赋诗道："五十六年一愿偿，为芹辛苦亦荣光。几番浩劫

载入京华

邪欺正，百世沉冤绿转黄。大化无忧文照耀，微诚有幸力惭惶。最怜棠棣情难尽，故里春晖断雁行。"

周汝昌出版的第一部红学专著，是40万字的《红楼梦新证》，其时（1953年），他正在四川大学任教，后来听说此书在当时的北京文代会上差不多人手一册。而远在大洋彼岸的胡适先生在给友人信中称许道："此君乃是我的《红楼梦》考证的一个最后起而最努力最有成绩的徒弟。"《红楼梦新证》后来也成为毛泽东的枕边书，在他自己的文章《评读五部经典小说》中，有两处提及该书。

1982年周汝昌发表文章《什么是红学》，提出"红学"包括"四学"：即曹学、版本学、脂学和探佚学，引起了红学界的一场大辩论，这场争论一直延续至今。

周汝昌是一位博学、勤奋的真学者，其治学初以语言、诗词理论、笺注、赏析和中外文翻译为主，国学基础博厚，一生著作可谓等身，自1959年出版《范成大诗选》后，又连续出版《白居易诗选》《杨万里选集》《诗词赏会》《岁华晴影》等古典文学和诗词的研究专著数种，而他自己也极善诗词，著名学者钱钟书曾赞叹说周诗押韵"如土委地"。此外，周汝昌的书法也极有造诣，自谦"不是书法家"的他，自幼研习欧楷笔法，20岁后深研《兰亭》，所写瘦金体，刚风俊骨，墨采焕然。只是受视力所限，70岁后便极少动墨，这也是周汝昌书法作品存世稀少的原因。周先生还擅长京剧，据说当年燕大舞台上，"周氏小生"曾经倾倒过无数"粉丝"。

2. 不把真书换万金：痴心与风骨

我与周汝昌先生相识于20世纪90年代，第一次到他家拜访时，他的老伴毛淑仁女士还健在。不记得怎么聊起天儿来，毛女士对我讲，她平生最不喜欢《红楼梦》！我当时感到匪夷所思，回到家里才越想越明白：《红楼梦》是她这辈子唯一的"情敌"，而且这个"情敌"强大到她终生无法战胜！以至于只剩下无奈……

周汝昌视红楼如生命，尽管多少年耳聩目盲，却始终痴情难改。有人说，曹雪芹痴，写《红楼梦》用了 10 年；周汝昌更痴，研究《红楼梦》用了 65 年！从青年时起，周汝昌双耳便逐渐失聪，戴助听器还得别人在他耳边高喊，1975 年他的左眼又因视网膜脱落失明，右眼则需将两个高倍放大镜叠在一起才勉强可以看书写字。此后的岁月，他几乎每天就是趴在一张简易的旧折叠桌上，凭着仅存的一丝视力将自己的所思所想写在女儿伦玲裁剪的小纸片上，经常是一个字叠着一个字，只有这个多年做助手的女儿能够勉强辨认，然后将它誊写在稿纸上、敲击到电脑中。至近年，他的双目已完全失明，仅剩余些许听力，写作也只好改成了口述的方式。

据伦玲女士讲，2002 年，周先生在接受采访时，曾对记者说过这样一段话："我虽然 84 岁了，经历了大悲、大喜，但我很留恋人间事。像我这样的人积累一点东西不容易，我现在写作的精力非常旺盛，几乎每天写几千字的文章，我女儿简直打不过来。我现在靠半只眼睛拼命干，就是因为我还有没做完的工作，我积累了几十年，不就是要把成果留给后人吗?!"

"拼命"之下，老人才思泉涌，仅 2009 年后就出版了《谁知脂砚是湘云》《红楼真影》《周汝昌校订批点本石头记》以及《诗词赏会》(修订本)等数部专著。

时至今天，《红楼梦》对广大中国读者而言仍然有着巨大的魅力，而这魅力之后则是无数巨大的商机。近年来，围绕《红楼梦》研究，不知不觉间已形成了一条巨大的商业产业链，从出版、影视、旅

载入京华

游，到各种文化活动、学术会议，据估算，一本《红楼梦》产值已达数十亿！巨大回报的引诱下，几年前，影视圈内一场"你死我活"争夺《红楼梦》重拍权的闹剧，还历历在眼前。《红楼梦》在今天的时代，正迅速成为很多人眼中的"金楼梦"。

而被公认为中国红学三泰斗（胡适、俞平伯、周汝昌）之一的周先生，自1979年以来，却一直蜷缩在北京市朝阳区一幢小楼内，过着在常人看起来俭朴凄凉的晚年生活，以"蜗居"一词形容这位泰斗级人物毫不为过：60平米左右的小单元房内，只有数十年前最简陋的老旧家具，说是红学大家，实际完全是一个穷人，一个清贫不过的知识分子！不像有的"学者""红学家"，住着大宅院，开着豪华车。周先生只是很快乐地沉浸在他的研究中，再加上目盲耳聩，可以说学术环境非常艰苦。家里唯一能看过眼的东西，是先生床头的一个玉石枕头，据伦玲女士说，多年来他一直枕着它（这大概和他的《红楼梦》不无关系），不管是冬天还是夏天，到天冷时最多在上面放块枕巾，说这样能让他的脑子更清醒。

老先生是一个很天真的人，极少接触社会，不善经营人际关系，很多时候，处事就像孩子。但在大是大非的原则上其实是极明白的。近些年，他曾多次表示不喜欢"红学家"这个称谓，也不喜欢"红学界"的说法，他说红学已经被人用得庸俗化了，批评当下的《红楼梦》研究大都是有形骸而无灵魂。他自己毕生研习《红楼》，却始终认为在博大精深的《红楼梦》面前，自己才疏学浅，捉襟见肘。

百读《红楼》百动心，哪知春夜尚寒侵。每从细笔惊新悟，重向高山愧旧琴。只有英雄能大勇，恨无才子效微忱。寻常言语终何济，不把真书换万金。这便是这位泰斗级学者——一位真正意义上的中国传统知识分子最值得骄傲的精神写照！

3. 此是中华真命脉：观点与襟怀

综数十年考证成果，周汝昌给《红楼梦》的评价是：不是一部简单的爱情悲剧故事。他认为，红学与甲骨学、敦煌学一起被联合国教科文组织定为近代汉学"三大显学"，它是世界性的学问，其影响和作用在中国民族文化当中是不可估量的。"胡适等学者曾说《红楼梦》不足以与世界一流文学著作并列。我一直怀疑他们所说的'世界一流文学著作'到底是指什么？直到现在，我还是坚持认为《红楼梦》是世界第一流的文学作品！"老先生常常这样激情地表述着，并为此赋诗："聪明灵秀切吾师，一卷《红楼》触百思。此是中华真命脉，神明文哲史兼诗。"

周汝昌认为，《红楼梦》不仅是一部带有作者自传性的小说，更是包含着曹寅、李煦两个家族合传的文学创作。过去的传统视角以为，曹雪芹生前只留下了《红楼梦》前八十回，而周汝昌等学者认为，曹雪芹是写完了整部《红楼梦》的，只是八十回以后的文稿因故迷失。而根据脂砚斋批语提供的线索，周先生对《红楼梦》八十回后内容的研究成果大体如下：

> 黛玉逝后，宝玉、宝钗成婚，宝钗早逝，湘云沦落，后与宝玉相遇成婚。
>
> 木石姻缘指的是宝玉、湘云的姻缘。宝玉、湘云才是故事之主。
>
> 黛玉根本就不是还泪的绛珠仙子。
>
> 曹雪芹的爷爷曹寅的续弦姓李，即《石头记》中的贾母。
>
> 脂砚斋是一位女性，是曹雪芹身边的一位伴侣，她就是史湘云的原型。《红楼梦》是曹雪芹夫妻合写的一部著作，"脂评"

载入京华

142

是小说一个不可或缺的组成部分。

主张"癸未说"，曹雪芹的卒年是乾隆二十八年癸未除夕，生年是雍正二年。曹家祖籍是河北丰润。

小说中的大观园的原型是北京的恭王府。

高鹗补写的后四十回是"伪书"……

简单言之，八七版电视连续剧《红楼梦》基本采用了周汝昌先生的研究成果。

周汝昌是如此挚爱"红楼"，却始终对不同观点胸怀包容，"恭王府是大观园原型"——这是周先生一个重要观点。对此，我持否定意见，并在拙作《如梦如烟恭王府》一书中进行了充分论证。先生对此毫无芥蒂。2004年元旦前后，我拿着一本杨柳青年画的挂历去看他，老先生一如既往热情地鼓励着我，并且拿着那本挂历高兴地与我合影留念（先生天津人，对家乡有很深的感情），孩童一般的天真……

4. 故里春晖断雁行：评价与缅怀

傍晚时分，在百度搜索中输入"周汝昌逝世"，提示相关结果约195000个。其中有知名学者的评价：

中国艺术研究院红楼梦研究所所长孙玉明："周汝昌先生的《红楼梦新证》，对于红学研究者来说就像一座山，是绕不过去的。一个人，一辈子，有这样一部书，就是在一个领域立住的表现。"

著名古典文化学者、红学家、中国文化研究所所长刘梦溪："周先生在《红楼梦》研究领域中的成就，至今无人能比，作为新文化时代的学者，周汝昌已经是仅存的耆老之一。"

当代红学家、辽宁师范大学文学院教授梁归智："周先生不仅仅是个红学家，还是中华文化学家。他的逝世是中华文化的损失。"

更有普通网友的留言：

> 周汝昌老先生一生淡泊名利，唯对中华文化、对学术真理坚守不渝、穷追不弃，向周老先生致敬！

> 老人家好走！红学已经没有20世纪80年代的氛围了，真正研究红学的人都会追求"红"的内涵——淡泊名利、修身养性，这已经与浮躁、虚伪、厚黑的现在主流精神世界完全无关了，相信有更多真正的"红"人，远离浮躁、抗争命运，通过老人家的理念找寻属于自己的净土！

> 痛哉先生、惜哉先生，当今社会类似先生这样的痴人不多了，愿先生一路走好！

> 研究了一辈子《红楼梦》，硕果累累，"红楼梦"是他的梦中梦，他身在"红楼梦"，心在"红楼梦"，梦在"红楼梦"，他的魂也在"红楼梦"！

于是，再一次拨通伦玲女士的电话。她对此亦深有感触："我还没时间上网看，但是都听说了。今天下午还有我父亲的学生从成都打来电话，说他们那各种报纸差不多都刊出了这个（周汝昌去世）专题，有的还是在头版。真想不到我父亲会有那么多粉丝！我们真的是特别感动！特别是有那么多年轻人，要是我父亲生前知道这些该多好！这就是他想要的效果，他生前一直为当今教育体制下的中国国学

载人京华

144

担忧，知道自己能影响这么多年轻人，他会非常欣慰。"

　　周伦玲说，在生命的最后一段日子里，周老先生的身体已十分衰弱，进食很少，失眠加重，头脑却始终清醒，总是说自己又有新感悟、新想法了，要抓紧时间写出来。他常常一夜无眠，第二天一早便口述出一篇文章，思路非常清晰。儿女们怕他太累，常常劝说，他却生气："我脑子好着呢！不让写文章，还能干什么?！"除《梦悟红楼》外，他还计划写一本讲解唐诗宋词的书，因前几年出版的一本同类书籍《千秋一寸心》，被定为中央国家机关"强素质•作表率"读书活动 2012 年上半年推荐书目，他大受鼓舞，就决定再写一本，诗歌目录都已拟好。可惜这些如今只能留作纪念了……

　　此时，我想起了周先生曾经的自咏词，我愿用它作为本文的结束，并以此概括先生为红楼而痴迷而奉献的一生：

　　　　为芹脂，誓把奇冤雪。不期然，过了这许多时节。交了些高人巨眼，见了些魍魉蛇蝎；会了些高山流水，受了些明枪暗钺。天涯隔知己，海上生明月。凭着俺笔走龙，墨磨铁；绿意凉，红情热。但提起狗续貂，鱼混珠，总目眦烈！白面书生，怎比那绣弓豪杰——也自家，壮怀激烈。君不见，欧公词切。他解道："人间自是有情痴，此恨不关风与月。"怎不教人称绝！除非是天柱折，地维阙；赤县颓，黄河竭；风流歇，斯文灭——那时节呵，也只待把石头一记，再镌上青埂碣！

原载 2012 年 6 月 5 日《北京日报》15 版

转载《新华文摘》2012.8.5（总 507 期）

李滨声
平看庭花笔留情

　　盛夏，一个细雨霏霏的日子，被誉为中国漫画泰斗的李滨声，在坐拥二百多年历史与掌故的北京恭王府举行收徒仪式——毕业于中国音乐学院国乐系的古琴美女金雨阁正式拜入老人门下，成为跟随他学习漫画的第一人。尽管早已深居简出，尽管低调的滨老特意叮嘱不要邀请媒体，但次日，当唯一到场的记者朋友以《著名漫画家李滨声跨界收徒，多位文化界人士见证》为题在中国新闻网上披露此事后，不到 10 小时，就已经有 59 家网站予以转载！

　　日前，笔者来到滨老的家——北京朝阳区一幢 20 世纪 80 年代的老式楼房里，采访了这位极富传奇色彩的老艺术家。

1. 大起大落，传奇人生

　　李滨声，字浴非，号梨园客，原籍辽宁本溪，1925 年生于哈尔滨。当时，毕业于奉天省立女子师范的母亲（满洲贵族出身，其父为民国初年国会议员翁恩裕）以"滨生"者必多重名，遂以《滕王阁序》中"渔舟唱晚，响穷彭蠡之滨；雁阵惊寒，声断衡阳之浦"之句

载人京华

为爱子取名"滨声"。令她始料未及的是，此后，这两句文言竟然真的成为这孩子命运的写照——他的人生大起大落，既有"渔舟唱晚"的悠扬与美好，更有"雁阵惊寒"的凄恻与艰难。

1946年，李滨声进入北平中国大学法学院政治系攻读。北平解放时，他提前毕业，获法学学士学位。此后，华北大学广招人才，擅长戏曲表演与绘画的李滨声带艺入校，学习一年半，毕业后分配到北平文艺工作委员会当美术干事，很快参加到绘制天安门城楼毛主席画像的工作中。1952年，他27岁，设计并完成了位于北京劳动人民文化宫大戟门前的《和平鸽》雕塑。同年10月《北京日报》创刊，他调过去当美术编辑。20世纪50年代，各报都非常重视人民来信。一次日报接到一封信，说自己由于向上级反映问题，被单位领导斥为"无组织无纪律"，受到处分。报社刊发这封来信时，让李滨声配画。李滨声画了一个人手持一封信正待往"读者来信"信箱里投，身后一位领导模样的人抡起一顶大帽子瞬间将他扣住。此前，国内各报刊只有"抨击帝国主义"的"时事漫画"，而以"人民内部矛盾"为题材的漫画则是从李滨声这幅画开始的。他由此受到了新闻界、美术界的高度认可和广大读者的崇拜、信任。到后来，很多来信来访的人索性直接就找李滨声，就连当时的副市长刘仁到北京日报社视察时，也点名要见他。

20多岁就成了著名漫画家，就当选为第二届北京市人民代表大会代表，正可谓春风得意。而他的漫画创作高峰期也同时到来，那时画的许多画至今仍有很强的生命力，其中一幅《夜行的故事》，经相声大师侯宝林、郭启儒改编成《夜行记》演出，家喻户晓，被奉为相声经典。

除漫画外，李滨声对人大代表的角色也非常尽职，他回忆说，那时候，梁思成是北京人大的风云人物，而他非常认同梁大师的城市保护理念："每次拆除古建都要进行一场激烈的两派斗争，我总是站在反面，也就是梁先生那一边。"

李滨声充满阳光的黄金岁月在他 32 岁的那一年戛然而止。1957年，因为在《北京日报》上发表一幅叫《没嘴的人》的漫画，他被当作右派揪出，罪名是"恶毒攻击社会主义言论自由"。那是 1957 年的 7 月，仅仅两个多月前的五一劳动节，他还是在天安门观礼台上观礼的"人民代表"。

自此，历次政治运动，李滨声都没有被放过，他写了二十多年的检查，从写字、画画的文人，变成被监督改造的体力劳动者；从参政议政的"人民代表"，变成被"人民"斗争的"阶级敌人"，其中的滋味，自是言语难述！等到 1979 年恢复工作时，他的手已经僵硬得握不住画笔了……

如今说起这些，老人心静如水，没有一丁点的不平衡："我失去了时间，但也收获了很多。比方说，通过劳动，我具备了不少的生产知识和技能，'文革'时期，干了 8 年架子工，能高空作业，相当 5 级工的水平。"

从"反右"到"文革"，中国有数以千万计的人蒙受不白之冤，那一段历史，无疑是对人性与人格的严重摧残，许多人不愿意也害怕回忆那些不堪回首的往事，李滨声却全无忌讳，他常常在各种聚会场合，谈起自己这 20 多年的经历，而那些能令寻常人心酸落泪，甚至愤慨发狂的往事，经他说出来，都成了风趣、滑稽、让人深思、引人发笑的故事。这，就是幽默的力量！

载入京华

148

2. 多才多艺，丰厚人生

幽默，是人生的一种大智慧，不懂幽默的人，画不了漫画。李滨声无愧是一位优秀的漫画家，逆境，也未能磨灭他天性里的幽默！他用他的大智慧挥洒人生逆境：20多年的"右派"生涯，挨批斗自成家常便饭，后来，他以一次挨斗场景创作了漫画《我坐飞机》。下放北京郊区劳动改造的20余年，很长时间，每月只有18元的生活费。一年冬天，到该轮休回家了，却囊中羞涩，差两毛钱不够买火车票，于是，他仗着有副好身子骨，硬是从门头沟区的三家店冒雪步行十几小时走到西直门！后来，这件事变成了他笔下的漫画《神行太保》。

谈到这次跨界收徒，李滨声说："我从来就没有收过跟我学习漫画的徒弟，因为我们画漫画的人，没有教材，也没有师承关系。漫画是画印象，画认知，画对于事物的看法。不是画客观存在的人物象形。像华君武是搞银行的；方成是化学家。我们都是半路出家。说起来，漫画挺简单，三元素——能画直线和圆，会点个点儿，就会画漫画了。"话说至此，我明白了，老人是想说漫画的功夫在画外，看似三笔两勾，实则内蕴极深，漫画家需要学问、灵气与思想！因为漫画最强大的生命力是讽刺，是通过鞭挞假恶丑来歌颂真善美！正因如此，李滨声的漫画曾经影响了几代人，他独具魅力与特色的作品伴随着中国读者走过了半个多世纪。

然而，每当听到有人褒扬他在中国漫画界的地位，李滨声总会发自内心地谦逊表示："不行不行，我唱戏还成，漫画真不成。"的确，他的人生轨迹与京剧紧紧相连：3岁会唱"孤王酒醉桃花宫"；10岁客串过《汾河湾》中的娃娃生薛丁山；14岁进入票房，每周彩唱公演一次，一年要唱几十场戏。最初唱架子花脸，后改演文武小生。因为京剧，他来到北京上大学，22 岁在长安大戏院演出《白门楼》《罗成叫关》《辕门射戟》等武小生重头戏，起霸、耍锤出手、开打，一切利索干净，绝对不让科班！他也因此一举成名，得以在后来与名家合演《群英会》，他扮周瑜，舞剑时，裘盛戎兴之所至，为之打起大锣。

1995 年 7 月，70 岁的李滨声在举办个人画展同时，于北京人民剧场举办了李滨声京剧专场，所演剧目文武双全：《八大锤》由北京京剧院三团助演；《春秋配》与京剧表演艺术家李慧芳、孙玉祥合作。80 岁时，他坐镇央视戏曲频道"说戏"。如今，87 岁的他作为高级顾问仍然扎着行头指导中国戏曲学院等专业科班的学生们排戏！此次采访，我在滨老的寓所中，看到练功用的大锤、翎子以及一柄高大的槊。"这些东西您现在还练？"我迟疑着问。"练，免得生了手，也当是锻炼身体。"滨老平静地回答。

的确，他这一生虽然才华挥洒、诸艺精通，但结缘最深也时间最久的还是京戏。他为自己取的名字是"梨园客"，但毫不夸张地说，他是目前这个世界上唯一一位既能唱戏、演戏，也能说戏、画戏的跨界奇人！尽管，他从来都不是梨园中人。

此外，滨老还是个高水平的魔术师，中国杂技艺术家协会第一、二届理事，能演大型魔术。中国中央电视台和日本电视台都曾经为他录制过节目。每年采风活动的茶余饭后，滨老的魔术是必不可少的传统节目。还记得 2010 年在山东，他表演了刘谦风靡中央台的那个绝活"硬币穿杯"。看得大家目瞪口呆，连彩也忘了喝！

此次采访，得知滨老从年轻时代就开始学习魔术："那时是为训练自己的敏捷、谨慎。因为戏法人人会变，要想跟别人不一样，就需动脑筋，不断思索。"而今，老人对魔术有了更深的感悟："魔术利用声光电等科学工具，制造出种种反科学的假象，以超现实的诱惑给人

载人京华

150

们带来娱乐。中国人叫它'戏法'，'戏法'者只能骗人无法骗己；骗人一时而无法一世。这就是魔术蕴含的哲理。"

另外，李滨声更是一位当之无愧的民俗大师，2006年5月，人民美术出版社出版了他的民俗画集《燕京画旧》。当初，作家叶广芩的京味小说《采桑子》计划改成电视剧时，也是聘请他当民俗顾问。后来导演林汝为对人讲，说这个顾问可真是找对了！过去旗人怎么梳头，现在人懂的不多了，书里也没写细致，但电视画面上却需要很清楚。李滨声就在剧本旁边给注上，过去女人梳头的动作、步骤，要把条子含在嘴里再梳后面的头发等。

3. 有情有义，无悔人生

二十余载炼狱苦难，未曾磨掉李滨声骨子里的幽默，更没能改变他天性中的善良，反令他愈加的平和、豁达。

此次采访，赶上滨老小孙女李想在侧，小丫头告诉我，说前两天上网发现爷爷的一张画儿遭人"仿制"，还明目张胆地拿到拍卖公司卖了两万多块钱！"那还不告他们?！"我说。滨老道："他们（拍卖公司）也是因为有人告了那个仿画儿的人，才知道是假的。那个人还仿了其他画家的画儿。唉，算了吧，他也是看得起我才仿我的画儿，其实我的画儿有什么啊?！只是我觉得挺对不住买假画儿的那个人，人家是因为喜欢我的画儿才受骗的。我跟拍卖行说打算送给他一本我签名的漫画书，做一点补偿。"

听着滨老的一番话，我懂得了什么叫作"大家风范"！

即使对当年揭发《没嘴的人》是"大毒草"的那个人，李滨声也是宽容的，一次偶然的相遇，那人满面羞愧，发自内心地向滨老道歉："我真的是没想到，那篇文章把您害得那么惨！"李滨声答："你不揪我，别人也会揪我。"——他把自己被打成"右派"这件事，看作是时代的必然，而对所有那些伤害过他的个体，全都无怨无恨。

然而，李滨声却时时提起自己在那个特殊年代里带给别人的伤害，他无法忘记这些："1957 年，'反右'当中有人从北京日报社楼上跳下身亡，消息不胫而走，忧心忡忡的母亲让父亲到北京日报社打探消息。还记得我们是在西裱褙胡同东口见的面，父亲问我带笔没有，让我简单写几个字带回去，以使我母亲相信我平安。可我当时不知怎么就脱口'斥责'道：'天下本无事，庸人自扰之！'父亲没再说什么，空着手离去了。几年后，母亲去世了，一直到最后她也不相信我还活在世界上！"

在相识的几年里，有关这件事，滨老跟我提起过至少两回，耄耋之年的老人，每当提及母亲依然感慨，依旧动容。如今八十有七的他大部分时间居住在北京昌平区的一所老年公寓里，单位 20 世纪 80 年代分给的这套房子是老式楼房，4 层，没电梯，他和妹妹年纪都大了，出来进去的不方便。我没问他为何不向有关部门提出最起码调换一处房子，照理说他这样一个德高望重具有影响力的文化名人不难办到！我想我了解他，他不习惯向任何人开口提什么要求。

尽管才情横溢，尽管名满天下，但在滨老看来，他这辈子只做过一件真正有意义的事，那就是用 18 年的时间抢救了一件抗日文物。

1976 年，唐山地震波及北京，白塔寺大白塔上的华盖被震歪了。1978 年白塔重修，其时，滨老刚刚回到北京，政策还没有完全落实。闲来无事，因想起老北京传说的"锔大家伙的故事"（白塔曾裂缝，无人能修上，后鲁班爷扮作一个锔碗的沿街叫喊："锔大家伙——"人说："锔什么大家伙，白塔裂了你能锔上？"第二天一看，白塔真给锔上了），就想上塔看看是不是真有锔子，于是，找到负责人。负责人说白塔53米高呢，你怎么上去？他答："我是架子工，最高上过57米。"后来他上塔看了，还真有锔子！经同意他当时还收藏了2个，后来捐给了首博新馆。

然而，滨老那次"寻访白塔寺"的收获，远远不止于收藏了两个锔子。他还了解到，此次大修，在白塔顶部发现了一批文物（有乾隆年的金佛、锦盒等），其中包括一件珍贵的抗日文物——两页毛边纸，是一个叫罗德俊的人，在七七事变时，记录下日军侵华罪行，并藏于白塔上：

> 今年重修此塔，适逢中日战争。六月二十九日，日军即占领北京，从此战争风云弥漫全国。飞机大炮到处轰炸，生灵涂炭，莫此为甚；枪杀奸掠，无所不至。兵民死难者不可胜计。数月之中，而日本竟占领华北数省，现战事仍在激烈之中。战事何时终了，尚不能预料；国家兴亡，难以断定！登古塔追古忆今而生感焉！略述数语，以告后人，作为永久纪念。
>
> 民国二十六年十月初三日 罗德俊

当时，因顾及中日关系等诸多敏感问题，这份珍贵的历史证词没能得到公开。第二年，李滨声回北京日报社上班后，以记者身份去采访，并要求拍照，未获同意。此后18年，这件东西成了他的一块心病，不间断地写呼吁文章、走访相关部门。每到"九一八""七七"这些敏感的日子，就在报上呼吁，一直到北京市政协八届四次会议上，他作为政协代表，针对这个问题在大会上发言，并形成第10-303号提案：《鉴于日本右翼对于侵华战争的态度，"毛边纸"一定要公开》。当时的北京市委副书记李志坚作出重要批示，毛边纸被从白塔寺的8个大麻袋里翻出来，并于1996年的七七纪念日公布于世，李滨声才真地松下这口气:"我出生在东北,'九一八'那年我6岁,到日本投降时20岁了,也没能参加抗战,不仅如此,19岁时还被抓去做了六七个月的劳工,做过亡国奴!这是我终身的耻辱与遗憾。现在,既然发现了抗日文物,我作为一名中国的记者,有责任也必须将它公布于世!"不久,《工人日报》报道了一位老漫画家十八年追踪一件抗日文物的故事,更是给了他莫大的欣慰。

"这是我一生做的唯一一件对人民有益的事情!其他的唱戏、魔术,包括画画,不过就是些雕虫小技,没什么意义。"87岁的李滨声坚持如是说。

采访结束,他拿出最近出版的新书(两本《梨园客画戏》、一本与人合作的书)送我,并且反复叮咛:"其实没什么可写的,就是一个普通人,还不坏,自己对自己有一点认识。写时一定低调,要做减法。"

秉笔至此,回看前文,我认为我做到了,一直在做减法,写得很低调。

原载《海内与海外》2012年8月号、9月号

载入京华

吴元丰
与"大清官话"的不解缘

已过 59 周岁的吴元丰仍然很忙，以至年前的几次约访都未能如期。好在彼此也算是相识十数年的故交，采访随即改变为松散的电话式，断断续续进行了好几次……

1. 痴心四十载——命中注定的邂逅

吴元丰，中国第一历史档案馆副巡视员兼满文处处长、研究馆员，从事满文档案整理编目和翻译研究。尽管，对中国的老百姓而言，这个名字非常陌生，但在国内、国际满学界它却早已如雷贯耳。

我问吴元丰，人生转眼一个甲子，最深的感触为何？他笑答："人这一辈子最幸运的就是能够遇到一个让你喜欢、痴迷、割舍不下的工作，想一直做下去，永不厌倦。40 多年来，我天天都在看皇帝批的奏折、写的谕旨，感觉很享受，每天就像在看小说一样，尽管工作很繁重，但我乐在其中，因此也哪都不想去，待在满文处一晃 40年了。"

吴元丰，1956 年出生在新疆察布查尔锡伯自治县扎库齐牛录乡，上面两个哥哥、四个姐姐，他排老小，父亲虽然是农民，但精通满文与汉文，这让他自幼便受到了满汉两种文化的熏陶。那些传统文学故事，那些秀美峻拔的文字，无不在他的心里埋下了对历史、对文化、对未来的兴趣与渴望。另外，对他影响较大的还有一位中学女老师。20世纪60年代，中央民族学院（今中央民族大学）在周恩来总理的特批下，办过一期满文班，这位老师就是那个满文班的学生之一，她毕业后回家乡当了老师，经常给自己的学生们讲北京的事情与学习经历。这些，让少年吴元丰对北京充满向往，对自己的老师则怀着深深的崇敬：周总理，那是多么伟大的人物啊！而老师竟上了他特批的班！

让吴元丰想不到的是，几年后高中毕业时，幸运光顾到他的头上——他与那位女老师一样上了北京的满文班！而且也是经周总理请示毛主席首肯特批设立的满文班！

"1972年到1975年，我在察布查尔县一中上高中，在班里相当活跃，担任班干部，数理化成绩都很好。故宫招人的时候，老师们都推荐我。只是当时'文革'还没有结束，事事都讲家庭成分，而我家是中农，成为一种障碍。后来有一位选上的学生家长不让自己儿子远离家乡，这样才临时调整录取了我。这个班就设在故宫里面，一共21个人，包括跟我一起来的5个锡伯族学生，东北来的2个满族学生，以及从北京招的学生。"因为是锡伯族的缘故，吴元丰等6名学生自幼即使用本民族的语言，而锡伯语与满语又有着极深的渊源关系——相同率达到95%，所以在学习上优势就特别明显。但据吴元丰说，那段时间的学习既清苦又充实，整整3年都没有寒暑假，所有的时间精力几乎都用在了学习上："我到北京以后，发现满语跟我们锡伯语非常接近，学起来也很容易，除了专业或生涩的词汇外，基础的单词不需要背。可是在汉语运用方面我却亟须强化，为此，我背过

载人京华

《新华字典》，还有大量古文。"

1981 年，吴元丰与作为同族、同乡、同学、同事的妻子郭美兰一起考入首都师范学院夜大历史系充电，受益匪浅。此后多年，他便一直坐在中国第一历史档案馆的办公室里，面对那走远了的大清王朝遗留下的 200 多万件满文档案，默默无闻地开展整理编目和翻译出版工作，其心静如止水。整理档案之余，他着重研究了满文古籍文献、锡伯族历史、清代新疆史以及清初中国与琉球（今日本冲绳县）关系史，所编译出版的满文档案史料，不仅为历史研究提供了丰富的第一手原始资料，而且对维护国家主权、解析边疆问题和民族关系等方面提供了有力的历史依据。

问到满语与锡伯语为何有那么高的相似率，究竟是不是一种语言？吴元丰解释说，锡伯族应该是鲜卑人的后裔，原本生活在我国东北地区。有清一代，常说"边患之大，莫过于新疆"，那时候，漠北蒙古高原，巴尔喀什湖以东、以南地方都在清政府管辖范围内。清中叶，新疆连年战乱，地广人稀，防务十分空虚，而沙俄也在不断觊觎，企图以步步为营的方式占领中国的领土。这样在平定准噶尔以后，清政府意识到西北边防的重要性，开始往新疆调兵遣将，辽宁的锡伯官兵及其家眷 5000 多人被迁到新疆伊犁河南岸，组建成锡伯营，成了新疆驻防八旗的一个重要组成部分，这个营制一直保持到 20 世纪 30 年代。而锡伯营的人当时说的都是"国语"——满语，大清的官话与国文就这么被他们从东北带到了新疆。由于地域的特殊，锡伯营长期作为"国防军"驻守边境，形成了相对封闭的语言环境，使沿用多年的"大清国语"在这里保存下来。1947 年，锡伯族知识分子对满文进行了一次改造，作为本民族的文字来使用，并称之为锡伯文，且沿用至今。这无疑对目前已成为濒危的或者说正在消失的满语文的传承具有深远的影响和意义。现在，一千万满族人中已没有几人会说满语了。

"听说，锡伯族是天才的翻译民族，很多人都能讲好几个民族的语言。是这样吗？"我问。

"这种情况主要与新疆锡伯族所处的环境有关。当锡伯族从东北迈出西迁的第一步，命运就注定了他们必须以开放的心态面对外部世界。你看，在他们驻地四周，有汉族、满族、蒙古族、维吾尔族、哈萨克族，还有俄罗斯，人们生活中有诸多交集，需要相互交流，更加之锡伯族文化的包容性，自然而然就学习和掌握了周围民族的语言，甚至是文字。"

"那到北京后，您还有机会说锡伯语吗？"

"有啊，我们单位，20 世纪 70 年代末，有十几位锡伯族，当时我们这些人见面以后都用锡伯语交流，我的汉族同事们也都愿意听，因为他们学的是满语的书面语，我们说与满语十分接近的锡伯语，等于锻炼了他们的听力。档案跟图书不一样，档案的语言有很多口语成分，在辞典里是找不到的。有的汉族同学，跟我们一起从事满文档案工作 40 年了，不仅不能开口讲话，就是看档案也比较费力。他们看 1 份文件，我们可能已经看完几份了。像我从事满文档案工作多年，并有锡伯口语的功底，看拼音形式的满文，已经像看方块文字一样了，因此阅读、理解的速度会快很多。"

2. 多少楼台烟雨中——满文满语那些事

吴元丰说："清，是中国留下档案最多的朝代，明代档案 3000多件，唐朝才几百件，而清朝呢，光是满文档案就有 300 多万件。在中国的 55 个少数民族里，满文的文献量也是最大的，它记载着一个

载入京华

王朝，而且这个王朝奠定了中华民族现在的版图，很多行政区划的沿革，都是用这种文字记载的。中国的一些古典名著，儒家的四书五经，包括《大藏经》等都有满文的译本。另外还有不少家谱、石碑，就我知道仅仅北京地区的满文碑刻拓片就有 770 多件。"

史载，明万历二十七年（1599 年），努尔哈赤下令噶盖、额尔德尼二位儒臣以蒙文改制满文。二人遂以回鹘式蒙古字母拼写女真语制成满文，称老满文或无圈点满文，以其记载的后金历史档案称"满文老档"。后金天聪六年（1632 年），清太宗皇太极指令满族文字学家达海改进满文，达海遵皇太极意见，在老满文字母的左右酌增圈点，以区别原来不能区分的音节字母，史称有圈点满文或新满文。满族入关后，定满文为国文，满语叫国语，与汉文并行，作为国家的官方语言文字。

但是，吴元丰说满语的危机开始于"康乾盛世"："实际上从满族入关，这种语言就已经开始走下坡路了，毕竟满族人口太少，他不可能不与中原这个拥有几千年积淀的汉文化发生融合，并且不被其同化。所以无论朝廷怎么强调，到乾隆时期，已经有人，包括沈阳、北京，以及南方的一些满族人，已经不会说满语了。到清末辛亥革命后，满族人基本上在家里也不讲满语了。到 1949 年，也就还剩北京为数不多的满族或蒙古族读书人，以及东北黑龙江富裕县的三家子、黑河的五家子那里的老人还会讲满语。"1979 年，吴元丰曾经走访过三家子，那是他第一次跟真正的满族人交谈，当时感觉跟那些 70 多岁的老人聊得比较顺畅。2009 年，他再次到三家子探访，当年那些老人几乎都已去世，当地满语的情况比起 1979 年时差别非常大，甚至很多语序都发生了明显汉化。

而 2006 年他走访黑河五家子的情况则稍好："他们在整个村子里找，给我找来了两个 70 多岁的老人，我进去的时候两个老太太正坐在屋子里的沙发上用满语说话：'咱们两个说的这种语言现在还谁懂啊，跟他们说干吗？没人能听懂！'我就立刻也用满语跟她们说：'我能明白，你们继续说吧。'这两个老人当时特别惊讶。接着我给她们行了一个满族的请安礼，两个老太太立马起来回了我一个这种大礼。然后我们就开始聊天，得知她俩不是一个村的，老伴都是汉族，平时除她们两个外，碰不到说满语的人。我们相互聊不到一个小时，我就发现，她们的语言在恢复，而且恢复得很快。"

1955 年周恩来总理采纳溥杰、启功等人建议，指示中科院语言及历史研究所主办了中国第一个满文学习班，并亲自决定由罗常培、范文澜等人负责，从当年高考文科外语专业录取的学生中动员 20 多人来学习，由溥仪的舅父满族宿儒克敬之老先生任教。老先生当时年岁已经很大，考虑其身体状况，教室就设在他家。这样很多学生就觉得这个不正规，纷纷离开，这样到毕业时就只剩下 4 个人，最后只有两个人从事满文工作。

克老先生去世后，满文班无法再办，因为没人教了。后来搞社会调查时，才发现新疆的锡伯族会说满语，于是从新疆调过来 3 个锡伯族老师，20 世纪 60 年代初，由国家民委委托中央民族学院，办了一个 21 人的满文班，但是 4 年后这个班毕业时正赶上"文革"，大都没能留在北京，最后只有 5 个人进档案馆工作。

再往后就是 1975 年吴元丰他们这个班，吴元丰说："我也问过我们老师为什么办这个班，据说 1972 年尼克松访华，周总理在故宫接待，尼克松看故宫匾额的时候问周总理，上面这种文字，中国有没有人研究，总理当时很肯定地回答说有。再加上当时正在跟苏联谈判，很多相关历史档案都是满文的，总理就抓住这个机会给主席说要办这个班。我们七八年毕业时刚好赶上改革开放，所有人全部留下从事满文档案工作，后来这部分人就成了中国满文档案、满文古籍、满

载入京华

学研究以及清史研究方面的一个主力。

"再然后到 2000—2004 年期间，我们档案馆与中央民族大学合作开办了一个 15 人的满文文史班，当时我仿照我上学那个班的模式（名额分配到具体地区，在高考上线的学生中选拔），准备从西藏招收两名懂藏语的学生，内蒙古招两个懂蒙语的，东北三省 6 个名额，新疆 5 个名额。没想到事情并非像想象的那么好，所招学生内蒙古的不会说蒙语，西藏的不会说藏语……我现在反思这件事，觉得培养人才光靠档案馆这种部门努力是不够的，必须要从国家的层面上予以重视，选择合适的大学，增设'满文档案'专业，才能从根本上解决这一领域对人才的需求。"

3. 为霞尚满天——走红国际的"大清官话"

与国内境况相反，如今，在国际满学界、清史界，满文正在成为一块人人欲享的香饽饽。对此，吴元丰介绍说，近年，美国提出一个"新清史"的概念，就是用满文的原始档案，用满族人的眼光，来研究清代的历史。这对中国史学界冲击很大。像美国、日本、德国、意大利这些国家跟清研究有关系的史学工作者，多数掌握三种以上语言文字，即本国语、汉语、满语或蒙语，能看懂满蒙汉三种文字的史料。其实这个非常必要，也非常重要，清朝入关前的很多文件，都是用满文写成的，没有汉文。

当然，就满文言，阅读能力与翻译出版满文档案这两件事之间仍然是有不小差别的，目前能达到后者水准的人，全世界不过数十位！而与此相比能够说一口流利满语的专家则更少。很多国外学者，不远万里来到中国第一历史档案馆，除了看档案，就是想听吴老师说一句满语。一次，吴元丰到日本开学术会，国际学人们纷纷要求他用满语发言，说自己这辈子研究满语，竟没有听过满语的口语是怎么讲的。恰好当时有一位在京都大学读博士的锡伯族学生在场，于是，吴元丰用满语发言，博士生当翻译。发言结束，国际满学家们对他无比佩服。

还有一次，吴元丰收到一份来自哈佛的邀请函，请他参加一个国际满学会议，但要求参会者能用英语交流，吴元丰听见这个条件，立马对自己的英文翻译（闺女）说："这个我不行，给他回了，我就不去了。"结果那边立马回复："吴先生你是例外，你一定要过来！"结果，在那次会议上，吴老师用汉语发言，主持者亲自给他当翻译，还说了一个开场白："今天我们搞这个满学研讨会，吴先生是唯一能用满语发言的人，但是他若真用满语发言了，咱们这里谁都听不懂！"然后，他提议，让吴老师用满语说几句开场白。结果，那次会议开得十分精彩。

"如此说来，您亦可谓世界级的宝贝了！"我跟吴老师开着玩笑。

"世界级宝贝"吴元丰，每日里自是无限繁忙：近期正在主持"满文档案图像识别软件"的研发工作，这个软件在对满文档案扫描图像进行识别后，将自动转换成拉丁字母，同时也可以根据需求转换成标准的满文，可极大提高手写体满文向拉丁字母和满文标准字体的转化效率，解决满文档案数字化的第一个瓶颈，同时也为日后研发满文档案辅助翻译软件打下基础。与之配套，还研发了计算机满文输入法，根据满文档案和古籍研制出 6 种满文字库。将来条件成熟时，计划将满文输入法和字库，通过互联网免费向社会提供使用。目前，这两项工作已进入测试阶段，预计将于今年 6 月结项。

吴元丰说："这两件事做完，心里就踏实了。200 多万件档案，靠我们这辈子能翻译多少？不借助这些现代的新技术，将来非烂在库

载入京华

里不可。我们这几十年也只是完成了最基本的整理，就是给每份档案一个编号，一个'身份证'。"

4. 殷殷锡伯情——走不出的遥远家园

由于工作关系，吴元丰每年都有数次回到他的家乡——新疆伊犁河谷盆地中部的察布查尔，那是我国唯一的锡伯自治县，居住着大约两万名锡伯族人，使用着十分接近 200 多年前清朝"官话"的语言，那里是他永远的家。

清康熙年间始，新疆接连爆发了准噶尔部之乱和大小和卓之乱，历经康雍乾三朝才彻底平定。乾隆二十七年（1762 年），清政府在惠远（今霍城县境内）设"总统伊犁等处将军"（简称"伊犁将军"）统辖天山南北，又先后从热河、凉州、庄浪等处调遣满洲官兵驻防惠远；从黑龙江调遣索伦官兵，从张家口、热河等处调遣蒙古官兵、绿营官兵驻防伊犁。但是，首任伊犁将军明瑞仍明显感觉到了驻防官兵的不敷调用，于是在乾隆二十八年（1763 年）十月十二日给皇帝的奏折中明确提到："奴才等闻得，盛京驻兵共有一万六七千名，其中有锡伯兵四五千名，伊等未甚弃旧习，狩猎为生，技艺尚可。近几年出兵时，未曾遣派伊等。奴才等以为，于此项锡伯兵内拣起优良者一同派来，亦可与黑龙江兵匹敌。"

乾隆二十九年（1764 年），皇帝恩准明瑞奏折，批示"由盛京（今沈阳）锡伯兵内拣选年轻力壮者一千名，酌派官员，携眷遣往"。调兵且携眷，能战复能耕，不仅戍边，而且要屯垦。在皇帝最高指示下，1020 名 20—40 岁符合圣意的锡伯族官兵，连同 3275 名眷属，很快整装待发，他们分别来自盛京所属的沈阳、开原、辽阳等 15 座城，遵照圣谕，分两批前往新疆：第一批在当年四月初十日启程，次年七月二十日抵达伊犁河北岸的绥定一带；第二批也于同年四月十九日启程，次年七月二十二日抵达。第二批官兵启程的前一天——四月十八日，恰是锡伯族的"杜音拜专扎坤"（锡伯语），一个亲朋好友团聚的传统节日。这天，留居东北的父老乡亲们汇集到盛京的锡伯家庙——太平寺，为即将西迁戍边的亲人们饯行。他们杀猪宰羊，祭奠祖先，焚香祈祷亲人们一路平安。分离的酒饭，惜别的眼泪，深深浸入到锡伯人的血脉深处……如今，这一天已成为他们每年最重要的节日——"西迁节"。

浩浩荡荡的西迁队伍从沈阳出发，出彰武台边门，沿着那条通往漠北蒙古的路前行。八月，军队到达乌里雅苏台，此时，蒙古高原已经秋风瑟瑟，随之到来的寒冬，暴风雪肆虐，很多人被冻伤，而牲畜群经过长途劳累后染上一种瘟疫，从沈阳带出的3000多头牛，只剩下440头。西行路原本都是靠骑马、坐牛车的，牲畜倒毙使军队无法继续前行。在这种情况下，乌里雅苏台将军成衮扎布热情地接待并挽留他们住下来，度过寒冬。休整七个月后，锡伯军队向蒙古部落借了500匹马、500只骆驼，继续前进。而当他们一路抵达科布多，又恰逢阿尔泰山积雪融化，洪水泛滥，缺衣少粮的情况下，人马再次被困长达两个月。当伊犁将军派兵前来接应时，锡伯军队早已断了口粮，靠挖野菜、啃树皮充饥，由于缺乏布匹，新生的婴儿全部是用路边的干草裹着来到伊犁的！

乾隆皇帝原本给了锡伯族军队大约两年的行军期限，而他们只用了一年零四个月，如果去除在乌里雅苏台度过寒冬的七个月、在科布多被洪水所困的两个月，将及万里的路程，锡伯军队只用半年时间就走完了。还有件事令人难以置信，万里行军，千难万险，而到达伊犁的锡伯军队，不光没有落下一个妇孺，反倒诞育出350余名婴儿，

载入京华

使人口增加到 5050 人（包括 450 余名因舍不得与亲人分开，从沈阳偷偷跟随军队到伊犁的）！

相传，当年乾隆皇帝曾亲口对锡伯军队许下"六十年换防回家乡"的诺言。而今，252 年过去，锡伯族虽然未能回到东北故乡，但在新疆，他们为祖国的统一、民族的团结，为当地社会稳定、经济发展，特别是对满族语言文字的保护传承，作出了卓越贡献。吴元丰说，他曾经与金毓章（原北京市民委副主任、崇文区副区长，溥任长子，溥仪侄子）开玩笑，说合着您祖上把我们派到大西北不再召回了，到如今您也不说替您过来慰问我们一下！没想到，金先生认了真，没过多久还真就去了趟察布查尔！

采访结束，我突然觉得应该问一下吴老师："满语究竟难不难学？"他答："满语属于阿尔泰语系通古斯语族满语支，是拼音文字，而且单词量不大。应该说比汉语更容易学，尤其对外国人而言。曾经有一位琉球大学的学者向我请教'表里银'一词是不是路程、路费的意思。我就用满文跟他解释，表是衣服的表面，里是里子。所以'表里银'就是清朝政府发给琉球来华留学生的置装费，是做衣服的钱。他就明白了。"呵呵，满文还真的挺有意思呢！

原载 2016 年 8 月 23 日《北京日报》15 版

王璐
让生命和美好延续

2010 年 3 月，中国红十字会总会和卫生部启动公民逝世后器官捐献试点工作，倡导公民在生命不可挽救时，自愿、无偿捐献能用的器官，让生命以另外一种方式延续。人体器官捐献，是一种感天动地的大爱，却也注定不会是一个轻松圆满的话题，在每一个高尚和美丽故事的背后，是一个家庭的不幸，是生离死别的悲伤。在每一次成功捐献的背后，是人体器官捐献协调员们辛勤洒下的汗水、眼泪，是他们无私奉献的真诚与大爱。

1. 零点起步的事业

坐在面前的王璐，是一位秀美、雅静，透明得像水一样的姑娘。她爱笑、懂礼貌，浑身上下都浸润着阳光的那种感觉。她是北京市的第一位人体器官捐献协调员，医学博士，最近刚刚晋升北京佑安医院医务处副处长。

"璐璐这回可当官啦！"我逗小孩般地跟她开玩笑。她赶紧摆手"纠正"："我们院长说我还年轻，得多锻炼多承担，原来那摊事还得

载入京华

166

干呢!"那样毫无心机的认真表情,令我忽就想起《牡丹亭》里的那句唱:"可知我一生爱好是天然。"真的,似乎是有些年月没遇见过这样从内到外都丝毫不加修饰的姑娘了。

"我今年35岁,从学校出来一直在奔跑,从来没有回头看看。偶尔停下来,看到的也是我的工作,我的病人,我负责的捐献病例,我的科研,从来没有看看自己。"她的叙述质朴而不乏诗意。

"您跟我说有这样一个机会,让我想想,我才有机会回头看看自己。我在网上看了您的文章,写得都是名人,他们都很伟大。而我是个普通的器官捐献协调员,是全国2000人中的一分子。

"我老家在乌鲁木齐,是民国以前顺着丝绸之路去新疆的,家里面世代经商,因为没有缺乏过物质,也就对金钱没什么概念。我妈妈是医院的护士,也是我很敬重的一个人,她很认真很执着,退休前的最后一小时还在医院给患者分号,我遗传了她的执着。我4岁上小学,不到16岁就上大学了。因年龄与其他同学有差距,所以朋友少,也不懂什么叫孤单,习惯了一个人做事,所以,后来做协调员,可以独自面对很多酸甜苦辣。"

1998年,不满16岁的王璐从新疆乌鲁木齐第一中学毕业,独自踏上了去东北白求恩医科大学求学的路,7年本硕连读毕业后,她来到北京佑安医院,进入那里的ICU(重症监护室)工作,一做就是5年。ICU医生是一个非常辛苦的职业,每3天值一个24小时班,负责病房所有的重病人。佑安医院ICU里,住的大都是肝硬化及肝癌的终末期病人,医生每6小时给他们化验一次,根据化验的结果调整治疗,那是一个死亡随时都有可能降临的地方。

"我到现在还记得,安静的病房里只有各种仪器的嘀答声,凌晨两点查房之后,我看着窗外黑黑的夜空,不知道今晚上哪位患者会离开,再也见不到明天的太阳。生命来来往往,没有来日方长。"

说这话时，王璐显得很冷静，我能强烈感觉到，在她看似文弱的身体里，有种异常强大的力量，平看花落，处变不惊。

2010 年的一个早晨，王璐导师——当时的佑安医院肝胆外科主任卢实春教授突然找她谈话，问她愿不愿意改作人体器官捐献协调工作。"说实话，当初能够进京不容易，对工作，我没有什么心理预期，既然是科室交给的任务，我就去做。"王璐说。抱着对新知识、新领域的好奇，王璐开始了一边在 ICU 值班一边查阅文献的日子，她值班时的睡觉时间也从凌晨 2 点延长到了 4 点。经过半年努力，她了解到世界上器官捐献的同意模式有三种：西班牙实施的是推定捐献（按法律规定，任何人在没有明确拒绝进行器官捐献的情况下，都可以被看作器官捐献者）；英国实行"告知同意制度"；美国则是"知情同意制度"。

2. 我的人性被净化了

2012 年，王璐接触到她做人体器官捐献协调员后的第一个病例，她说那个捐献器官的小姑娘让她一生难忘。那是一名叫作珍珍的 12 岁女孩，在父母亲劳动过程中遭遇到意外事故，转入佑安医院时已然生命垂危。儿科 ICU 里，医护人员对她进行了几天几夜的抢救，但孩子的生命终是没能挽回，进入脑死亡。作为器官捐献协调员的王璐，不得不含泪建议医生终止抢救……

几天接触，王璐从珍珍妈口中得知，珍珍喜欢红色，一直想要一条红裙子，于是，她跑到医院旁边的"欢乐娃"精心挑选了一条，送到珍珍妈手上，这位母亲见到裙子当时就哭了，哭声里有多少对女儿的歉疚、不舍，以及对协调员发自肺腑的感动。

载人京华

168

后来，珍珍的一肝两肾捐给了 3 个小孩，而她妈妈做出这个抉择的想法很简单："我自己失去孩子很难过，不希望别的妈妈再难过。"

虽然事情已过去将近 5 年，但追忆之下，王璐依旧难以自持。至此我才发现，这位安安静静的姑娘、这位值守了 5 年 ICU 病房，见识过无数场生死离别的女医生，其实也是一位性情中人！

用我递的纸巾揩过眼角，王璐继续讲起她另一个故事。那是 2014 年的一天下午，接到一位浙江绍兴男士打来的咨询电话，说他爱人发生了交通事故，已经诊断为脑死亡，依靠呼吸机维持生命。不知能不能做器官捐献。鉴于情况紧急，王璐当即出发，赶乘末班航班到了上海，夜里 3 点打出租赶往绍兴，当她穿着出发前来不及换下的高跟鞋，深一脚浅一脚赶到那个伤者床边时，已经是凌晨 5 点。那是一位 34 岁的女性，有一个 7 岁的孩子，她的家属很开明，老妈妈和爱人都希望把她的器官捐献出来，给孩子在这世界上留个念想。

见到连夜赶来的协调员，家属们很是吃惊，握着她的手连声道谢，王璐说那是她第一次在捐献前就收到家属的感谢，感慨万千。经鉴定，患者的情况完全符合器官捐献条件，但由于伤情严重，必须争分夺秒转运到北京佑安医院。可是，器官捐献需要取得所有直系亲属的同意，而患者的户口与父母不在一起，出生证明也遗失了，没有完整的亲属关系证明是不能够完成捐献的！早晨 7 点，王璐陪同患者家属赶往他们居住地的居民委员会，又在居委会指点下去往辖区派出所，开出常住人口证明，捐献手续终于完善了！

接下来是转运，当地的 120 没有呼吸机，不懈努力下，终于通过浙江省红十字会调用了一辆救护车。当晚 11 点，患者被安全送达佑安医院。经过专家评估、会诊，一致认为可以捐献。但是，进入 ICU 后，患者的血压开始不稳定，王璐守在床旁，不停地给她输入血浆和白蛋白，以期调整其身体的内环境。但是，凌晨 3 点，患者病情突然恶化，紧急抢救了 2 个小时，没来得及捐献心脏就停跳了……

连日的紧张、劳累，结局却是所有的努力付诸东流，当王璐拖着一身疲惫与愧疚，见到那位家属老妈妈，老妈妈失声恸哭！"我这么努力却没有实现家属最后的心愿！可正当我自责的时候，老妈妈突然抱住我说，谢谢你，王璐，谢谢你！我的眼泪顿时像开闸的洪水，再也抑制不住！我没有帮家属实现心愿，还让他们远途劳顿来了北京。但最后他们给予我的不是埋怨、谴责，而是宽容和感谢……"

王璐哽咽着无法说下去，好一会儿，她终于抬起头说："总有人问我，作为协调员是不是需要心理疏导。我觉得不需要，尽管这个职业不得不时常见证着那些不幸家庭的生离死别，但同时也见证着，无数可歌可泣的大爱，我感觉到的人性真善美，使我的人性被净化了！"

3. 人文关怀是器官捐献能够长远发展下去的根本

2011 年，佑安医院成立了器官捐献伦理委员会，开通了伦理委员会绿色通道，成立了器官捐献基金、器官捐献转运组，救护车、呼吸机，所有仪器设备都是全院最好的。另外，医院还在 ICU 中单独辟出一个空间成立器官捐献 ICU，可以将器官捐献患者直接送入病房进行争分夺秒的救治。

采访中，王璐时常念叨的一个名字是北京佑安医院院长李宁，说当年李院长派她前往台湾花莲慈济医院学习，是她人生的转折点，为此，她一直非常感激和敬重这位师长。因为，在慈济医院受益最大的不是器官捐献的制度流程，而是那种感动天地的人文关怀。

载人京华

在花莲慈济医院，他们称呼捐献遗体做医学研究的人为"大体老师"。人有生老病死，大自然有春夏秋冬，两者之间息息相关，生老病死是人生的过程，就像宇宙的时序，四季轮替不断。能化无用的死后身躯为有用的医学教材，这是种超脱生死无私育才的智慧。医学院学生的解剖课安排在第三学年的 4 月。4 人一组，解剖一具尸体。早在上课前一学期，4 人小组及大体老师的名单已经定下。这个学期中，4 位同学要去拜访这位"无语良师"生前的家属、同事，了解他的生平，并将他的照片、介绍裱好挂在学校走廊上。正式上课前，他们要举办一个肃穆的追思会，家属也一起参加。学生代表做感恩发言，向"无语良师"和家属表示衷心的感谢，并让家属做最后的告别。此时，学生们眼前不再是一具没有生命的尸体，而是他们满怀感恩的"无语良师"——这个人宁愿学生在自己身上划下千刀，也不愿他们在今后的从医生涯中划错一刀！当解剖课程结束，最后告别的日子到来，家属与学生们肃立一旁，出家师父念经超度，举办庄严的火化仪式……

付出，使人生更加宽阔；尊重，让生命更有尊严。

4. 徘徊在美丽与悲伤之间

被我问到做这一职业最大的困难是什么，王璐又恢复了最初的平静："其实，刚开始的时候，也挺不容易的。我在家属最痛苦的时候，去告诉他们，亲人的生命已经远去，但是还有一件有意义的事情可以做，就是捐献器官，而且还得争分夺秒。曾经有家属在激动时破口大骂，问我们是不是盼着患者死。很长的一段时间，我在接触家属伊始就知道自己会被拒绝，可是被拒绝的时候我并不委屈，因为我知道，家属比我更难过，更委屈。"

对人体器官捐献这个工作，王璐说她是把它当成事业做而不是职业，从 2012 年第一例成功的捐献算起，她至今总共成功协调捐献50 余例。她说这个数量对一名专职的协调员而言不算多："器官捐献确实要求非常严格，有许多医学上的禁忌，如：颅脑损伤者的器官是不能用的，癌症扩散患者的器官也不能，还有对 4 岁以下 60 岁以上的捐献者也需慎重对待。另外就是一些其他的因素：比如刚才讲的，捐献者在转来的路上去世，器官也就没法用了；也有一些是转来之后经过我们努力抢救又救活的。

"宁肯遗漏，也不过早介入，否则会给病人及家属带来心理上的不适，甚至伤害。家属意见不一致的不介入，以免给捐献者家庭造成日后的矛盾。"对于协调员工作，王璐有她一整套的原则，这套原则的中心思想就是发自医者心底的人文关怀："我总是对我的协调员同事说，我们是传达捐献的理念，不是劝捐，要尊重家属知情同意的选择权。"

王璐说，她所遇见的大部分器官捐献者家属，都是抱着利他心理前来咨询，不求回报的，但是也有例外。一次，她在北京的一家医院进行捐献评估，结果一切达标，但是当她怀着敬意帮着家属办理完捐献手续后，那位患者的儿子找到她说："王医生，我说实话，我希望能够得到贫困救助，我家里条件不好，医院治疗花了很多钱。"

"捐献基金将按照正常的政策，给您报销患者发病后所有的治疗费用、丧葬费，还有家属的食宿、误工费。"王璐答。但是，家属的心理预期是通过捐献得到大额的经济补助："难道我们捐出去的器官不值这些钱吗？"谈话进行了许久，王璐最终劝他放弃了捐献。"我宁可他不捐献，也不希望在以后漫长的日子里，他会隐约有种想法，他把他母亲的遗体卖了！"

载入京华

"牛！这才是有国际资质的正牌协调员的水平！"正当我在心中为王璐点赞，她向我讲述起另一个故事。

2013 年夏天，王璐遇到一件差不多动摇了她原有工作理念的事情。一位 46 岁的男性患者因大面积脑出血导致脑死亡，他妻子有器官捐献意愿，王璐闻知当即赶过去向她解释捐献流程。当天夜里，患者母亲赶到，王璐再次去解释捐献流程。凌晨 5 点，又有患者家属陆续赶到，王璐又前往解释捐献流程。次日，陆续仍有患者亲人赶过来，提出新的问题……此间，她总共 8 次奔赴患者床边，解释捐献流程。等所有的质疑均已冰释，已到了晚上 10 点，签完捐献协议书，患者的生命体征已经非常不稳定。而就在那个争分夺秒的时刻，患者的母亲却突然犹豫起来："我们还得再想想。"时间，一分一秒流逝着，王璐眼看着患者血压不停地波动，却不能急躁，她需要安慰家属的悲痛，耐心解释他们的疑问，陪他们守在 ICU 门口。凌晨 5 点钟，ICU 的门突然打开了，医生告诉守在外面的一干人等，说患者的心脏停搏，正在采取紧急抢救措施。又一个小时过去，医生走出来遗憾地告知众人：患者去了，去世前他的肝、肾脏化验指标已经超标数倍，器官不能够捐献了。

此时，患者的家属们失声恸哭，其妻伏在王璐胳膊上哭道："我好后悔！咱们刚才捐献了就好了！"

王璐依旧耐心抚慰着家属们，她没有告诉他们：在他们第一次签署器官捐献同意书时，有 3 位等待已久的患者已经通过中国人体器官分配与共享网络获得了移植的机会，在遥远的手术室中，医生们已经做好了移植的准备，只需要几个小时，这 3 个病人就能获得新生……

"这之后，我经常会反省，我是不是应该再积极地劝说他们一下，是不是应该多要求他们一下。可是这个点真的很难把握！"

是的，无论身上有再多头衔——医学博士、国际协调员，她也还是一位 35 岁的年轻姑娘，做着这样一个行走在生命与死亡之间的事业，徘徊在美丽与悲伤之间，需要多少勇气智慧！

5. 最对不住的是女儿和家人

谈起下一步的工作，王璐说她正在运行一个由欧盟资助的器官捐献宣传普及教育项目"伊拉斯谟"，将在首都医科大学开设器官捐献选修课。此外，她现在还常会去居民社区宣讲有关捐献的事情，为此，不少同行提出异议，说去社区干吗？那地方尽是些老年人，基本不能捐献器官了，我们不是在白讲吗？

"是啊，可不就是白讲吗！"我逗她。

"其实不白讲！"王璐立即认真道，"您想啊，只要有一个老人愿意听，他（她）就有可能影响他（她）家人的观念。我相信，星星之火，可以燎原！"

看着姑娘较真的模样，我忍不住笑出声："逗你玩呢！"

姑娘也笑了："北京人就是好！素质高、大气，还特别会幽默。"

"是吗？你对北京人印象这么好！"我笑问。

"当然了，我先生就是北京人，他，还有他父母都特别好，通情达理！我平时工作忙，又不会干活，结婚以后一顿饭没做过，都是他们在照顾我。我 16 岁的时候，爸爸就去世了，妈妈是新疆医科大学第一附属医院的护士，我公婆说妈妈一人在新疆太孤单，就腾出一套房让她和我们住在一起。我先生人也是特别好，平和、大气，遇事不叫劲，但关键时候也能帮着拿主意，化解我心里的结。"

"噢，那你得好好讲讲你的爱情故事。"

载入京华

"其实也没什么，真的一点也不浪漫。我这辈子就相过这一个对象，头一次就相上了，是当时租我房的阿姨给介绍的。那时候我特别忙，就中午请了一个小时的假，在医院旁边吃了顿肯德基……

　　"其实有时候，我真的觉得很对不起我家人，最对不住的就是我女儿，她今年7岁，等于是她出生没多久我就做了这个工作，那时候这行业还是一片空白，全国很多地方没有开展器官捐献，我常常会遇到外地的捐献病例，随时得不远千里地赶到患者身边。那时我包里常备着充电器、现金、洗漱用具、身份证、协调员证件，经常夜里起来，拎包就走。有一次一周奔赴四个城市，根本没机会回家。

　　"我女儿小时候，常常会夜里惊醒，问我：'妈妈，你去医院吗？妈妈，你出差吗？'一看我接电话，她就会紧张地问：'妈妈，是不是有案例了？'我总是看着她，抱她到怀里哄：'妈妈为了能多和你在一起，夜里去干活，好不好？这样周末就能陪你玩。'可是常常周末我又会去做各种宣传活动……对不起，总是不能实现陪她去公园的诺言。"

　　天渐渐黑下来，我突然发现，此次采访已经进行了太久，现在需要做的，是催促这位年轻的妈妈赶快回家。

原载 2017 年 6 月 27 日《北京日报》19 版

姥
姥

汪　国真

怀

念

毓
嶦

汪国真
认识你真好

2015 年 4 月 26 日，是一个晴朗平和的日子，阳光静好，绿意明媚。这天凌晨，我的好兄长，著名诗人汪国真摆脱了缠绕他数月的病痛，驾鹤西奔。京华四月，正是繁花竞艳，柳絮飘飞的时候，浪漫诗人，就选择这样美丽的季节去了远方，如他曾经的一首诗——"走，不必回头"……

1. 无奈却是春雨

夏太直露

冬又不那么温柔

秋天走来的时候

浪漫便到了头

多情还夸春日

推开窗户

只一阵

清风吹来

便把心醉透

无奈却是春雨

喜上眉头偏带忧

（《咏春》）

　　或许，正因为汪国真如此地热爱春天，命运之神选择了在这个季节带走他。大约今年（2015年）3月上旬，两位朋友在同一天打来电话，告诉我汪国真病重的消息。大家当时都有点蒙，一遍遍拨打他的手机，始终都是转接到全球通的移动秘书台。无奈，只能分头联系其单位、家属及医院，很快确认：诗人住在解放军302医院，肝癌晚期，已经陷入深度昏迷状态，医院使用各种仪器维持着他的生命，如果能遇到适合的肝源，进行手术后，可以延续最多两年的生命，而他的家属不希望外人探望。

　　简短商议后，我们放弃了到医院探望的计划，并且约定任何人不向外界透露这个消息，以免被媒体知道打扰了他及他家人的宁静。那时候，我们心里确实也还抱着一线希望，希望他能够等到肝源，起死回生，再与大家共叙友情……

　　大约清明之后的某一个早晨，我梦见了他，情境似乎是一个聚会上，他面容憔悴，脸上罩着一层说不出的气息。我看着他，心里充溢凄清，问了句："你现在怎么变得那么瘦啊?!"眼泪便抑制不住涌出来。他仍像从前那样平和地微笑着，说自己挺好的，让我不要难过……醒来之后，我强烈地意识到，他是来向我告别的!

　　半个月后，传来他离世的噩耗，网络上、微信里，铺天盖地的消息与缅怀。我静静地看着这些，无语凝噎，几小时后才在朋友圈发

载入京华

180

出了一条微信："我的好兄长，著名诗人汪国真，于今天凌晨2：10在北京病逝，享年59岁。哥，我无法表述此时的心情，唯愿你一路走好，早到天堂。来生我们还做好朋友！"

汪国真离开的第二天午后，京西大地忽然飘洒下他最爱的春雨，那雨，来得急去得也快，正如他的诗行："喜上眉头偏带忧"……

2. 向着太阳走

我与汪国真初识于1990年8月，其时，他的第一本诗集《年轻的潮》刚刚出版两个月。而我作为入职不久的媒体人，打算攒一篇有关他的专访。记不清所为何故，那篇专访后来没写，而我们却成了无话不谈的好朋友。第二年，一位出版界的朋友突然打来电话说，他们要出一本汪国真诗文赏析，汪诗人提议由我为他写"赏文"。于是，便有了《年轻的温馨》这本书。那是我的第一本"著作"，却收到了数百封读者来信。后来，那本书据说光是正版的就卖了11万册，而盗版的比正版还要多！这是一个我至今未能超越的数字，但对汪国真而言却不过尔尔。

《年轻的潮》发行总量100万册，而同年出版的《年轻的风》《年轻的思绪》总印数则高达200万，以至1990年被出版界戏称作"汪国真年"，席卷全国的"汪国真热"就此开始，持续了将近10年，媒体称之"汪国真现象"。

然而，与社会上轰轰烈烈的"热象"形成鲜明对比的，是诗歌界，乃至整个文学圈对汪诗的冷漠、排挤与否定："分行的格言警句""诗坛流行歌手""顺口溜"等嘲讽不绝如缕。实际上，汪国真始终未被中国的文学界接受过！举一个可笑的例子：大约九六或九七年，我的散文集《草莓季节》出版后，按照正常程序申请加入北京作协，结果竟然意外地未被批准！知情者透露：有位尹姓老者，因极其反感汪国真，又见我作品中有与汪合作之著，因此坚决反对我加入……

对于圈内人的态度，汪国真从一开始就心知肚明，但他不去理会这些，他甚至很少参加作协的活动，他只是埋头做着自己的事情。实际上，他很早就远离了新体诗，开始探索新的领域：写旧体诗、为古诗词谱曲、题字卖画、主持节目（但在我看来，所有这一切都无法超越他最初的那些新体诗），只是，偶尔回应一句很有分量的话："过几十年，一百年，我们再看！"可知，他对自己的作品是有自信的，这种自信来源于圈外读者的支持与热爱，这个才是他最为看重的东西。

我不是评论家，之前很少对圈内的是非说三道四。我也不是汪诗的粉丝，但作为一个朋友，我必须在他盖棺定论的时刻，说出自己最真实的观点！我认为，在人类文学史上有三类作品可称经典可以传世：一是真实记载历史的；二是深刻剖析人性的；三是代表大众说出生命美好、吐出胸中块垒的。汪诗无疑就属于第三类，它真诚、励志、纯洁、向上，影响了整整一代人的青春岁月。因此，必将在中国当代诗歌史中占有一席之地！还有，我不认为那些过于自恋，只注重技巧而不考虑受众的诗比汪诗更高超。诗，应该是从一个真诚纯净的灵魂中自然而然流淌出来的，而不是单纯追求某种语言的边界。

当然，一个诗人的终极价值，最终还是要由时间与历史给出的。可以定论的是：汪诗人的一生是自强向上的，他留给读者与时代的，是一种努力实现理想的正能量：

　　　　走
　　向着太阳走

载入京华

182

让白云告诉后人吧

无论在什么地方

无论在什么时候

我们

从未停止过前进

从未放弃过追求

（《走，不必回头》节选）

3. 君子如茶

陌生人眼中的汪国真，是一个低调平和的人，始终温文尔雅，微笑着面对人生。而真实的他，其实是一个心思很重的人，正如他在《独白》中所述：

不是我性格开朗

其实

我也有许多忧伤

也有许多失眠的日子

吞噬着我

生命从来不是只有辉煌

只是我喜欢笑

喜欢空气新鲜又明亮

我愿意像茶

把苦涩留在心里

怀念
汪国真 认识你真好

散发出来的都是清香。

汪国真其人，确是一位如茶的君子，相识25年，我不记得他对我有过任何所求，我只记得当我遭遇情感挫折时，他如同亲兄长般地安慰与陪伴。我的第一部长篇小说《藤萝花落》写出后，是他帮我联系了第一家报刊连载。最近些年，他长期奔波于祖国各地，见面的机会少了，但他还是始终关心着我。我补办"婚宴"的那天中午，他从首都机场下飞机，匆匆赶来全聚德，给了我一个红包……

实际上，国真哥哥，他对待所有朋友都是真诚、宽厚的，相识25年，我从未听到过他贬损任何诗人、作家的作品，甚至，我不记得他说过任何人的坏话。他的为人准则，从他的诗中亦可窥见一斑：

　　总有许多梦不能圆
　　在心中留下深深的遗憾
　　当喜鹊落在别人的枝头
　　那也该是我们深深的祝愿

　　是欢乐就与友人分享
　　是痛苦就独自默默承担

　　　　　　　　（《不能失去的是平凡》节选）

在他生命的最后阶段，他确是独自默默承担了那些常人难以承受的病痛与心灵磨难，他不愿让朋友知道他患病的消息，他甚至叮嘱到医院探望的出版社编辑，不要将他病重的事告诉任何人。他是一位真正浪漫的诗人，他希望给这世界留下的都是美好；他希望留在朋友心中的都是欢乐……

载入京华

但实际上，汪国真是一个心思很重的人，特别是在关乎他社会声誉、公众形象的事情上。有一件许多年前的小事，我至今记忆犹新：某天，我接到他打来的电话，说最近有一外地人一直纠缠他，甚至不知怎么竟搞到了他家地址，硬说他所有的诗都是抄袭那个人的！说有充分证据，还要召开新闻发布会揭露这一"丑闻"……

我听后哑然失笑："你理他呢，肯定是个精神病啊！"

"不是！"他十分认真道，"这个人逻辑很清楚，不像个病人。我气极了，骂他一句'神经病'，他义正辞严地说：'你不要侮辱我的人格！'你说怎么办？总不能让他这么闹下去！要不开个新闻发布会，请媒体当面命题，我跟他现场比对……"

无奈之下，我只得约了几位媒体与出版界的朋友，陪同汪哥一起去寻找那个人留给他的地址，那是新街口某胡同中一个寒酸的小旅店。那个男人约莫30开外，手中一直紧握一个厚厚的本子，据说，那是他的"诗集"（手抄本），他的眼神看上去散漫而诡异，一看就不是正常人。在他与汪哥的高声激辩中，我翻开了那本诗集（还记得那是一笔非常漂亮的钢笔字），见到他的第一篇"大作"即是："床前明月光，疑是地上霜。举头望明月，低头思故乡！"

这就是汪国真，一个极认真、极谨慎、极纯洁、极爱惜自己社会声誉的人！

4. 难说再见

汪国真走了，匆匆地，没向任何人道一声再见，令亲人、好友，以及热爱他的读者们寸断肝肠！再读读他曾经的诗，恰似是对冥冥之中的运数早有感知：

怀念
汪国真 认识你真好

我走了

不要嫌我走得太远

我们分享的

是同一轮月亮

雨还会下

雪还会落

树叶还会沙沙响……

（《告别，不是遗忘》节选）

生命总要呈现灰色

永远新鲜的是岁月的河

别悲哀　同夕阳一道消逝的

是我的身影

如果你理解大地的沉默

也就理解了我

（《缅怀》节选）

　　2015 年 4 月 30 日上午 8 点，汪国真遗体告别仪式在北京八宝山殡仪馆举行。7 点 40 分，当我到达时，东告别厅门口已经拥挤着至少数百人，数不清的花圈、挽联、鲜花似乎是铺天盖地，一直排出好远好远。据说，早晨 6 点多，这里已经聚集了许多热爱汪诗的陌生读者。

　　不忍见，大厅屏幕上反复播放着的诗人音容笑貌；不忍见，他刚刚弱冠的独子尚在求学中；更不忍见，那最最疼他爱他的八旬老母，老泪纵横，孩子一般无助地痛哭……

告别仪式从 8 点钟开始，整整进行了 1 个小时。场外，不知谁人打出一幅著名画家吴欢的奇异书法："有人说汪国真不算好诗人，但好诗人不如汪国真，中国诗史绕不开的人物！"

看着眼前的滚滚人流，看着吴欢质朴有力的书法，我想汪哥哥肯定又在微笑了。公道自在人心！正如《人民日报》（海外版）原副总编辑王谨先生在告别仪式后发给我的微信中说的："悼念现场见证了汪国真在中国诗坛的地位和影响力！"

进入告别厅的一霎，我却恍惚没有了忧伤，我看见躺在鲜花丛中的诗人，一如生时的淡定与从容。我知道，此时，他的灵魂正行走在一条浪漫的小路上，就像他年轻时曾经梦到的那样：

　　　我并不孤独

　　　有忧伤为我祝福

　　　走在梦一般的大森林里

　　　我迷了路

　　　眼前是一片轻柔的薄雾

　　　阳光透过茂密的树枝

　　　心弹响金色的鼓

　　　哪里是我回家的小径

　　　问枝头的小鸟

　　　也问脚下的泥土

（《我并不孤独》）

国真哥哥，小妹为你献上一捧清香玫瑰，花色，是纯白的静雅；

怀念
汪国真　认识你真好

花枝，是你生命的数字。我在花朵丛中，放了一张小卡片，上面写着你离开那天，从我心中迸出的两句话，我把它们作为挽联送你："诗好人好情义好认识你真好；听难信难追忆难说再见更难"！

尽管人生告别寻常事

真告别时

却又难说再见

（《昨日风景》节选）

上午 9 点，仪式结束，告别大厅的门被工作人员关上，但众多的好友、粉丝、记者迟迟未肯离去。

此刻　我不需要什么

只想你能送我

一个皎洁的祝福

（《祝福》节选）

国真哥哥，25 年前，我欠了你一篇专访，在你的有生之年未能还上。现在，你即将远行，朋友一场，真的是难说再见！就让我们大家一起，送给你一个真诚的祝福吧：希望你前往天堂的路上，没有恐惧、没有病痛，只有鲜花与诗情！

2015.04.30

原载《海内与海外》2015 年 5 月号

载人京华

毓嶦
最后的王爷

7月8日下午，我正在厦门出差，突然接到毓嶦老伴金丽水阿姨委托朋友发来的短信："爱新觉罗·毓嶦先生，于2016年7月8日上午7时32分在北京去世，享年93岁。告别仪式将于2016年7月10日上午7时在八宝山举行。"

尽管早已预知老人身体近况，内心仍旧陡然生出一缕惜别的冷意。因研究恭王府问题，我与毓嶦老先生结下了深厚的忘年友谊，屈指算来，已有十八九个年头。6月20日，我到医院探望他，其时他已失去语言表述的能力，唯头脑还是清楚的。每当我向他告辞，他便使劲拉住我的手，一连3次，我才不得不狠狠心走出他的病房……如今想来，毓老那是在向我做最后的告别啊！

由是，身在会场的我，思绪飘回到那些曾经的时光……

初相识时，我才是30出头的"女娃"，不知深浅地通过电话向"老王爷"要字。待几日，应约到他家取时，欣喜地发现，老人竟然给写了3幅！还外加老两口好茶小食的招待。

一年半前，我到京城东南毓老的家中探望他，其时，92岁的耄耋老者，依旧思维清晰、精神饱满，娓娓向我讲述着那些历历往事，拿出新写的3首打油诗让我看。那是一个深秋的午后，时光静好，宽敞明亮的客厅，幽雅清冷的小院，无不淡淡诉说着老人晚年生活的祥和与宁静。

爱新觉罗·毓嶦先生，字君固，是清道光皇帝第六子恭忠亲王奕䜣曾孙，恭贤亲王溥伟之子，据《爱新觉罗宗谱》记载："（溥伟）第七子：毓嶦，民国十二年癸亥十月二十一日（1923 年 11 月 28 日）子时生，母侧室张氏……"与张大千并称"南张北溥"的大画家溥心畬是其叔父。1937—1957 年，毓嶦以恭亲王身份，随侍末代皇帝溥仪整整 20 载。由于经历过晚清、伪满洲国时代的皇室要员此前均已谢世，故人称毓嶦先生的离去，标志着一个时代的结束！

初识毓嶦，是 1997 年秋，在恭王府花园内举办的海峡两岸溥心畬先生艺术研讨会上，他身材矮小，额头宽阔，下颌稍尖，一眼望过去，竟与那画像上的道光皇帝颇有几分相似之处。这便是溥仪在《我的前半生》里提及的（"小固是恭亲王溥伟的儿子，溥伟去世后，我以大清皇帝的身份赐他袭爵，把他当作未来'中兴'的骨干培养，他也以此为终身志愿……"）那个"小固"。时光真是如此地迅速啊！

此后的接触让我了解到，这是一位极其豁达与质朴的老人，其率直的性情甚至令人瞠目。有一次采访时，我问他："听说您的作品一字难求，深得日、韩藏友喜爱，一幅上乘之作，在日本要四十万日元以上（时为 20 世纪 90 年代末）？"毓老闻罢语出惊人："四十万那是人家日本书画店标的价，他标了价，可不一定就有人买啊，具体到了成交的时候，那价钱就不一定啦！还是别写这个了。写字画画的人，你的东西值多少钱，人家一看就知道，吹也没用。到时候，人家得看你的字，你写个七万八万，人家看见一乐；你写上一百二百，人家也不信，没用！"

更有意思的是，不管别人怎么说，毓老从不承认自己是什么"末代恭亲王"，一提这事儿他就说："那是什么时候的事儿啦！清朝

载入京华

190

191

都结束二十多年了，溥仪，早不是清朝的皇帝了，他封的爵位，那不算数儿！"看着他永远的那一副"平看庭前花开花落"的表情，我时时会想，或者，这就是真正的贵族风范吧？

毓嶦曾祖奕䜣，乃中国近代史赫赫有名的人物，可以说，他参与了第二次鸦片战争及其后清朝的几乎全部重大政治活动，"辛酉政变"时，就是他把慈禧扶上了"垂帘听政"的宝座。

想当年，道光老皇帝一诏两封："皇六子奕䜣封为亲王，皇四子奕䗢立为皇太子。"那是清朝历史上没有过的事！特旨御封奕䜣为亲王，既表达了对未被册立为储的奕䜣的安慰；也是为了使新君奕䗢在继位之后，不好迫害或贬低曾经与他有过储位之争的弟弟。而道光赐给两位爱子印章也是颇具深意：给咸丰的叫作"同道"，告诉他要宽容——兄弟同心；给恭亲王的叫"乐道"，让他安于王位——要认命。奕䜣深谙其意，在后来的政治生涯里，他恪尽恭忠与才智，许多次挽救帝国于危难之中：1860 年 8 月，英法联军进攻北京，咸丰皇帝在逃往热河前，授恭亲王为钦差便宜行事全权大臣，留守京师，议和抚局，当时他才 20 多岁！辛酉政变后，他与两宫皇太后同心协力，辅佐幼皇，共理朝政。此间，他们重用曾国藩、李鸿章等汉族大臣，平定了太平天国与捻军起义，开始了中国近代史上的洋务运动：发展近代工业，创办近代教育，建立近代外交，派遣出国留学生……这一段历史，被称作"同治中兴"。

1898 年，奕䜣逝世，其孙溥伟承袭王位。奕䜣一生育有四子五女，但真正长大成人活下来的只有长女荣寿大公主，长子载澄，次子载滢，以及一个小五格格。载澄 27 岁病亡，死在奕䜣之前，身后无嗣。载滢早年时已过继给钟郡王为嗣子。这样在奕䜣去世后，只好把载滢的儿子溥伟又过继到载澄的名下，继承王爵。

1911 年，武昌起义爆发，袁世凯重掌军权后，仅下令北洋军夺回汉阳，便按兵不动，他自己只身进京，逼迫隆裕太后让国。年轻的溥伟对这个人深恶痛绝，坚持说他是当代的曹操。他当然不同意共和，反对将大清江山拱手相让。于是，他与升允、良弼、铁良、善耆等人共同组建起宗社党，主张君主立宪，毫不犹豫地变卖了恭王府家藏的古董、书画，用以筹集勤王经费，组建部队。

由于溥伟和肃亲王善耆两个人坚拒在皇帝的退位诏书上签字，袁世凯很快派兵包围两府。匆忙之中，溥伟带着母亲逃往当时德国人管控之下的青岛，在那里组建起一支战斗力很强的军队，据说声势最大的时候已经打到了张家口。但后来军队内部哗变，把最高统领给杀了。行动失败后，溥伟被迫搬到大连，日本人出资三万日元，在大连海滨给他盖了一座二层小楼。后来日本人要成立一个明光帝国，有意请他当皇帝，他没有答应，因为在他心里，他要复辟的是大清帝国，他只能忠于这一个帝国，后来他在天津见到了溥仪，对这位逊帝说："有我溥伟在，大清国就不会亡！"

1936 年 8 月，为恢复清王朝统治奔波了大半辈子的第二代恭亲王溥伟在长春病逝，按照清廷的规矩（王爷去世，其所藏重要的御赐物品等，应由家属上交朝廷，俟承袭人决定后，仍发给承袭人继续保存）。侧室张淑贤，也就是毓嶦的母亲，带着白虹刀、咸丰皇帝密谕，以及大阅御用紫宝石黄丝腰带等三件家传的御赐宝物来到长春，把它们上交给溥仪。次年，十四岁的毓嶦来到长春伪满皇宫内读书，离开紫禁城数年的溥仪以"大清宣统皇帝"的身份，又将这三件"御赏之宝"连同恭亲王的爵位一起赐给了他。

我曾好奇地问起白虹刀的模样，毓老说："那是带在身上的腰刀，所以比较窄，长呢，也就一米来长吧，外面套着金桃皮刀鞘。所谓金桃皮，实际上就是桃树皮，这种桃树皮经太阳一照，发出闪闪的金色，所以叫它金桃皮。金桃皮鞘，就是在木头刀鞘外边贴上若干块

载人京华

菱形的金桃皮，组成规则的图形。"

"那刀现在还有吗？"

"嗨，早没啦！伪满垮台的时候，我带着它跟溥仪跑到通化大栗子沟，然后又匆匆忙忙地要上日本，那刀就跟另外两件宝物一块儿丢在大栗子沟了。"

1945 年 8 月 9 日，美国空军在日本长崎投下第二颗原子弹，死伤十万多人，同日，中国军队也开始了大反攻。8 月 13 日清晨，溥仪一行人乘坐的专列，经两天一夜的运行，终于抵达紧挨着鸭绿江的临江县大栗子沟，在那里暂且"安营扎寨"。8 月 15 日，日本天皇裕仁宣布无条件投降。17 日午夜至 18 日凌晨，溥仪在通化临江县大栗子沟矿山株式会社技工培养所内，宣读《满洲国皇帝退位诏书》，数十年盘亘于心底的"复国"美梦也随之化为了泡影。次日，他带领着身边所剩不多的随从，开始了人生当中的又一次逃亡。

"日本人告诉我们上日本去，说上日本的话通化的飞机不行，到不了日本。溥仪就带着我们一帮十来个人，打算到沈阳换了大飞机往日本跑。"当毓嶦乘坐的飞机在沈阳机场落下，他跳下飞机一看，远处真有一大溜飞机停着，"我以为那就是上日本换乘的大型飞机了，可是，再往前走几步就蒙了，啊！怎么是个大鼻子挎着个小马枪（冲锋枪）？赶快进了候机楼，由窗户往外再看那些大飞机的标志，都是大红五星！

"我觉得这是日本人的阴谋，日本人是有意要把溥仪交给苏联。因为日本一投降，苏联必定就指名要溥仪，日本人把我们送到沈阳，就是为了让苏军接收。什么换大飞机上日本去，都是骗人的鬼话！"

一干"人犯"被押解到苏联，在那里一共待了五年。1950 年 7 月被引渡回国，首先关押在抚顺战犯管理所接受改造，1957 年春节前夕，毓嶦等被中华人民共和国最高人民检察院免予起诉，即行释放。

　　说起往事，毓先生通常自我解嘲："我们哪还不予起诉、释放，其实都算不上战犯，战犯出来的都安排到政协去了，我们这些人，叫小人物穿到大串上了——要不是跟着溥仪的话，战犯管理所人家也不要你，你算哪门子战犯？是不？不够格！"

　　在后来的日子里，一直令他无法释怀的是与母亲的那一段离别之痛：

　　　　在大栗子沟那几天，现在回忆起来也不知道每天都在忙些什么，乱糟糟的。临行也没有很好地安慰母亲，我记得她一个人一直就坐在门口的小凳子上，低着头，大概是怕我看见她在流泪吧？可是我那时心中只有什么君君臣臣，舍命也得保着溥仪逃跑，对自己的母亲全然不放在心上。谁知这一别就是十年，十年之间母子音信不通，下落不明。十年之后我是仅以身还，怎么能补偿这十年的生死别离呢？今天，母亲已经永远离开了我，但我的内疚离不开我，只有到我停止了思维那天吧。

　　　　　　　　　　　　　　　　　　（《爱新觉罗毓嶦回忆录》）

　　毓嶦回到北京后，先在街道扫盲班教课，但这个工作收入低微，在家里等于就是吃闲饭。后来自己出去找活干，先是挖沟，埋电缆，后来又去了挑补绣花厂："厂里有一道熨烫的工序，熨亚麻布的台布、床单等，我就干这个活儿，掌握烙铁的温度是个技术，太热了就煳，太凉又熨不出形来，一个烙铁重十四斤，放在大炉子里烧热了再拿出来，可不轻松。"当了不到一年的"技术工人"，赶上派出所把街道上没有正式工作的人全都集中起来，成立劳动生产大队，由公安局组织着，到各处筛沙石，再后来公安局把这些人集中起来在大兴县搞了个

载入京华

农场，冬天挖河，打冻方。1960 年左右成立了天堂河农场，毓嶦被分配在二分场种葡萄。

1966 年"文革"开始，农场被军管，军管会的人说天堂河农场是强制劳动农场。得，这一下，所有人员立即从原来的农场职工变成了"强劳"对象！命运多舛的毓嶦再一次被下放到离天津不远的茶淀第一劳改大队，在那儿插秧种地。干了一年多，又遭送到沈阳郊区"劳动教养"。1979 年平反回京，他被安排在天堂河农场二分场裱画车间工作，1980 年调到中国艺苑，从事专业书法创作，直到 1991 年 11 月退休。毓嶦的书法艺术源于家学，又自成一体，行楷草隶篆皆精，但写得最多的还是行书。

谈到溥仪，晚年毓嶦最深刻的记忆就是他的脆弱、暴躁与反复无常："我们这些学生，他挨个都打过，什么理由打你呀，没理由！比如说，溥仪坐在那，说：'我今天感冒了，我避避风。'他跟你说话，你拿张报纸，看着报这么一动，溥仪说你不知道我在这避风吗，你拿报纸扇风！你说你怎么着？赶紧趴地上磕头吧：'哎呀奴才不敢了，不是成心的！'别的学生过来问怎么回事，溥仪讲我在这避风，他拿报纸在那扇风。溥仪打人他自己不打，别的学生拿板子过来：'皇上这避风，你跟这扇风！'噼里啪啦打一顿。"

到 20 世纪五六十年代，"患难与共"数十载的"君臣"关系变得更加淡薄，主因是溥仪的新婚妻子李淑贤。"人家是政协委员，我们那时候在农场干活，一个月休息几天回到北京，要去得先给溥仪打电话，溥仪打政协宿舍出来接我们才能进去，挺麻烦的。再说那个李淑贤也瞧不上我们，到那，溥仪说了，说你大婶有病。言外之意你在这待着没人给你做饭吃。得了，我自己带着香烟呢，我抽一颗说两句话就走吧。到后来见面很少了。"毓老如是说。

对此，毓嶦的侄子，剧作家恒钺也曾向我谈起："溥仪被特赦，出来当的什么政协委员，而我七大爷（毓嶦）他们这两个被裹挟走的孩子，却一直在那服刑。幸亏我七大爷写字好，成为书法家，晚年还算比较安定，但是也就是晚年了，前半辈子真是颠沛流离挺惨的。"

与毓老接触较多的北京恭王府管理处的鲁宁处长也曾经对我讲："接触他这么多年，这位老人真的是特别谦虚，特别善良！我就感觉，不管这个历史走到哪一步，好像都在跟他找别扭，把他给推到最尴尬的境地。但是我觉得他心态特别好，能够用最平淡的态度去过完最复杂的一生。"

恭王府坐落在北京什刹海南岸，是明清两代京城一百多座王府中保存最完整的一座。乾隆年间，那里是著名贪官、大学士和珅的豪邸。许多年以来，一直被传是《红楼梦》里贾府与大观园的原型，其豪华程度可想而知。然而，身为王府后裔的这位"末代王爷"却根本没在恭王府里住过一天，他对这里的印象，全部来自父母亲和底下用人的描述，他说："我都不敢想象，恭王府有当时他们说的那种辉煌的景象！"当他出生时，溥伟早已离开了这里，定居大连黑石礁，他一来到这个世界，就已经是颠沛流离，国破家也破……

如今，斯人远去，这样凄凉的故事，让我们这些朋友想想愈觉心酸。然而，在毓老生前，无论接受采访抑或著书立说，从来没有过自怨自艾，他，永远是那么平平静静地述说那些大起大落的往事。也许正因为这一生经历太多，才把什么都看透，晚年的他，将自己仅有的古董、文物等藏品全都无偿捐献给恭王府博物馆；晚年的他，酷爱摄影和旅游，时常是带上颇为专业的照相机和相濡以沫半辈子的知音——老伴儿（高金华，亦名丽水，擅长写篆书）说走就走。他们相识于天堂河农场，1963 年结婚，从那以后，再多的风风雨雨，两个人就一直没有分开过。1967 年 11 月他们一同到茶淀农场，1968 年到东北，后来又一起回北京。正可谓是风雨同途，患难相依。直到晚

载人京华

年，老两口不论去哪里，也总是结伴而行。当然，毓老亦常常应邀到日本、香港等地举办书法展览或者进行艺术访问。每一次旅行归来，总会像小孩一样滔滔不绝地述说此行的见闻。

2000年6月，老两口一起到日本访问女书法家森和风，回国后即向我讲述了此行的一段经历：

"到宫崎以后，当地电视台提出陪我去参观该市的和平台。和平台是现在的名字，过去叫'八纮一宇塔'，'八纮'是八方，'一宇'是一个屋，意思是把天下八方都统一到一个屋宇之下，这是日本二战期间军国主义的口号，也就是说不单侵略中国，霸占东亚，还要统一全地球。

"盖这个塔时，日本军正侵占着中国各地，他们便由已占领的地方各取一块石头，然后刻上字，比如'河南省某地''河北省某地'，运送回日本，作为'八纮一宇'的基塔。现在，他们让我看这些石头上的字，这是向我挑战吧！我看见那些塔基石里面，还有一块盗自长城的城砖。

"看完了石头，电视台的人提出采访我，问我有什么感想。我说，'八纮一宇'的意思，我不多解释，你们应该知道它的历史。它用中国的石头作基础，历史证明是不能万年坚固的，它们不会甘心给日本做基础的。我刚刚由长崎市来，上午参观了原子弹纪念馆，我觉得这个八纮一宇和原子弹还是有联系的（暗示侵略者的下场）。我刚刚看到另一块碑石，说第十八届奥运会的圣火就是从这里传到东京的，我想它之所以能够得到世界人民的认可，是因为它已经改名叫和平台了。

"采访结束后，我问他们什么时候播放，他们说留作资料，不播了。在我看那些中国石头的时候，陪同我们的宫崎书法家森和风显得很尴尬，到后来直跟我说对不起。至于电视台想达到什么目的，现在我也没琢磨透，反正最后没公开播放，就是他们的目的没达到！"

　　雨，下了一整天，淅淅沥沥，按照当地气象台预报，台风尼伯特即将在此登陆，各级政府严阵以待。次日，尽管花儿未落、草木犹鲜，鹭岛的风雨也依旧温柔，但原定的航班仍然被一个个取消，我们的那一班，从下午3点多，一直延迟到午夜。

　　我最终没能赶上为可敬的"老王爷"送行，甚至都没来得及送上一束鲜花、撰写一副挽联。此时，我将这副补撰的挽联献给他，但愿那个坎坷半世的灵魂早日获得安宁：

　　　　生逢忧患，国败家败，蹉跎半百年岁，末世皇孙奈若何；
　　　　心通墨翰，字清画清，苦乐卅多风华，高寿书人无遗恨。

原载《海内与海外》2016年8月号、9月号

载入京华

姥姥
春天来了

昨夜的雨，并未像气象台预报的那般电闪雷鸣袭击北京城，而是在今天早晨淅淅沥沥落下来，安安静静地润物无声。早高峰刚刚过去，路上车辆并不拥堵；行人的步履也不再匆匆。雨滴，轻轻散落在那些移动着的五颜六色的伞上，星星点点，似有一些寂寞，一缕忧伤……

这才是北京春天的雨啊，温婉、从容，带着一种优雅自得的高贵，不由你不以为，街边上那些鲜翠欲滴的槐树叶都是在它的滋润之下才一夜生出的。很多外地人感言，说北京没有春天。实际并非如此，北京的春天虽短，但她有一种特殊的风韵与美丽，需要你用深情和血脉去体会：她不在喧闹的大型商业区；不在高耸的 CBD 写字楼；更不在拥挤的地铁、塞车的马路。北京的春天，在所余不多的古老街巷；在红墙绿瓦的古建遗存；在杨柳依依的护城河畔；乃至破旧不堪的断垣残迹……而于我言，北京的春天有多一半都在自幼成长的姥姥家的那座平房小院儿。往年这时，院子里的香椿早长出了嫩芽，紧接着枣树泛绿，我便知道春天来了，知道春深几许……

春天，也是姥姥最爱的季节。只因自幼家贫，姥姥不喜欢冬天，冬天冷啊，穷人家的屋子里总是不那么暖和，甚至有时捡来的煤核儿烧完了，赶上钱不凑手就那么干冻着，幼小的孩子怎能不盼着春天快来呢?! 到我小的时候，每逢冬天，姥姥总把炉子生得旺旺的，闲暇时候就教我说那首古老的"九九歌"："一九二九不出手；三九四九冰上走；五九六九河边看杨柳；七九河开；八九雁来；九九加一九，耕牛遍地走。"如果哪年春天来得稍晚，姥姥便会说："七九河开河不开；八九雁来雁准来……"今年的八九，雁似乎没来，九九第二天，姥姥走了，永远地离开我们走了!

尽管，很多人劝我，说91岁的年纪已算是人间高寿；说有了我的孝顺，老人一生已经没有遗憾。我却仍旧悲痛难平，实难割舍下这大半生与姥姥相依为命的深厚情缘! 48年前那个寒冷的冬天，姥姥亲自把我从东四妇产医院接进她的家门，生上一炉温暖的火；4个月后，她一人承担起抚养我的全部责任。断食母乳的我昼夜啼哭，不断生病，乃至拒食牛奶……白天，姥姥不得不用一条背带将我负在背上，去做其他家务；夜里，姥姥又不得不常于熟睡中起床，冒着大雪抱我去医院看病。就这样，当我开始记事时候，她不过才是50岁上下的年纪，头上却已经平添了许多的白发……

尽管如此，也尽管姥姥自幼仅念过一年马马虎虎的私塾，尽管6个子女以及数位孙辈的拖累使她一生都未能实现外出工作的夙愿，但性情坚韧、好胜的她，却从未放下过对人生价值的追求（姥姥天资聪颖，相貌堪比当时的电影明星，如果能上学，一定会是位相当优秀的女性）。到我5岁时候，姥姥开始"搞街道"，当选为居委会治保主任。从此，无论是平时开会、治安巡查，还是组织防空演习（当时中苏关系紧张，主要针对苏联）、调解邻里矛盾，全都带着我……总之，在所有能见到姥姥的地方，几乎都能看见我。无意之中，我成了获得姥姥关爱最多的孩子，甚至多过她亲生的子女。以至后来，从小到大我都是离不开姥姥的。屈指算一算，来这世界48年，唯2004年除夕

载入京华

是我与女儿在泸沽湖度过的（那晚我们在所居住的摩梭人小楼上给她打的拜年电话），其余都是陪伴在姥姥身边。

姥姥历尽千辛将我养育成人，此生最大的骄傲之一便是把我培养成了一个有良知有能力的记者、作家，而不是"念过大学的书呆子"。她自己虽然"没有文化"，不可能为我"辅导功课"；更无法滔滔不绝给我讲解二十五史、《资治通鉴》。但是她，把一种既刚强又柔韧的对待世界的态度教给了我，让我可以不断以自我独具的方式去认识事物、开拓思维。姥姥的一生，历经军阀混战、国民党统治、抗日战争、解放战争、"反右""文革"、改革开放等诸多历史时期。丰厚、渊博的各种知识，阅尽沧桑的人生经历，使她在民俗、礼节，特别是为人处事上都成为我当之无愧的老师。20世纪90年代，老人曾在《北京晚报》副刊上发表过一篇小文《再谈"假招子"》（由她口述，我执笔记录），纠正一个所谓专家对"箭杆抹泥假招子"这句民间俗语的错误解释，在当时有过一定影响。这是她一生唯一发表过的一篇署名文章，其余无穷的知识、经验、奇闻轶事全都无私地交给了我，成为我取之不尽的文字与智慧的财富！

以"相依为命"这一成语形容我与姥姥的关系是丝毫不过分的。我小时候，最离不开的人就是我姥姥，无论去到哪里，除非有姥姥跟着，否则即使是亲生父母也休想带走我。几年前，她患了老年痴呆，很多人包括儿女在内都不认得了，却唯独对我的声音特别敏感。离世的前一天晚上，她已进入昏迷状态。但是，我每在她耳边喊一声"姥姥——！"她仍然是昏昏沉沉答应的……

念及此景，泪水便亦如这场无边伤感的雨，悄然滚淌下面颊，融入脚下的土壤。我想起了四五岁的时候，有一次，姥爷单位发了两张冰球比赛票，是动物园旁边"首体"的，姥姥、姥爷带着我去（因想着小孩儿不要票），到了门口，验票的人死活不让进去，说两张票不可以进三个人，并且也不给补票，怎么说都不行。姥姥、姥爷没有办法，商量之后决定由姥爷带我进去看球，姥姥一个人先回家去。看见姥姥转身离去，幼小的我拼命哭喊……至今尤记，姥姥当时一步三回头地看着我那不忍的表情。那是我这辈子第一次也是唯一一次现场观看冰球比赛，是在眼泪与忧郁中看下来的。球赛结束后，姥爷带我回家，我又见到了姥姥，于是破涕为笑……而此次送别姥姥，眼见她的遗体被推走，我也是那样声嘶力竭地呼喊着，但是这一回，我知道，无论回到哪里，我是再也见不着疼我爱我的姥姥了！这，就叫作天人永隔啊！我甚至能够感觉，冥冥之中，姥姥的灵魂也是那样不忍地看着我，一步三回头，亦如当年的样子……

天上的雨，仍那么无声无息地下着，不知不觉间，我撑着那把紫色的小伞，竟然走出了好远，远远地已经能看见"首体"的影子……

姥姥，春天来了，河边儿的柳树都绿透了；咱家外院儿，您亲手栽种的那棵香椿早就长芽儿了；天暖了，您能脱棉袄了……今年冬天，我跟您说过，等天儿一暖和我就推着您出门，上城边的小花园儿看花儿、看人、看汽车去……姥姥您看，这个春天有多么的美好啊！我听人说，凡在春天走的人都是一生积德行善的好人。我知道，您此刻也许就走在路上，在我身边；我知道，只要心在一起，我们就永远也不会分开！

原载 2012 年 5 月 31 日《北京日报》24 版；

2012 年 6 月 20 日《北京晚报》61 版"感动人生"（名《春天·姥姥》）

载人京华

姜
俊
贤

雷
国
秀

汤庆顺

仲许
林

特写

于 华刚

老字号
新掌门

　　形成于明朝正统年间的前门大街，是明清两代帝王天坛祭天、先农坛祭地、天地合祭、南苑狩猎、南下出巡的必经之路，乃名符其实的"天子脚下"。将近 600 年间，这里汇集了包括皇城文化、商贾文化、梨园文化、会馆文化等市井万象……

　　20 世纪二三十年代，前门大街的繁华达到鼎盛："吃喝玩乐"各类大小商铺、戏园子、茶楼、酒肆、会馆云集于斯，是京城最热闹的商街之一。曾几何时，这里引领着北京文明的时尚；曾几何时，这里是全中国消费者向往的地方……

　　如今，伴随着首都功能核心区域行政区划调整，前门大街，这条 22 位皇帝行走过的"白石御道"，终于又与正阳门里的大内御街"归于一统"，一直向南延伸到古老的天坛……这无疑更加有利于北京历史文化的保护与发展。

　　今日的前门大街，依然是北京老字号最为集中的地方。"老字号新掌门"将带您去见见 15 位老字号的现任掌门。

特　写
老字号　新掌门　春天来了

姜俊贤
烧旺那炉百年火

第一次拨通全聚德现任"掌柜"姜俊贤电话，传过来的是他们集团团歌："一炉百年的火，铸成了全聚德，天下第一楼，美名遍中国……"京腔京韵，透着那么亲切、热火，一下儿让我想起小时候，姥爷常念叨，说北京城里的老字号，各个都有自个儿的绝活儿，像全聚德，甭说鸭子，就人那一炉烤鸭子的老火，据说一百多年就没灭过！

如今，这炉老火可真价值连城了，现任掌柜姜俊贤已将全聚德打造成了当代中国餐饮旗舰，80多家门店、7个多亿净资产，成了上市公司啦！要说姜老板，那也是媒体的老朋友了。老姜上任17年，所做之手笔，那是笔笔如椽，令媒体老记们无法不追逐左右。就说这些年，先是与"紫禁城"合拍电视剧《天下第一楼》在央视一套黄金时段热播，立即掀起全国人民"哄吃"全聚德烤鸭的高潮。

2007年下半年，全聚德股票"千呼万唤始发行"，上市9天8个涨停，头一天就"出炉"18位千万富翁高管。

其后，"2007年度北京商业高峰论坛"开幕，全聚德抖出了改用"电炉"烤鸭的包袱。这整个就是一炸药包啊，当即引出互联网上一片声讨之声："哇，拿电炉子烤？那还是全聚德吗？干脆改叫肯德鸭

载入京华

得了！"无奈之下，姜掌柜只得"央告"媒体老记代做思想工作，说我们那炉子不是简单的电炉子！那是在测试了 1000 多只鸭子烤制全过程，收集好几万个数据前提下，特制的智能烤炉啊！说白了就是用高科技模拟人工烤鸭，味儿还是原来那味儿。

说起姜掌柜那也不容易，想当年，他 33 岁已经是北京副局级干部了，调任全聚德那会儿多少人劝他，不要轻易舍弃仕途。现如今，当年的同僚很多已做到省部级！一提这些，姜掌柜就咬着牙说他不后悔……

这句是我开玩笑呢，他说的时候没咬牙，他真不后悔，因为对老字号感情太深了，百忙之中还兼任北京老字号协会和北京烹饪协会会长，他说这些老字号都是民族的无价之宝，是前人花几十年、上百年时间创下的品牌，要是在他们手里没有发扬光大，他"无颜见江东父老"。

采访结束，蹭吃"智能炉"烤鸭一顿，的确还是原来那味儿，没变。

小链接

全聚德小史

现在前门大街上的全聚德老店铺，最初的名字叫"德聚全"，是一个山西人开的干鲜果品铺，到同治三年（1864 年），因为生意不好，濒于倒闭，被当时在附近摆摊儿售卖生鸭的杨全仁买下来，之后请风水先生来看，先生说这是一块风水宝地，只需将原来的旧字号调个个儿，改成"全聚德"就会财运亨通。后来杨全仁在此开起了炉肉铺，又高薪请来原清宫包哈局（包哈为满语下酒菜之意）专伺烤鸭的一位孙姓师傅，挂炉烤鸭从此由宫廷传入民间，而全聚德也由此长盛不衰。

20 世纪 30 年代，全聚德聘请山东荣成人李子明当掌柜，他就是前些年热播的电视连续剧《天下第一楼》中卢孟实的原型。李子明精明强干、作风硬朗，很快将全聚德打理成了京师烤鸭名店，生意做得红红火火。而在他之后（40 年代后期），全聚德则逐渐走向衰败，一直到 1952 年公私合营，才使得百年老店重获新生……

原载 2010 年 2 月 1 日《北京日报》15 版

汤庆顺
数字做大东来顺

说起东来顺的掌门人汤庆顺，那也算是俺财经记者们资深的"老主顾"了！

20 世纪末（听起来长，其实也就 12 年），东安市场重张开业，汤掌门（当年北京东安集团公司的董事长、总经理兼党委副书记）特邀首善之区文化名流们侃谈"老东安"，俺在那次"盛会"上初次与他相识，对他两个印象：第一，此人从头到脚整个一忠厚老实的北方爷们儿，打哪儿也看不出做生意人的精明相儿；第二，这位憨实的"北方爷们儿"酷爱老北京文化，对与会的"文化人"格外敬重。

当然后来的采访及事实都证明了俺那时候有点嫩，第一，汤掌门原籍江苏，道地"江南才子"，第二，人家生意做得猴精猴精，在东安集团掌门 5 年，径直将集团销售额从 10 亿提升到 25 亿，愣是把一个全面亏损企业给做成了全面盈利！我之后打趣他，说真正的大老板原来都是把精明藏得很深，表面一副忠厚老实的蒙人憨态。

2003 年东来顺集团组建，汤掌门挂帅出任集团董事长、总经理、党委书记。提出东来顺中长期发展构想——"一二三四工程"：打造中国清真餐饮第一品牌；拓展清真餐饮、清真食品两大市场；形成连锁店、连锁厂、连锁商三足鼎立的连锁经营体系；形成直营企业、连锁企业、配送中心、生产加工四大业务板块。"一二三四"提出的五年以后（2008年），东来顺集团销售收入2.2亿，利润2026万，连锁店数达到150家左右。

当然了，回首12年前，咱也还是有没看走眼的那一面——汤掌门他是真心真意热爱咱老北京的传统文化！无论上哪儿讲课，他都是如下介绍东来顺："北京城是有着3000多年建城史和850多年建都史的历史文化名城，凝聚着中国古代文明的精华，东来顺品牌，历经百年沧桑的打造，如今已成为京华饮食菜系中的标志性品牌……"他说他的经营思维是：以文兴商，传承弘扬东来顺自成体系的历史文化、菜品文化、店堂服务文化，逐渐将其做成一个大型的"跨国餐饮老字号"！

汤掌门话说至此，俺就想起东来顺的老堂训："能来咱铺子里站一站的人，那是缘分人；能到咱铺子里坐一坐的人，那是瞧得起咱的人；能到咱铺子里吃饭的人，那是照顾咱的人。"恍恍惚惚间觉乎着这一段热乎儿、撩人的"京片子"，就是哪位文笔灵秀的剧作家特意为他量身创作的精彩台词！

小链接

东来顺起源

如今鼎鼎大名的东安市场，早年间是皇宫里的"马场"。清朝的文武百官上朝，一般走午门的东偏门，进皇宫当然不能骑马、坐轿了，所有"坐骑"一律存放东华门外的特级"停车场"，也就是老东安市场的前身。慢慢的，这块地方变得越来越热闹，逐渐形成了简易的自由市场。

话说到20世纪初，打从河北沧州来了一个叫丁德山的人，在北京城做苦力——从城外往城里送黄土。那个时候，还没发明煤气、暖气，咱北京人冬日取暖夏天做饭全都是烧煤球炉子，而摇煤球离不开黏合剂——黄土。这丁德山给各个煤场送黄土经常路过老东安市场，他是个有心人，就琢磨着也不能一辈子干苦力啊！于是乎奋发图强，终有一天拿干苦力攒下的几个小钱，在东安市场北门，摆起一个"东来顺粥摊"，专卖贴饼子、小米粥，外加抻面。

别说，生意做得挺红火！尤其当时主管马场的太监魏延，专爱吃这东来顺抻面，丁德山也特别有眼力见儿，每次魏延来，他都服侍得格外妥帖、周到，加上嘴又甜会奉承人儿，很快博得了魏老太监的欢心，一来二去，就认魏老太监当了干爹。1912年，东安市场失火，东来顺粥棚被焚。魏太监拿出银两若干，帮丁德山盖起了三间瓦房，重新起了字号——"东来顺羊肉馆"。开始只做些羊汤、杂碎，后来把"涮羊肉"引进了店堂。由此，东来顺的涮羊肉，仗着选料精、加工细、佐料全，逐渐享誉京城。

原载 2010 年 5 月 10 日《北京日报》15 版

特　写
汤庆顺　数字做大东来顺

厉建平
五芳粽香飘南北

　　临近端午，北京城大街小巷又飘起了粽香，各大超市各种品牌的粽子又开始一年一度的热销。前不久，曾与京城"嗜食一族"闲聊，说北京市场上粽子最贵的就数五芳斋，一只鲜肉、火腿粽卖到六七块钱，即使豆沙的也要四块，而且不降价就是不降价！不过确是好吃与众不同！

　　"吃粽子的传统习俗既有远古的诗意，又有现代的情感，更兼以全民族的纪念意义。某种意义上说，它代表着中华民族几千年的稻作文化。"现任五芳斋掌门厉建平语出不凡。记者来嘉兴五芳斋总部访谈之先，尝闻厉掌门乃"50后"，插过队、当过兵、干过多年公安（嘉兴市公安局副局长），后来辞去公职下海经商，整个一个江湖中人！而今一见，确是惊异其一派温文尔雅的江南才子风范。

　　"董事长，你会包粽子吗?"（故意刁难之嫌）

　　"不会。"（表情毫无愧疚）

　　"中华老字号讲究传承，要师出有门，你并非学徒出身，连包粽子都不会，又如何执掌五芳斋?"（下马威）

　　"五芳斋虽然是老字号，但它已不是传统意义上的老字号作坊。领导一个作坊，跟领导一家现代化的企业集团是两个概念。前者靠师傅传、帮、带，后者需要现代化的企业经营理念和管理体制。"

面对"京城名记"五芳斋粽子卖得太贵，有否暴利之质疑，厉掌门说，一分钱一分货啊（记者译，非道地浙商厉掌门原话，后文亦然）！您现在剥开一个五芳斋粽子，那里边米是黑龙江的，肉是河南双汇的，粽子叶儿是江西的，全部绿色环保无污染无公害！干吗？品质保障啊！说起俺嘉兴，那过去也是鱼米之乡，可现在随"工业化进程"，已无法承载五芳斋需要的原料了。像咱现在用的五常米，生长在中国仅存的三块黑土地之一，北纬40度——阳光充分，山泉水浇灌，这样的米，嘉兴根本种不出来啊！

您说什么？还是不原汁原味儿？当然啊，老字号精髓是什么？传乘发展，品质上乘！要说咱五芳斋粽子那就是两个字：讲究！糯米要黏、饱满大粒；猪肉要后腿；鸡肉只要公鸡；夹沙粽用"大红袍"去皮取沙；粽叶用高山野生箬叶。浸米、拌料、裹粽、烧煮……90年流传下来的独门秘方一脉相承，一点不带含糊的！

话说至此，俺这翻译也当累了，改成据实以述吧：五芳斋集团现在全国有连锁门店150余家，大型生产企业3家。准备明年在北京投资建厂。届时，京城消费者将有望吃到五芳斋的新鲜粽子（现在吃的是真空包装的）。

厉掌门确实热爱五芳斋，把振兴这个老字号当成自己终生的事业，情之所驻，魂之所系。正如他坦言，假如只为赚钱，曾经从事的房地产业来得更快！现在，展望"五芳"未来，厉建平依旧充满激情：一是要成为中国米制品的领导品牌，二是要成为中式快餐连锁的著名品牌。届时，五芳斋将不再只是粽子包裹下的中华老字号。

特　写
厉建平　五芳粽香飘南北

小链接

五芳斋小史

话说，民国十年（1921 年）夏天，中国共产党第一次全国代表大会在浙江嘉兴南湖的一艘游船上召开。此时，距此不远，嘉兴最热闹的张家弄口，有一家叫作"五芳斋"粽子店，也热热闹闹地开张了。店老板名叫张锦泉，粽子做得好做得地道，尤其以火腿鸡肉粽、重油夹沙粽风味最为独特，加上张老板为人和气，买卖公道，这五芳斋的生意也就逐渐地越做越好，远近闻名。数年后，在张老板"荣记五芳斋"的对面和隔壁又开出了"合记""庆记"两家"五芳斋"，也都称自己是老牌正宗。当然了，这多少有点非法竞争之嫌。不过这么一竞争，三家各自在用料、配方、包裹、烧煮等方面动足脑筋，"五芳斋"的粽子口味是日趋精美，更加声名鹊起。

1956 年公私合营，"三家店"三分归一统，成立五芳斋粽子店。1994 年建立第一家五芳斋工厂，改变了前店后坊的传统粽子生产模式。2005 年，投资两个亿建立的五芳斋产业园，年生产两亿个粽子，成为全国最大的粽子生产基地。2009 年，五芳斋集团销售收入达到 18.6 亿元，创利税 1.72 亿元。

———————

原载 2010 年 6 月 7 日《北京日报》15 版

载入京华

雷国秀
重燃便宜坊炉火

　　初见雷国秀，给我的感觉是：温和、实在、大气。一句话，性情中人！让你忍不住想管她叫大姐，与"传说中"那个临危受命，救便宜坊于"水火之中"的女强人形象相距甚远。

　　"雷大姐"乃中国饭店协会、北京老字号协会副会长，京城六百年老店烤鸭鼻祖便宜坊之现任"掌门"，据说当年（2004 年）她调任集团老总的时候，这个曾经在北京烤鸭史上拔过数百年头份儿的龙头老大差不多已经日薄西山，接近穷途末路了，可咱"雷大姐"愣就激情澎湃、毫不犹豫打出"振兴中华老字号，创造精品便宜坊"的猎猎大旗。几年工夫，她就扭转乾坤，把个暮气沉沉濒临倒闭的老国企打造成如今坐拥 25 家连锁的大型集团公司；把便宜坊焖炉烤鸭、都一处的烧麦技艺同时打理进国家级非物质文化遗产名录。"雷大姐"有话儿，这叫"再造文化"！

　　除了文化，"雷大姐"还再造了鸭子。真的，"大姐"都请我吃了——便宜坊第三代烤鸭"蔬香酥"。口味独特，先说这鸭子，不光外酥里嫩，且从里到外蔬香四溢，最为奇特之处是，凉了以后照样清香酥脆，绝无半丝油腥味！再说那卷鸭子的彩色荷叶饼，红的是百分百胡萝卜汁儿和面；绿的是芹菜汁儿烙的。卷饼的配菜也将传统生葱丝、黄瓜条置换为香椿苗、萝卜苗、薄荷叶、花叶生菜，咬一口齿颊生香。

用罢美鸭，提出疑问一个——似"大姐"您这般毫无掌柜的派头儿，如何令旗下伙计"臣服"？意见一点——便宜坊烤鸭虽好，吆喝得却不专业，着实贻误北京人民的吃鸭时尚！

"大姐"呵呵笑道："的确，小店的宣传工作太不到位！至于管理，小店信奉'真爱无敌'，放大对全体伙计之信任，是鹰给它一片天、是龙给它一片海、是虎给它一片山。还好，现如今小店已被国际饭店与餐馆协会授予'国际餐饮名店''中国十佳酒家''中华老字号品牌企业 100 强单位'称号。"

我赶紧祝愿便宜坊鹰击长空、龙腾虎跃，"大姐"则邀我再临"小店"，品尝"花香酥"与"傲韵"烤鸭，说这"傲韵"鸭乃京城 600 年烤鸭史上首次烤出之不用蘸酱的带咸味的鸭子。

噢！我做恍然大悟状：原来咸鸭蛋就是便宜坊烤鸭下的啊！

小链接

先有便宜坊，后有北京城

话说，1403 年，朱元璋第四子燕王朱棣，继位成为中国历史上鼎鼎大名的永乐皇帝。这位皇上一登基，立马昭榜宣布：改自己的老地盘儿北平为大明王朝首都。

要说起迁都，那可不是一旨圣书就能办到，最起码得有一个像样的都城吧；得有商贾大亨各路人才吧；得显得繁荣昌盛吧。于是，永乐下令：第一，从江浙那边迁点有钱人过来，凡在京师做买卖为繁荣首都经济贡献力量的，一律给上正式户口、免 5 年税！第二，造一座新城，要比南京城跟元大都

载入京华

都高档！顺便盖一批"塌坊"（商业客栈），让企业家们使去。

赶上这千古难逢的好政策，江南商贾们纷纷拉家带口进京创业。这其中，有一个姓王的掌柜，把户口上在了宣武门外一个塌坊中，到1416年，王掌柜在米市口开张了一家商铺，专做焖炉烤鸭、桶子鸡，因其味美价廉，坊内人买起来既方便又便宜，他的铺子遂被顺口称为"便宜坊"。

历史记载，在便宜坊老店开业的第二年，也就是1417年，北京城才开始其大规模的建设。而又过三年，紫禁城才初步完工，皇上才搬进来住。您说，这叫不叫"先有便宜坊，后有北京城"啊？

原载 2010 年 6 月 12 日《北京日报》15 版

特　写

雷国秀　重燃便宜坊炉火

王秀兰
不弃"高碎"的张一元

约会王掌门，那可不是件容易事——正赶上春茶上市季节，王掌门隔三岔五便带领"徒儿们"前往南方茶区收茶叶，一走就大半个月。据说，这王掌门有一手绝活儿：随便抓一把茶叶就能判断出产地、品质，就能评级作价，掌握这手儿的人全国也就那么十来个。

初夏一天，终是在北京张一元茶叶有限责任公司古典宁静的茶楼中与王掌门相会。开谈前，服务员奉上两杯清饮，一杯张一元茉莉花茶和一杯白开水。甫问，那白开水准是王掌门的。

"这段时间新茶作价，茶喝多了，胃不太舒服。"王掌门解释。

"听说张一元的任何一种茶叶都要经您亲自品尝才能作价？"我问。

"是，年年如此。您知道，咱北京不是茶产区，真正懂茶的人并不多。正因如此，咱作价时候更得精心，得凭良心，不能把价值200块钱的茶作成2000。"

"听说'张一元茉莉花茶窨制工艺'被列入国家级非物质文化遗产名录，传承人就是您本人，像这样由传承人亲自掌门的老字号现在好像不多了。"

"我就是爱茶，打24岁在正兴德茶庄学徒起就爱上这行。您就

载入京华

说作价这事它累是累，不光伤胃还伤气呢！可我就是有这个瘾，要是一个星期摸不着茶叶，还浑身觉着不自在呢！"

"听说张一元前些年还卖15块钱一斤的'高末儿'，现在还有吗？"

"您说的是'高碎'（老北京南北两城语言有异）吧？有，每年新茶上市的时候都卖一些。卖的时候热闹着呢，从大栅栏到前门，得有三百多人排队。每次都要提前通知派出所，请他们派民警维持秩序。"

"这种茶确实好喝啊，我小时候就喝过。"

"那是，这'高碎'说起来叫碎，其实是一个个颗粒状的茶芯和小芽，沏出来味浓，加工起来难度大。现在15元一斤是赔着钱做，可赔钱也得做啊，给咱老北京人留个念想儿！"

"听说话您家也是老北京。"

"是，土生土长地道的南城人。"

听见了吧？都说"北京人不会做生意"，这可是偏见啊！瞧瞧人家王掌门，不光做了生意，这一做还就做大了！如今张一元已在福建、浙江、江苏、湖南等南方著名产茶区建立起29个茶叶基地，加盟店、直营连锁店多达110家。买卖虽然大了，可王掌门对员工的要求依然传统——做茶，先要学会做人，因为人品如茶品。

小链接

张一元小史

话说1900年，八国联军打进北京城，兵荒马乱，慈禧西行，朝野乱成一锅粥……可这一切都没耽误张昌翼给他的小茶叶店"张玉元"开张。这张老板是安徽歙县人，年轻的时候在崇文门外瓷器口荣泰茶庄学徒，后来自己个儿在花市摆了个茶叶摊，逐渐发展壮大开了店。

若说起这"元"字，不用问——就是第一、魁首的意思；"玉"呢？在古汉语里它通"茗"字，合起来就是第一好茶（口气不小）！中国人有句俗话，世道越乱越吃喝。张玉元花市店就应了这话，越做越红火。1906 年，老张同志又在前门大栅栏观音寺开了第二家店，取名"张一元"；1908 年，在前门大栅栏街开第三家店，同样叫"张一元"，为区别前一个店，亦称"张一元文记"（"一元"盖为又一个"玉元"之意）茶庄。1925 年，张家在福建开办茶场，雇佣当地工人按时收购新茶，然后依照京城及北方人口味，就地窨制、拼配，形成具有特色的小叶花茶，以"汤清味浓、入口芳香、回味无穷"之特色享誉京城。

1947 年冬，大栅栏张一元文记着了把火，几乎把铺子给烧没了，因为有风火墙，才没殃及隔壁的乐家老铺同仁堂。火烧文记，张一元老铺伤了元气，一直到 1952 年，才修复重张。同年，观音寺铺子与大栅栏文记合并，统称张一元茶庄。1956 年，张一元茶庄公私合营；1992 年，北京张一元茶叶公司成立；1999 年，转制为北京张一元茶叶有限责任公司。

原载 2010 年 6 月 28 日《北京日报》15 版

载入京华

程来祥
内联升老鞋踏新路

　　在内联升提供的若干资料中，有一行特让我感动的文字，那是他们给自己加盟商开列出的三个加盟条件之一："重视品牌经营，对投资回报的暴利期望不宜过高。"白纸黑字，翻译成老北京店掌柜的口头语儿就是："几位爷，承蒙您瞧得起，可丑话儿得说头里，您甭瞅着我们这买卖它名声儿大，那可是 150 多年兢兢业业、谨小慎微、保质保量、一步一个脚印挣出来的（亏是他家鞋好不磨脚）！没暴利可图！您要是就奔着一个钱字，那可得掂量好喽！"

　　您别误会，这些话也就是逗您一乐儿。要说内联升的现任掌门程来祥那可绝非传统概念中老字号门脸儿的店掌柜，而是身负"中国商业优秀创业企业家"称号、"北京老字号协会监事会长"等职务的当代杰出企业家。自 2001 年担任内联升鞋业有限公司董事长兼总经理以来，他引入现代企业制度，从管理到营销理念，十年工夫，使内联升的营业额每年增速高达 20% 以上，并先后取得"中国布鞋第一家""中国驰名商标"的称号。2008 年，内联升千层底布鞋制作技艺被列入第二批国家级非物质文化遗产名录。

　　"程老板（这称呼有点耳熟），听说您 1972 年就来内联升学徒了，现在做双鞋没问题吧！"

"我不会做鞋，但对整个工艺流程还是比较熟悉的。做鞋我们有专门的传承人。"

"随市场需求和企业规模的扩大，很多原来人工制作的产品都改由高科技替代了，包括一些传统老字号的东西，现在内联升的千层底，真的还都是手工制作的吗？"

"是，我们的一双千层底布鞋，需要经过90多道工序才能完成，全部由制鞋师傅一针一线地手工缝制。比如一双鞋底，我们要求每平方寸必须纳到81针以上。从某种意义上说，手工制作的鞋子就相当于工艺品，其价值不仅仅是穿，更在于穿出一种文化。像闻名全球的意大利皮鞋，至今仍然全部采用小手工作坊式的生产，为什么？那是人类文明的一种传承！"

当然，传承着百年老字号文明的程掌门，同样懂得"与时俱进，发展自己"的硬道理。现在，除传统"千层底"外，内联升已保有时装布鞋、手工皮鞋等三个大系列的3000多个花色品种，并时时有新款发布。

"打造一个驰名中外、饱含东方文化精髓、与时俱进的鞋类品牌。"——这是内联升的愿景，也是程来祥毕生的追求。目前，内联升在全国各大中城市的分店、加盟连锁店、专柜、经销商网点已达400多个。问起程掌门这大半辈子最满意自己的哪一点，他的回答很简单：一是现在每年给国家纳税上千万；二是内联升由国企改为股份制私企，他没让一个原班的老职工下岗。瞧瞧，这就是咱"京城爷们儿"的胸怀：平实、仗义，"上不负国家下不负黎庶"，宁肯少挣钱也得有里儿有面儿！

载入京华

小链接

说不尽的"内联升"

1853 年，是中国近代史上一个多事之秋。这年三月，太平天国宣布定都南京，与清朝分庭抗礼。九月，太平军攻入直隶，朝野大惊。就在这年，京城东四牌楼某鞋铺学徒赵廷与他的命中贵人"丁大将军"合资，在当时的达官贵人聚集地东江米巷开了一个"朝靴店"，取名"内联升"，寓意穿上这个店制作的朝靴，可以在朝廷大内连升官级。

究竟这鞋穿上有没有那么大灵气儿现已无从考证，反正当时的朝中大员是买鞋必到内联升，一双朝靴售价 50 两白银，那可相当中等人家差不多两年的生活费呢！天长日久，赵廷将朝中显贵的靴鞋尺寸、式样、特殊爱好一一整理登记在册，取名《履中备载》。据人考证，这是中国第一本 VIP 客户档案。渐渐地，来京办事的官员，各地进京的举子也到内联升选购朝靴送礼。您想啊，连上司、恩师穿多大尺寸的鞋都知道，那还不是"心腹"吗?!

辛亥革命后，清朝灭亡，内联升引以为傲的产品——朝靴没人穿了，但塞翁失马安知非福，此间，具有品牌发展史上划时代意义的"千层底布鞋"出现了。1949 年后，内联升续写新的《履中备载》，其中翔实记载了毛泽东、周恩来、邓小平等人的"足迹"档案，以及许多国际政要的制鞋记录。2001 至 2004 年，内联升完成股份制改造，彻底脱胎换骨成为纯民营股份制企业，进入快速发展时期。

原载 2010 年 8 月 16 日《北京日报》15 版

特　写
程来祥　内联升老鞋踏新路

孙丹威
吴裕泰好茶始终如一

一点不带打磕巴儿地说，我打小儿就喝、就买吴裕泰的茶。我姥爷是旗人，讲究！一早儿起来，没吃早点先就得喝茶——您管那叫溜溜龙沟儿。

一晃几十年，吴裕泰打从一个一间门脸儿的茶叶店发展成了今天拥有 230 多家连锁店、一个现代化生产物流中心、一个茶文化陈列馆、一个茶艺表演队、两个茶馆，年销售额超 5 亿的中国茶叶连锁专卖店第一品牌。可甭管什么时候，也甭管您走进的是哪家儿连锁店，茶，依然是从前那个味儿；卖茶的人，依旧笑容淡定能跟您拉家常。

京城八月，一个暑热蒸腾的午后，笔者于古趣悠然的前门大街吴裕泰店见到这家老字号的掌门人孙丹威。那是一个美丽而淡定的女人，简单、随意、率真，在她身上，看不出企业家的精明，与简历上"北京吴裕泰茶业股份有限公司总经理，高级评茶师，北京市人大代表，北京十大商业风云人物，新中国 60 周年茶事功勋获奖人物"的头衔难以挂钩儿。

得知我是吴裕泰的铁杆粉丝，孙掌门笑逐颜开，说吴裕泰之所以百年不倒且发展壮大，全凭咱北京城的老少爷们儿捧场（女的当然也捧了啊），好多都是一家几代人喝吴裕泰的茶！所以啊，她一直要

载人京华

求"伙计们"得跟爱护眼睛似的爱护自家品牌和荣誉："'跨越三个世纪,好茶始终如一。'这是吴裕泰对消费者的承诺!"

"吴裕泰是'中华老字号''中国驰名商标',也是唯一入选中央电视台共和国'60周年60品牌'的茶叶品牌。好喝谁都知道,可现在的花茶,还真跟100多年前完全一样吗?"

"拼制方法完全一样,我们的茶叶采自浙江、云南、广西、福建等自己的茶叶基地,有些品种的加工也在当地,但茉莉花茶不一样,即使窨好了的花茶,回到吴裕泰也要按我们的'秘方'再次拼配,这样喝出来才是吴裕泰的味儿。这种独特的茉莉花茶窨制技艺是老号百年传承下来的,已经被列入国家级非物质文化遗产名录了。"

孙丹威自1997年吴裕泰茶叶公司组建时担任总经理,当年,她站在北新桥那间80平米的吴裕泰唯一"家当"里,提出了发展连锁企业的规划。如今,13年过去,历史见证了她当初的远见卓识,也见证了她非凡的管理才能。有媒体统计,吴裕泰在茶行业内创造了若干第一:第一家连锁经营;第一家对所有连锁店实行电脑网络管理,实现门店管理信息化;第一家通过质量、环境、食品安全和职业健康"四体系认证";第一家建成了生物制药级的拼茶车间和茶叶分拣自动化流水线……当然,它也创造了不少唯一,如:2010上海世博会北京地区唯一一家茶叶类特许生产商及零售商……

此时,身背无数荣誉与奖项的大企业家孙掌门,神清气闲,不停拿出"她家"的最新美食劝吃:茶冰激凌、茶月饼、茶爽口香糖。这就是咱老北京人,豪爽平实、热心好客,"平看庭前花开花落"。

北京人喜欢吴裕泰,喜欢的就是它一百多年孕育出的这种特有的老北京的文化与气度,正如那浓浓的百年不变的茉莉花香,确切地说那是一种"茶韵",吴裕泰与老北京所共有的茶韵……

特 写
孙丹威 吴裕泰好茶始终如一

小链接

吴裕泰小史

晚清同光年间，有一位姓吴的老先生，千里迢迢从他的家乡安徽歙县来到北京，在现在东城区北新桥大街路东的一个大门洞里摆起了茶摊。由于茶好、为人厚道，生意日渐红火，到 1887 年，吴老先生买下那个门洞改建成铺面房，算是正式开了茶栈。

此后，茶栈的生意日益壮大，吴老先生就买下了大门洞后边的整座府第，以"吴裕泰"为总号，又先后开设了 10 多家分店。到清末吴老先生去世前，将所有财产划分为"仁、义、礼、智、信" 5 份，分赠给 5 个儿子。后来，最小的三兄弟又将财产合一成立"礼智信兄弟公司"，由吴四先生锡卿主管经营，兄仁弟让，和衷共济，生意越发红火，先后在北京、天津等地开设了十余家分号。

身为"京师茶行公会会长"的吴四先生虔心佛教，热心公益，将自己分红后的大部分款项用于慈善事业，种种善事活动的开销几乎使他散尽余资。在他去世后，人们才发现他个人名下除公司股份外，竟无其他恒产和钱财！亲朋好友无不为之慨叹……新中国成立后公私合营，吴裕泰茶栈更名为吴裕泰茶庄。"文革"时期，又一度改名为"红日茶店"。1985 年，恢复原名"吴裕泰茶庄"，1997 年，北京吴裕泰茶叶公司成立，企业进入连锁发展时期。2005 年 8 月，组建了北京吴裕泰茶业股份有限公司。

原载 2010 年 8 月 23 日《北京日报》15 版

载入京华

于华刚
担当传承的中国书店

走进中国书店位于前门大街 80 号的那间门脸儿，于掌门正站在那儿"指手画脚"。经前门大街管委会的同志介绍，于掌门立即展现出老北京人待客的热情："您瞧，我这一边儿等着您，一边儿瞧瞧这店里头什么书好走。这儿跟其他店不一样，进来的差不多都是游客，一楼只能商业化了，二楼卖的还是古籍。"于掌门指着一个摆满畅销书的时髦货架向我解释，"来，来，楼上请，楼上请！"

这是一栋青砖灰瓦明清风格的三层小楼，第一、二层是货场，三楼办公。据说，前两年前门大街改造，原有的建筑只留下 3 座，中国书店是其中之一。提到这些，于掌门满面的感激与自豪："要纯粹讲经济效益，在这儿做其他东西肯定比卖书赚钱，但中国书店是前门大街上唯一的一个书店，我们必须保住品牌。书店开在这里，不仅仅是一个商户，更是几千年中国文化的一个缩影。"

于掌门侃侃而谈，言语间既带着"老北京"的亲切、平实，又有着老"书人"特有的斯文。他 1976 年就进入中国书店学徒，师傅是当时著名的古书版本鉴定大家雷梦水。跟着雷师傅，于华刚掌握了古旧书收购、版本鉴定、书画鉴定等多项技能。2004 年 12 月，他正式接掌中国书店总经理帅印，5 年工夫，将中国书店销售额由 2004

年的 1.2 亿，增长到 2.2 亿。

得知于掌门有鉴定古书的能耐，我赶忙请教，日常总听说什么"孤本""善本"，所指为何？于掌门说："孤本指一书或书的某一版本只有一部在世上流传。国内单传者，称海内孤本；全世界单传者，称海内外孤本。善本指具有比较重要历史、学术和艺术价值的书。大致包括写、印年代较早，传世较少的，以及精校、精抄、精刻、精印的书本等。"

"出版、发行一体，好像是中国古旧书业的传统做法？"

"对，我们不是只坐在那儿出书、卖书，这几十年，我们的员工差不多走遍了全国寻找珍贵典籍。20 世纪 90 年代开始走出国门，前往世界各国、港台地区，收购古籍，征集拍品，抢救了大量流失海外、有珍贵史料价值的文化经典。像《敬胜斋法帖》是乾隆二十六年（1761 年）摹刻的乾隆皇帝御笔丛帖，刊刻后，由于诸方面原因流行于世者甚少，故宫内现存六部。我们买回的这个，为昔日皇宫旧物，具有很高的版本价值。"

"博物馆、博物院拥有再多珍贵典籍，也只能是珍藏，而你们却可以复制出版，让更多人畅游在华夏文明的海洋里，享受其中的滋润。"

"没错！不过我们除复制古籍外，也出版其他图书，像史志、碑帖、画册，您今后有什么需要，只要是中国书店出的书，都可以送给您！"

于掌门一番京城企业家式的豪情壮语，让我私下心里乐开了花儿：这一回于掌门可是要出点血了，他有所不知，本人——那可是不折不扣的一个书痴（开玩笑呢，我没那么贪婪）！

载入京华

小链接

中国书店小史

新中国成立之初，百业待兴，各行各业社会主义改造方兴未艾，我国的古旧书业正处在萧条阶段。此时，以郑振铎、齐燕铭为首的一批人民代表倡议成立国营古旧书店，该提议很快得到时任北京常务副市长张友渔和北京市主管文教副市长吴晗的支持。1952年11月4日，一家由旧北京100多家老字号书摊、书店（很多都有上百年历史）组合成，与祖国同名的国有专业古旧书店——中国书店诞生了。这昭示着新中国领导人的决心，要以国家的力量抢救、保护祖国的文化遗产。从此，北京古旧书业进入了一个新的历史发展阶段。

中国书店成立后，以收售古今中外书刊、碑帖、字画的方式，发掘、抢救、保护和传播人类文化遗产。如今，它已成为图书出版、发行、拍卖以及书画、艺术品销售等多元化经营的综合文化企业，旗下15家连锁经营门店以闻名世界的琉璃厂文化街为主营场所，辐射北京市内各主要商业街区，在全国古旧书行业中独占鳌头。

中国书店的古籍修复技艺作为保护历代典籍文献的重要手段，已被列入国家级非物质文化遗产名录。

原载 2010 年 8 月 30 日《北京日报》15 版

李志强
百姓生意庆林春

　　说起来惭愧，要不是此次前门大街管委会领导极力推荐，我这个关注京味儿文化多年、自诩"北京通"的人，还真就不知道在前门大街上有这么一家叫作"庆林春"的老字号茶店，一直为南城的百姓们"喜喝乐品"。

　　俗话说"酒香不怕巷子深"，可如今，一脸憨厚的庆林春掌门李志强接连拨拉着脑袋说不是："过去思想太传统了，这几年才觉悟着，就是老字号，也得做宣传，不断扩大知名度。"1982 年就在这里当售货员，2008 年刚刚接手庆林春总经理的他，一提这事就无限感怀："要说在南城这边儿，咱这品牌还挺有知名度的，专好这口儿的老街坊也不少。可人不少老顾客，自己喝是喝庆林春，过年节、送礼可就买'大品牌'了，您说我们看着心里头能好受吗？"

　　"说起北京城，好几百年的建都史，多少老字号都'灰飞烟灭'了，庆林春能生存至今，也必然有其'过人之处'，您觉着它的优势是什么？"

　　国家高级评茶师李掌门，一听这话顿时来了精神："质量，那肯定是质量！过去老北京人一说起喝茶，一律都是香片。像老舍先生《茶馆》里，有钱人喝的也就是'小叶茉莉双熏'。这种茶就是南方各省的茶商把绿茶从京杭大运河运进北京，再经过北京茶局子密封，用茉莉花混在一起蒸熏，高级的选用嫩春芽茶，加茉莉花熏两次得名。像现在我们招牌的小叶花茶从选料、制坯、选花、养花、窨制到成品要经过十几道工序，光'窨花'就要反复八次，行话叫'七窨一提'。

"还有我们现在销售的日照'天润绿茶'，在北京是独一份，日照地处黄海之滨，自古被称'日出先照之地'，是我国南茶北引最早也最成功的地区，那地方环境独特，临近大海，没有污染。对了，我给您沏点儿去……"

片时，李掌门端一茶饮旋至眼前，其汤碧绿明亮，其叶肥厚耐泡。嗅之，有类龙井之豆香；啜之，尤难恰誉其甘醇。

"这茶在我们这儿算贵的，实际我们主要还是以经营中低档茶叶为主，像传统的小叶花茶，最便宜的才50块一斤。我们做的就是老百姓生意，物美价廉。"

"昨天从你们资料上看到，庆林春多年一直被市、区评为'物价计量信得过单位''知名服务品牌企业''茶叶质量定点服务单位'等。"

"尽管这些年挺难，可老辈子传下来的这块牌子不能丢，为它，我们只能尽最大力量。"

临行，获赠庆林春新茶叶两罐，一为"小叶花茶"；一为"日照绿茶"，皆以庆林春专制茶罐盛装，再放入一红色环保小提袋，也是庆林春特制的。从这套一丝不苟的包装，我看到一种老字号特有的尊严，一种不肯服输的坚持，还有由此带来的希望。

特　写
李志强　百姓生意庆林春

小链接

庆林春小史：

清朝末年，北京前门外廊房头条里开设了一个"劝业场"，场内荟萃了全国各地的风味美食和服装鞋帽等手工艺品。

此时，一个叫林子训的福建人从家乡到北京，在劝业场里一个经营福建漆的颜料店中学徒。这林子训虽然年轻，可是块做生意的料！看出"福建漆"生意远不如茶叶的买卖好。于是乎，舍弃"所学专业"，在劝业场门前摆了个茶叶摊。因为他家乡福建是盛产茶叶和茉莉花的地方，做茶生意的人多，茶叶就从当茶商的老乡手里赊，等卖完了再算账付款。尽管如此，摆小摊的买卖从来辛苦，夏天太阳晒，冬天寒风吹，可林子训不怕辛苦、做买卖不贪婪，薄利多销，生意渐红。一年后，他用攒下的一笔钱盘下一个小店铺的铺底，开办"庆林春茶庄"（1921 年）。两三年以后，林子训又在东安市场开张了第二家店。后来位于前门五牌楼迤南路东的那家庆林春是林子训在 1927 年开张的第三家店。三家庆林春都以经营福建茉莉高碎、茉莉小叶花茶闻名京城。

前门大街是当年北京最繁华的一条商业街，东有"前门东火车站"，西有"前门西火车站"，游人如梭，店铺鳞次栉比，再加上茶庄的茶叶好，物美价廉，打开业起一直生意兴隆。

如今，前两个庆林春茶庄都已经不存在了，只有前门"庆林春"依然伫立在那里……

2008 年前门大街改造后，庆林春回迁，改在路东 43 号重张开业。

原载 2010 年 9 月 6 日《北京日报》15 版

载入京华

白锡乾
为"王麻子永远保存下去"

"磨剪子嘞——抢菜刀——"

"磨剪子磨刀——"

这是我幼年记忆中时常回荡在北京胡同里的吆喝声。那时候，我们家的剪子、菜刀上头差不多全都刻着仨字：王麻子。于是乎，在我心里，那个开刀剪店的人就跟磨剪子磨刀的打扮差不多，只不过脸上有麻子。

数十年后的今天，有缘采访北京栎昌王麻子工贸有限公司总经理白锡乾，这位年近六旬的掌门人给我的印象是严肃、敬业、性情中人。

20世纪90年代后期，有着三百多年历史的"王麻子剪刀厂"严重亏损，到了资不抵债的境地。此时，白锡乾被调来担任该厂厂长，组建北京栎昌王麻子工贸有限公司。此后，他以同时兼任着其他实体领导的优势，利用文教器材厂资金，重新打造"王麻子"。首先是组织人员到首都图书馆、北京档案馆查阅了明清至民国时期有关"王麻子"的资料，接着到河北、山东走访在王麻子工作多年的退休工人，了解他们手上的"绝活"，整理出资料，使王麻子剪刀传统锻制技艺顺利入选国家级非物质文化遗产名录。

此后，白掌门指示技术部门开发新产品，先后研发出 V 金刀、千层钢厨刀等较高档刀具。2008 年，又根据王麻子剪刀传统锻制技艺的特点，与国内知名工业设计公司"洛可可"合作，开发了一系列礼品化产品和包装。

"祖宗强，也不如我们自己强。"白掌门如是说。他是一个要强的人，对老字号有着深深的爱！为了王麻子品牌，曾经身患重病，在医院抢救了 9 天 9 夜才脱离生命危险……如今的"王麻子"，尽管早已走出当年严重亏损、资不抵债的困境，发展成拥有十数家门店，年营业额 2000 万的盈利企业。2009 年，他本人也被评为中国企业文化创新十大领军人物。然而，白掌门的心依旧沉重，他认为这个 300 年老字号的品牌价值远远不只如此！

"历史上，毛主席曾经连续两次对'王麻子'做出指示，强调'王麻子要永远保存下去'。我们当务之急是转机建制，再创辉煌。我现在的工作重点就是保住品牌，品牌保住了，即使我将来退休，也会有后来者再创辉煌；品牌保不住，那就什么都甭说了，一失足成千古恨！"

为保住王麻子品牌，白掌门在企业并不"辉煌"的今天，投资 100 多万建成一座总建筑面积近 700 平米的王麻子剪刀历史文化博物馆，通过"幻影成像""动感翻书"等现代手段以及实物展览、现场制作等方式，展示王麻子剪刀传统锻制技艺的演变和发展过程。其中不乏众多记述王麻子发展历史的珍贵照片以及各种档案。白掌门指着其中一份 1890 年的送货单道："这些东西对"王麻子"这样的老字号价值连城，在谁手里丢了谁就是千古的罪人。现在摆在这里，我就放心了！"

载人京华

小链接

话说王麻子

论起王麻子，那年头可是不短了，清朝顺治八年（1651年），掰着手指头这么一算，了不得：顺治爷那年才14岁，刚刚大婚亲了政啊！

这王姓掌柜的，山西人也，明朝末年进的北京。最初以经营火镰生意为主，不用问，脸上有麻子。那时候，王掌柜本人并不制作剪刀，全靠从民间作坊里趸购。可有一样，严把质量关！掌柜的亲自下去选货，坚持以"三看""两试"进行验收。即：看外观、看刃口、看剪轴；试剪刃、试手感。凡经不起三看、两试的一律不收。日子一长，王掌柜杂货铺的剪刀闯出了牌子，人称"王麻子刀剪铺"。

嘉庆二十一年（1816年），王麻子后代正式挂出"三代王麻子"的招牌，改以经营剪刀为主，并在所销售的剪刀上镌刻"王麻子"仨字作标志。卖出的剪刀装在一个印有"王麻子"的纸袋里，上有文字承诺：如在一年之内，发生某种损坏，包换包退。

民国后，王麻子剪刀越发声名鹊起，生意越做越红火，北京很多地方因此出现了"汪麻子""旺麻子""老王麻子""真王麻子"等招牌，企图冒名顶替以假乱真争得客源，但没有一家能够立足。位于宣武门菜市口的"三代王麻子"始终保持着其无可撼动的王者地位。

原载2010年9月13日《北京日报》15版

特　写
白锡乾　为"王麻子永远保存下去"

陈志达
亿兆百货老来俏

初次相识，无论如何没想到，有着 75 年历史的老字号亿兆百货掌门人陈志达，递过来的竟是一张色调浪漫的粉红名片，一眼看过去，馨香、唯美，与精明强干、阳刚气概的陈掌门远不搭调。

"这就是亿兆现在的主色调，我们现在的定位主要是为女性群体服务。过去老店的色调是大红，现在时代发展了。"陈掌门解释着那张名片，同时也把今天的采访带进了正题。

其实要说起前门大街路东大江胡同口上的亿兆百货，老北京四五十岁往上很少有人不知道——卖毛线的。货真价实、品种多、信得过！

"现在不一样了，不光消费者对毛线的需求没那么大了，整个国内市场百货业的业态都发生了翻天覆地的改变，传统老字号百货要保持要发展，我们的经营理念也必须调整。"陈掌门一边陪我参观 2008 年在前门大街路西（41 号）重张开业的"新"亿兆商场，一边向我阐述他的生意经。自 2007 年担任北京前门亿兆商场有限公司总经理至今，他相继主持开张了珠市口、前门、景泰、牛街四家门店，结束了亿兆百货 70 多年单店经营的历史。

"过去的老字号特讲究师带徒的传承关系，请问您学过徒吗？"

载入京华

238

"学是学过，可学的是五金，不是百货。"

"既如此，您又如何担当老字号百货的掌门人？"

"亿兆虽然是老字号，但它已不是传统意义上的百货商店，要保住这块牌子，最现实的就是将它打造成为现代的大规模连锁商企，现代商企需要的是管理型人才，从 20 世纪 80 年代开始，我一直在做管理方面的工作。"

"老字号之所以能够传承，应该都有它最为精华的东西，那么亿兆呢？是什么使它传承至今？"

"您这个问题很在行。像人家那些老字号，全都拥有各自传承的载体：对门儿全聚德有烤鸭；旁边内联升有千层底的布鞋，而亿兆只是一个百货商店，没什么具体的手艺可传，但我们拥有另外一件同样价值不菲的东西，那就是数十年以来，一代代消费者的口碑！"

"这个听说过——'买毛线到亿兆'，但亿兆的毛线究竟有何独到处？"

"亿兆并不生产毛线，可一代代亿兆人对毛线品质有着自己独到的认知和感悟，选货、进货都有一套与众不同的标准规范。当年供应商提供给我们的毛线订单，多少都与其他商场有所区别，质量就更不用说，大凡有点瑕疵的，就不敢拿来亿兆！"

一边听着陈掌门"八卦"，一边细细"考察"亿兆的实地（采访百货商场对女人实在是一桩美差），但见，一楼货场为品位不俗的时装；二楼乃亿兆"当家菜"毛线、毛织品。穿越那些五彩交映的货架，陈掌门将我请至商场三楼贵宾接待室，在这里，陈掌门告诉我一件很有意思的事儿：他们前年成立了一个手工编织坊，免费教"织毛活"，优秀学员织成的作品可以打上"亿兆"商标挂在店里出售。很多时髦女孩儿都跑过来学。

"如今，我们正在着力重塑品牌，已经注册了'亿兆'商标，也

特　写
陈志达　亿兆百货老来俏

正在与一些国内著名服装设计师谈合作，所有这些都是为了我们的商品进一步时尚化、时装化，尽快接近全方位服务女性消费群体的战略目标。"

"也就是说，亿兆未来将更加侧重张扬个性的高端服务？"

"可以这么说，但作为一个'世受皇恩'的老字号国企，亿兆将永远保留传统的一面，我希望能在这里告知我们的老顾客，亿兆商场仍然为他们保留着物美价廉的传统毛线、毛衣和各种毛织用品，希望他们常来看看。"

小链接

亿兆小史

前门亿兆商场的前身是亿兆百货商店，1935 年 4 月开张。此前，前门大街一带，已出现了一大批以百货批发和零售为主的店铺，经营十分红火。百货业的"如日中天"，让附近其他行业的老板们也怦然心动，鲜鱼口内长春堂药铺掌柜的张子余不惜重金，从当时的百货业大户"义盛成"旗下挖过来几把好手，在前门外瓜子店，开办了亿兆百货商店。"亿兆"二字，寓意经营品种繁多，生意兴隆，财源茂盛，买卖发财。次年，运营良好的他们在前门大街路东买下了十几间铺面房，自此天天宾客盈门，越发红火，亿兆店名，也很快传遍了北京城。到 30 年代末、40 年代初，亿兆已发展成拥有 200 位员工的北京最大的百货店，后又逐步形成以经营毛纺织品为主的专营商场。

原载 2010 年 9 月 20 日《北京晚报》15 版

载人京华

沈家祺
屏气凝神馄饨侯

看见这标题可能有朋友会说，不就包顿馄饨吗，还用得着"屏气凝神"？哎！这话看怎么说了，馄饨，作为中国老百姓一种既普通又古老的小吃，现如今至少也有 1500 年以上的历史了。说起来家家会包，可要论真正包得精致、包得讲究、包成产业、包出鼎鼎大名的，还得说老字号馄饨侯那是头一份！

"听老人讲，过去凡能以小吃品种冠名的，都有一手绝活儿，馄饨侯绝在何处？"

"皮薄、馅细、汤好、作料全。皮薄要薄如蝉翼，放在报纸上，要能透过它看清上头的字。馅细是指用料讲究，像传统的鲜肉馄饨，必须用前臀尖，七分瘦三分肥。一碗馄饨，十张皮，一两面包一两馅，加在一起总共二两，分毫不能差！"面对我的提问，一脸忠厚老实之相的馄饨侯掌门人沈家祺缓缓道来。

"听说最关键是那汤无法模仿，是不是秘诀尽在其中啊？"

"秘诀倒没什么，就是自己熬不上算。我们那汤要求一律使用猪小棒骨、柴鸡，熬制时间不能少于 24 小时，汤口讲究味浓不油腻。您想啊，谁家为一碗馄饨，熬一天一宿的汤，站在煤气灶旁边不断撇沫子，那能上算吗？"

沈掌门慢悠悠几句话逗得我哈哈大笑，想不到这位看上去略带忧郁气质的掌门人，竟还有如此幽默的一面。

"沈总，作为馄饨侯的掌门人，您包馄饨的手艺一定也一流吧？"

"我会包馄饨，但包得不算太好，不是专业水平。比不了我们那些师傅，他们每班两个人，就能供上3000多人吃馄饨，我们技术表演时最快的人一分钟能推（包）112个馄饨。"

别瞧沈掌门包馄饨不成，可他懂管理会经营，自1999年接掌馄饨侯帅印，便为企业确定了连锁经营的新思路；2001年，他带领企业通过了ISO9001国际质量标准体系认证；2002年，开始企业股份制改造。如今的馄饨侯已发展成为拥有10多家分店、1个加工厂，以及"丰年灌肠""明华烧麦"等著名产品的连锁企业——北京馄饨侯餐饮有限责任公司。而馄饨侯的经营品种也由原来的一种馄饨一种面食发展到数种馄饨近三十种面食。

一眼看上去，沈掌门不是那种风风火火、精明强干的明星企业家，但他坚韧、内秀，做事一丝不苟讲求细节。接受我采访第二天，由于担心"言语有误"，愣是"千里迢迢"地自驾车将厚厚的几大本资料送到我单位，其风格正如他为馄饨侯所制之店训："用料务求精心细选，制作更需屏气凝神。"

谈到这条店训沈掌门无限感慨："尽管现在产业化了，我们的一碗馄饨里，就包含量化数据上百个。可餐饮毕竟不是高科技，人为的因素实在太重要。'屏气凝神'是一种敬业精神，它要求每一道工序都严格、认真按照标准化数据操作，心中有品牌、有顾客！"

谈到馄饨侯未来发展，沈掌门坦言："目前市面上铺面房租金太贵，像馄饨侯这样的企业要继续发展连锁确实存在困难，您想啊，一碗馄饨才卖多少钱？这是老百姓消费的东西，卖贵了谁吃？这种情况下，老字号要发展还得靠政府支持。像现在我们在前门大街开的这家

载入京华

店，就得到了大街管委会的鼎力支持——若按着这条街明码标价的租金，像我们这样的老字号哪敢问津啊?！"

小链接

馄饨侯起源

旧时的北京，街头有一景：走街串巷挑着挑儿卖馄饨的，那馄饨挑子一头点着小炉子、煨着汤锅；一头是小柜子，放着作料、碗筷、馄饨皮馅（敢情跟剃头挑子一样也是一头热）。小贩们一般都是下午走街叫卖，夜晚在固定地点摆摊，那"馄饨开锅哟——"的吆喝声浑厚致远，多深的四合院都能听见。

大约1940年后，北京的馄饨小贩们逐渐弃挑儿改摊儿。1948年，有一位叫作侯庭杰的28岁青年在王府井八面槽电料行门口摆了一个馄饨摊，后虽几经易地，这个摊位后墙上却始终挂一紫红色布帐，上写白色仿宋体大字"馄饨侯"。

1957年合作化、公私合营，散落在东华门一带的七家馄饨摊成立起一个合作小组，推侯庭杰为组长。到1959年，七位摊主觉着老在外头摆摊儿风吹日晒非久长之计，就想开个门脸，后来在区商管会协调下，与位于八面槽的德胜祥烧饼铺（即馄饨侯八面槽老店，2000年拆除）合并经营。有门脸就得起个字号，大伙儿一想，侯庭杰精明能干又是组长，干脆就拿"馄饨侯"当字号吧!

原载2010年10月18日《北京日报》15版

特　写
沈家祺　屏气凝神馄饨侯

许仲林
永远的大北照相

　　大北照相馆，对"老北京"而言就如同说书的嘴里那句话——"无人不知无人不晓"！拿我为例，采访前翻出旧相册，竟发现人生重要定格——大学毕业照就是在那儿完成的。待与现今大北掌门人许仲林提起，许掌门当即笑呵呵："那是咱们的缘分，也是大北的荣幸。"您听，人说进大北当摄影师不容易，不光人得机灵，形象得好，还要会说话、懂得和顾客沟通。如今这么一看，还真是名不虚传！

　　许掌门，高级摄影技师出身，2005 年起担任北京大北照相有限责任公司总经理、董事长，人看上去既随和且精干，谈论起大北绝活儿——转机团体照，滔滔不绝："瞧，这是 2007 年胡锦涛同志接见全军英雄模范大会时拍摄的，像这种团体横幅照，最长的可以达到 13 米，容纳 4000 人左右。"

　　大北照相馆之所以名气大，确与其"御用摄影"的特殊角色分不开。自 1955 年起，这家老字号照相馆开始承担在中南海怀仁堂和人民大会堂召开的历届人代会、党代会、全国政协会议以及党和国家领导人会见中外宾客的大中型会议团体合影照相任务，为四代党和国家领导人行踪留下了众多历史性定格。还有，2008 年的北京奥运会、2009 年的建国 60 年大庆，大北照相馆也承担了摄影任务。

　　<small>载人京华</small>

"50多年了，我们的团体照从没失过手！"说起大北摄影师的手艺，许掌门由衷地自豪，"过去拍千人大合影，如果其中一张底片里有个人在拍照时闭着眼睛，我们修版的师傅就能从另一张没有闭眼的胶片中把他眼部位置的药膜揭下来，贴到这张上面，洗出来的就是一张睁着眼睛的片子，天衣无缝！"

　　"好像肖像摄影也是大北的强项？尤其是黑白人物肖像。"

　　"大北拥有众多高级技师乃至国家级摄影大师。戏装照、全家福、儿童照和经典黑白艺术照一直是我们的特色项目，拥有一批忠实的老客户。传统大北人像的拍摄讲究'细鼓润'，'细'就是人像的皮肤质感细腻；'鼓'指人像面部轮廓丰满、层次分明；'润'就是要求照片上的人看起来滋润健康。要达到这样的效果，摄影师需要第一眼就看出顾客的五官特点，通过坐姿、神态和灯光帮助顾客扬长避短，然后再通过拍摄与修版技术进行调整和修饰。"

　　"说说您自己吧，听说您也是摄影大师。"

　　"我虽然是学摄影出身，但从1993年至今10多年一直在做管理工作。现在摄影已进入了数码时代，如何把传统艺术的精华通过数码手段表现出来，这个转型对大北很关键，墨守成规无法生存发展；转大发了就不再是老字号。在这个过程中我们注重人才的新老结合，老技师技术好，年轻人则更富时尚意识。设备更新了，时代变换了，但大北照相的风格和精髓却应该永远保留！这也许就是我这代掌门人的使命。"

　　身为"50后"的许掌门承上启下，在他身上既有对传统的眷念，也有对时尚的憧憬。这不，他们从瑞士订购的每台45万元的大型环摄D3数码转机，已经试运行一年半了。"这也是大北的传统，从20世纪二三十年代起，我们的设备一直都是处于国际顶尖级的地位。"

　　采访结束，许掌门告诉我，就在刚才他们接待了一对前来拍照的老夫妇，1960 年他们就是在这里拍的结婚照，如今，50 年过去，大北还在，他们的感情也还在……

小链接

大北小史

大北照相馆创立于 1921 年，创始人赵雁臣是当时北京隆福寺街鸿记照相馆的学徒。这鸿记照相馆的馆主杨远山，那在当时可是社交界的一大名人，清末《道咸以来朝野杂记》载："杨远山者，鸿记照相馆主人也。人极倜傥，广交流，庚子以前，上至公卿，下至胥书，无人不识。文士亦与之善。"

赵雁臣是个有心人，等他在鸿记把手艺都学得差不多，便与同乡崔、黄二人一起筹办照相馆。本想在王府井、前门大街这样繁华热闹的地段找个门面，怎奈实力不足啊。后来他在观音寺西边的石头胡同找了处房，开业之初，只有一个一间门脸的二层小楼、四五间平房、三个徒弟，设备是一架老式镜箱相机。可由于赵雁臣善于经营，十几年工夫，大北的规模和名声已经在北京城数一数二了。据说后来有人不服气，在石头胡同的南口开了一家"振大"，结果却没能镇住大北。

1955 年，国营大北照相馆成为国家各种大中型会议唯一指定拍摄机构、证件照指定拍摄机构。1957 年，大北照相馆终于如赵雁臣希望的，从小胡同搬到了繁华的前门大街。

原载 2010 年 10 月 25 日《北京日报》15 版

载入京华

方飞跃
"百年绝招天福号"

"天香在味忆京华，最想天福酱肘花。"您听见没有？"老外地"在北京住了些日子，回老家以后别的不想，就是还想吃这天福号的酱肘子！

不过，说起天福号酱肘子，那确实有名，甭说当年的慈禧太后、末代皇帝溥仪爱吃；清朝的很多达官显贵像状元翁同龢、陆润庠什么的爱吃（陆曾为天福号书写"四远驰名"匾额）；后来的演艺界大腕儿梅兰芳、叶盛兰爱吃；我们伟大领袖毛主席爱吃，就连当今鼎鼎大名却轻易不吃肉的我——也爱吃！嗨，跟您开个玩笑，不过那味道确是不错，肥处不腻、瘦处不柴，回味醇香……

现今天福号掌门人方飞跃，1966年生，属马，看上去年轻精干像个小伙儿！也不知道是不是吃酱肘子吃的（据说那肘子酱汁和表皮的主要成分是胶质和矿物质，具有美容养颜和补钙功效。哈哈，还是玩笑）。方掌门2007年出任北京天福号食品有限公司总经理，据说凭着他对老字号品牌的深刻理解、对市场的准确把握，三年便将天福号从生产导向型企业转变成具有现代化管理制度的市场导向型企业，使销售额成倍增长。

"天福号素有'乾隆酱汁传百年，慈禧腰牌通天下'之说，其传统风味 200 多年如一，您现在这么一'市场导向'，据说还引进了意大利和德国的设备，那还怎么保持它的原汁原味？"我向"方小伙儿"发问。

"噢，那些引进的设备是生产西式熟食的，像茶肠、哈尔滨红肠、三明治火腿等。我们现在共有 9 个系列 70 余款产品。像酱肘子、酱猪蹄这些酱卤制品，绝对是完全传统的制作工艺，使用天然香辛料，不添加任何防腐剂、人工色素。天福号酱肘子制作技艺是被纳入国家级非物质文化遗产名录的。"

"那现在天福号的酱肉还跟 200 多年以前一个味儿？"

"对！配方一点没变。天福号传承人的脉络一直比较清晰，现在是第 8 代。但您要说完全一个味儿，那也不可能，毕竟过去是前店后厂式销售，顾客吃的都是刚出锅的东西。我曾经遇见一个 70 岁的北京老太太给她 90 岁老妈买酱肘子，说老妈告诉她天福号肘子以后不能买了，跟原来不一个味儿了！我说阿姨您拿回去在微波炉里转 30 秒它就一个味儿啦！食品这东西可能有的顾客不知道，凡未加化学添加剂的，其颜色、香味儿一定会随着时间的推移而有所递减。"

"那天福号酱肘子主要绝在哪里？"

"我也不知道，这个只有传承人一人掌握。天福号采取与可口可乐相同的秘方管理方式，规定只有当传承人、董事长、总经理三方在场的情况下，才能把保险柜打开。"

"听说你到任之后，天福号在北京已开有直营店及销售网点 400 多处，年销售额达 3 个多亿。那么作为一个掌门人你的优势是什么？"

"我过去当过公务员、做过国际贸易，这些经历让我能有一个较宽阔的视角看市场，并与社会各界良性沟通，当然最主要的还是我热爱这种老字号文化，对它有感情、善学习、肯付出。"

载人京华

"对企业未来有何打算？"

"以'诚信协和，有德乃昌'的老字号文化为经营理念，打造'中国酱肉第一家'的强势品牌！"

小链接

天福号起源

话说，乾隆三年（1738年），山东掖县的老手艺人刘凤翔带着孙子跟一个叫刘抵明的徒弟进京谋生，凭着一"酱"一"卤"两口大锅，在西单牌楼的东北角开了一家酱肉铺。小铺儿起先没名，后来刘掌柜在旧货摊儿瞧见一块匾，上书"天福号"三个颜体大字，苍劲有力，觉着挺吉利，就买回来挂在铺子上。

打那时候起，也不知道是真有"天官赐福"，还是这师徒二人在这块牌匾的心理暗示之下信心倍增，总之，经反复研磨、多次实践，终于研究出一套风味独特的酱肘子制作技艺。日久天长，天福号酱肘子名气越卖越大，到后来，经业余权威美食家慈禧太后同志品尝鉴定，终成正果——御赐腰牌一块，每天定量送入宫中。从此，天福号制作的酱肘子，就成为清王朝的贡品，名声大振。

原载 2010 年 11 月 1 日《北京日报》15 版

特　写

方飞跃　"百年绝招天福号"

许三明
绝不变形的盛锡福

　　自打今年5月盛锡福在前门大街路东57号重张开业，这买卖就眼看着一天比一天红火！据说这个门脸儿离着当年天津盛锡福帽庄在北京开设的分店也就隔着几个门儿，要不怎么当今的掌门人——天津市盛锡福帽业公司经理许三明打趣说，这是创业的老掌柜冥冥之中保佑着呢！

　　许三明，天津人，打从17岁初中一毕业就进盛锡福学徒（现今算起来三十四年矣），至今性情之中保持着工人阶级的质朴、"天津大哥"的热诚。今儿一大早儿，他是专程从天津赶来北京前门店里"恭候"我"大驾"采访的。

　　"我，正经科班出身。学徒3年，做帽子。一进厂子，先从最脏最累最简单的工序洗毡子干起，然后压、染、抻、包装、检验，几十道工序一个不少全摸一遍，后来当了小干部，再后来当了生产技术的厂长……"嘿，许掌门这口道地的天津话说出来干净利落脆，那可比当今电视节目里小品演员的模仿动听多了！

　　"天津盛锡福，现在是天津市非物质文化遗产，许总是传承人，国家级的我们正申请。"一旁的销售经理帮忙介绍。

　　"掌门人兼传承人？ 那您可得给我们讲讲这盛锡福的帽子它究竟

什么地方与众不同！"

"盛锡福帽子的代表产品有'毡、草、裘'，拿毡帽讲，最显著特点就是虽经潮湿永不变形！像毡礼帽，制作起来主要靠人的手工技巧，制作的毛毡帽坯好坏，制浸胶及二次定型是制出好成品的关键，时间、温度必须把握合适，碳化、除杂、织坯、压坯、卷洗……之后染色、抻顶、浸胶、定型、模压……50 多道工序呢，哪个没到位也不行！"

"其中有什么秘诀吗？"

"没什么秘诀，操作规程哪个企业都有，能不能执行到位，不光是管理的问题，还有文化传统，像我们擀毡，规定白毡子擀 14 圈，染色以后再擀 8 圈，工人擀的时候没人看着，全凭个人良心，没有偷工减料的，因为有企业荣誉感，根深蒂固的一种信念——盛锡福的帽子必须是最好的！"

"怎么就想起上北京前门大街开店？这可是'天街'啊，租金您能承受？"

"解放以前盛锡福辉煌的时候，在全国各地开了不少分号，北京开过 4 家，后来公私合营，到 2000 年开始完全独立出去了。现在前门这家店，是我们天津盛锡福在北京开的第一家也是唯一的一家分店。为嘛？您都说了，这是天街——北京城的门面。租金确实不便宜，可它意义重要，能向北京、向全国展示盛锡福的历史文化！像我们现在 750 平米的店面，经营四五百种帽子，照说不大，可还是腾出一块地方，摆上创始人老掌柜、盛锡福的历史沿革照片，为吗？宣传这块牌子！"

"除了永不变形，盛锡福帽子还有什么特点吸引顾客？"

"诚心诚意为人民服务呗！现在前门店里有专门的帽子设计师，顾客来了可以提出自己的要求，设计师当场画图、制作。有些有特殊

特　写
许三明　绝不变形的盛锡福

需要的顾客，需要特大、特小号的帽子，别处不好买，到我们这现量现做。简单一点的，像春天戴的帽子，两个小时就能好，顾客逛逛前门、天安门照个相，回来帽子就戴上了！刚才雷经理（前门分店经理）讲的一件事让我特别感动，说前些日子店里来了一位老先生，拿着几十年前在盛锡福买的一顶旧帽子要求换里子换皮圈，换好了以后老先生特别激动，说这帽子是他当年获得一项重要大奖拿奖金买的，无论如何不想丢，看见它就能想起当年……"

盛锡福的帽子除了永不变形还是永不变形，不变的不光是帽子的形状，还有延续百年的企业内质、文化与精神。

小链接

盛锡福小史

盛锡福发祥于天津，创始人刘锡三是山东省掖县沙河镇人，读过几年书，曾在青岛一家"外资饭店"打杂，学会日常英语，遂跳槽一家洋行做业务员，负责下乡收购制作草帽的草帽辫。1912 年，刘锡三开始创办"盛锡福帽业"，并"走在时代前头"，向当时政府申请注册了"三帽"商标。在 1929 年的菲律宾国际博览会上，盛锡福草辫和草帽获得头等奖。此后又在同日本的商业竞争中，"击败日货扬我国威"，堪称中国民族企业楷模。

后为拓展企业规模，刘锡三斥巨资从国外进口全套电力制毡帽设备；重金聘请了制帽技师；派大徒弟三赴日本考察学习掌握最新技术，终使盛锡福成为国内制帽业中拥有第一流先进技术设备的大型帽庄。早在二三十年代，盛锡福就先后在南京、上海、北京、沈阳、青岛和武汉等地设立分店。其生

载入京华

产经营范围，有毡帽、小帽等中国传统帽子；也有欧美式礼帽、巴拿马草帽等符合潮流的"时帽"。因质量好，品种齐全，受到海内外各界人士的欢迎。

新中国成立后，盛锡福先后为朱德、周恩来、江泽民等党和国家领导人定制过各种帽品，他们为十世班禅大师制作的帽子，至今还供奉在寺中。

原载 2010 年 11 月 15 日《北京日报》15 版

5
千古是非输蝶梦

末世王孙
8 奈若何

1

白山黑水的记忆

电视专题片

华京旧是京华不
2

枝繁叶盛铁帽子

十五集
电视专题片《口述历史：爱新觉罗后裔》

第一集　白山黑水的记忆
——寻找京城皇族后裔

在中华民族两万多姓氏中，有一个分外引人注目的姓氏——爱新觉罗。从 17 世纪中叶到 20 世纪初，爱新觉罗氏在他们长达 267 年的统治中，开创了康乾盛世，编纂了《四库全书》，奠定了中国现有版图的基础。到 1911 年，当他们黯然退出中国的政治舞台，留给历史与后人的，除去一个偌大的版图，一片千疮百孔的土地，还有那许多千古难解的政治悬案、神秘香艳的野史传说……

荏苒时光，倥偬岁华，百年的政局动荡，战乱频仍，特别是 20 世纪 60 年代的那一场浩劫，让清朝皇族后裔们的命运经历了前所未有的改变……如今，他们在哪里？过着怎样的生活？特别是那些曾经历尽政治沧桑、怀揣着鲜为人知的家族往事的老人们，他们都还好吗？

吴元丰（中国第一历史档案馆满文处主任、研究馆员）

　　爱新觉罗家族，不光是一个家族的问题，它涉及的是清代一个
王朝的问题，一个国家的问题；除了这个以外，第二步才是看
他们家族的那个过程，他们走过的历史，这也是从侧面看出一
个民族发展的一种方式，他的整个发展过程，他的演变，这是
最典型的。我觉得起码从爱新觉罗家族能看到两个点，第一个
是清代，第二个是满族，我就是用一个庞大的视野来看，不要
作为一个简单的爱新觉罗家族这么来看，爱新觉罗家族这个历
史，因为时代的变化对他们冲击也很大，很多人都不愿意说这
个东西，包括辛亥革命也好，解放初期也好，"文革"也好，
很多时候他们都是隐姓埋名，很少谈自己的家族。

　　在吴元丰推荐下，我们辗转找到了第一位采访对象——爱新觉
罗后裔，原北京满文书院院长金宝森老先生。

金宝森（北京满文书院院长、清史学者，清兴祖直皇帝福满三子索长阿后裔）

　　我姓金，金宝森，今年八十四岁，北京 24 中学的历史教师，
九〇年离休，现在在家里面养老，我自己是满族人，爱新觉罗
氏，我的祖先叫索长阿，索长阿是福满的第三个儿子，（福满）
第四个儿子觉昌安，有人把他译成教场，反正是音译的，教场
的儿子就是努尔哈赤，因此我的祖先是努尔哈赤的伯父，我们
这一支里面，传到我们现在，是爱新觉罗家族里面能够考究出
来的后裔人数最多的，大概是一万五千多人，当然这个是一个
不太准确的（数字）。

　　爱新觉罗氏他的族源的起源是这样起来的，按民间传说，当年
有三位仙女，突然降临到现在的长白山天池，在那洗浴……

载入京华

258

259

《满洲实录》记载，三位仙女浴毕上岸，见神鹊衔一朱果置三妹佛库伦衣上，佛库伦食下朱果，感而成孕，生一男孩，男孩生而能言，取名布库里雍顺。男孩长成后，佛库伦对他说："天生汝，实令汝以定乱国……"于是，在母亲的指导下，布库里雍顺乘舟顺流而下，平定了长白山东南鄂多里城内的三姓争雄。他，就是传说中爱新觉罗氏的始祖。

定宜庄（中国社会科学院历史所研究员）

从康熙朝以后就有一系列的活动，一个是他派觉罗武默纳去寻找他们的发源地长白山，这个时候他们实际上已经不知道长白山在哪，他们就知道有一个三仙女的神话，所以他就派遣这个觉罗武默纳去寻找这个长白山，那当然千辛万苦，都是森林，又爬山又穿山越岭，最后他们就找到了这个地方。

所以你看后来到了清朝后期好多著名的学者，他们都会说长白某某某，都把长白当成他们的籍贯。那从康熙、乾隆的时候开始，他们就出关，康熙不是东巡嘛，东巡就是出关，先去他们的祖陵，然后就拜祭长白山。他不可能去长白山，他到吉林乌拉就到头了，因为再往前边走就很不好走了，可是他会拜祭长白山，望祭，就是说远远的那边就是我的祖先。

按清代规定，爱新觉罗后裔依据与历代皇帝血缘关系的远近，分为宗室与觉罗两大部分。宗室，是指努尔哈赤父亲塔克世的后世子孙，也就是努尔哈赤及其兄弟们的后裔；觉罗，则指努尔哈赤的曾祖父兴祖福满和祖父景祖觉昌安的后世子孙。宗室身系黄带子，觉罗身系红带子，以显示不同的身份与地位。按照这一规定，前面采访过的金宝森先生应为觉罗，而这位老先生可就算是宗室了。

金象秋（原北京第 24 中学校长，清太祖努尔哈赤之弟穆尔哈齐后裔）

我叫金象秋，还有一个满族名字叫爱新觉罗·启明，今年 76 岁，大学在北京师范学院数学系，五七年到六一年。六一年毕业之后我被分配到北京 22 中当数学教师，后来逐渐做教导主任、副校长，八八年上级调我到北京 24 中任校长，一直到九九年我退休。我的祖先据了解是叫作穆尔哈奇，是努尔哈赤同父异母的弟弟。

穆尔哈奇，是塔克世次子。22 岁即随兄长努尔哈赤以十三副遗甲起兵，骁勇善战。据《清太祖武皇帝实录》记载，他曾经在"以四人而败八百众"的浑河战役中立下过不朽功勋，表现出了非凡的勇猛。穆尔哈奇生前获得青巴图鲁称号，死后被追封为勇壮贝勒。

定宜庄（中国社会科学院历史所研究员）

这个女真人它主要是分成三大部分，一部分是建州女真，一部分是海西女真，还有一部分叫东海女真也可以叫野人女真，后来他们这三大部就经过反复地迁徙，从北边不断地往东往南迁徙，这些族群里边最强大的原来是海西女真，跟明朝的关系最好的也是他们，可是呢，建州女真在当时是距离咱们现在汉地稍微远一点，他们是跟朝鲜的关系比较近，主要是跟朝鲜距离比较近，就现在抚顺至辽宁的那一带活动，他们这里后来就出来一个非常强大的人物，就是后来的努尔哈赤。努尔哈赤他后来以十三副遗甲起兵，最后统一了女真。

载入京华

明万历二年（1574年），女真建州右卫王杲，也就是努尔哈赤的外祖父，因进犯辽东重镇沈阳、杀死指挥王国栋而遭到明辽东总兵李成梁镇压。王杲兵败被俘后，押往京城问斩，其子阿台立誓替父报仇。万历十一年（1583年），阿台反叛，李成梁再次攻打阿台，派重兵包围古勒寨。因为阿台的妻子是努尔哈赤祖父觉昌安的孙女，觉昌安见古勒被围日久，既想救出孙女，又想劝说阿台归降，就同儿子塔克世到了古勒。结果，等到李成梁破寨，这父子俩都因一位叫作尼堪外兰的女真部落首领挑唆，而被明军杀害。

定宜庄（中国社会科学院历史所研究员）

结果这一下当然努尔哈赤就被激怒了，之后，他就带着他父亲当时的十三副遗甲和有限的那些兵力，打着为父、祖报仇这个旗号起兵，这个事件标志他统一女真诸部战争的开始。

金象秋（原北京第24中学校长，清太祖努尔哈赤之弟穆尔哈齐后裔）

我们家呢，如果说从穆尔哈奇算第一代的话，第二代叫作达尔察，这两个人他们死后都葬在辽阳，从第三代开始我们家就（在北京）有坟地了，在朝阳门外呼家楼，这个坟地究竟是当初跑马占地来的呢，还是皇帝赐给的呢，具体我就说不清了。但是坟地里有一个石碑，那会儿叫王八驮石碑，凡是有石碑的坟地都是皇上批准的，那就是说这个家办丧事的时候皇帝要派人来参加的，据说是这样。

穆尔哈奇共有11子，达尔察是他第2个儿子，爵位封的是辅国公。

定宜庄（中国社会科学院历史所研究员）

　　到了 1635 年，这个时候皇太极势力已经越来越大，他已经有了对明朝的觊觎之心。第二年，就是 1636 年，他就改元崇德，建国号为清，他这个时候征服了蒙古的科尔沁部，所以蒙古各部开始归附他，这样就奠定了一个能够攻打中原，挺进中原的基础。

　　1644 年，清军入关，定都在北京城。此时的大清朝，已经改元顺治。此后，清朝定下制度，凡爱新觉罗后裔分为宗室与觉罗，而宗室，又依据与皇帝血缘关系的远近，分为近支和远支。近支是指皇帝的直系本支，还有当朝皇帝兄弟之子女；其他则为远支。粗略统计，近 3 个世纪以来，爱新觉罗宗室总共有过近 8 万名后裔。

金诚（努尔哈赤位下礼烈亲王代善后裔）

　　我们家族呢就是努尔哈赤，老汗王努尔哈赤二子代善的后代。代善是八大铁帽子王之首，他一共生了八个儿子，七个都封了爵了，其中有三个亲王、两个郡王。代善的孙子乐克德浑代替他的叔祖十五阿哥——多铎打南宁，打南宁的时候战死了，所以追封我们这支为顺承郡王，八大铁帽子王最后一个。

金大钧（努尔哈赤位下豫通亲王多铎后裔）

　　我叫金大钧，按我们满族的名字叫爱新觉罗·大钧，我的祖上是努尔哈赤的第十五个儿子豫亲王多铎，我们是多铎第七个儿子多罗信郡王洞鄂（的后裔）。

载入京华

262

263

金连经（皇太极位下肃武亲王豪格后裔）

我是北京山水画家，叫金连经，实际上我应该叫爱新觉罗·连经，名副其实的，因为我父亲就是（第十代）肃亲王的第十六个儿子，我自幼就喜欢画画，所以我是五六年考上美院附中，六〇年上的中央美术学院，毕业以后正好赶上"文革"，到部队去锻炼了将近五年，后来就直接被分到了画苑，就成了北京画苑的专职（画家），叫创作干部。

1911 年辛亥革命之后，当时饱受歧视的满族人为了未来的生活与生计纷纷改冠汉姓，用以掩饰自己的民族身份，诸如：瓜尔佳氏改为关；他塔拉氏改姓唐；而爱新觉罗则大都改成了金姓。

定宜庄（中国社会科学院历史所研究员）

另外还有很多著名的爱新觉罗的后人，他们就以自己原来的名为全名，比如说启功先生，启功先生就叫启功，他也不说金启功也不说爱新觉罗启功，他就叫启功。

爱新觉罗·启骧，当代著名书法家。说起写字，启功先生是他启蒙的师长，可要论辈分，两个人却是同族的兄弟。

启骧（雍正位下和亲王弘昼后裔）

我跟启功我俩都是一支的，是雍正皇帝的第九代孙，你们看那个《雍正王朝》里面有一个"活出丧"的人叫弘昼，弘历行四他行五，昼夜的昼，我们都是这一支下来的。弘昼，他叫（封的）和亲王，这个和亲王府就在现在的张自忠路，过去叫铁狮子胡同，张自忠路过去那个人民大学的清史研究所，现在也叫段祺瑞府，那个府就是和亲王府。

金适（乾隆位下荣纯亲王永琪后裔）

我叫金适，我是中国农业大学的教授，是爱新觉罗氏，我的始祖是乾隆帝的第五子荣纯亲王永琪，我们荣纯亲王这一系特点就是文风昌盛，家学渊源，所以几代人过来之后，在历史、语言，还有文学、书画界都是有成就的。

由于清朝的最后3位皇帝全都没有留下后裔，故学术界与爱新觉罗家族内部，一般都以道光皇帝的后裔作为爱新觉罗宗室的最近支。而在道光的诸皇子中，又以其第五子，过继给嘉庆皇帝第三子和硕惇亲王绵恺的奕誴，子嗣最盛。

毓峨（道光位下惇勤亲王奕誴后裔）

我们这支是道光的后裔，道光后裔按我们来说叫道光位下的，道光的第四子就是咸丰，第五子就是我家。

毓岚（道光位下惇勤亲王奕誴后裔）

我就冠老姓吧，就是爱新觉罗毓字辈，叫毓岚。我是1926年1月出生，今年周岁是88岁，小时候没上过学校，一直在家里头跟我父亲学画画，一直到现在还是以画为业。画点画，没工作，主要画国画山水。

金恒德（道光位下惇勤亲王奕誴后裔）

我们是道光皇帝第五子的后代，第五子是惇亲王叫奕誴，我是

载入京华

道光皇帝第五世孙，道光皇帝的五子惇亲王，他的儿子有一个是端王，我是端王这一支下来的。

恭亲王奕䜣，是道光皇帝第六子，赫赫有名的洋务运动领袖，也是如今最为大众熟知的清末历史人物之一。

恒钺（道光位下恭忠亲王奕䜣后裔）

我是恒字辈的，可是现在身份证上叫毓钺，辈分错了，这是因为"文化大革命"。"文化大革命"的时候因为破四旧，就都不敢叫了，就改了，把我父亲他那辈的辈分字，就是毓，变成我的姓氏。

奕䜣一生，总共生有 4 子 5 女，可惜大都早殇，长大成人并且育有后代的就更少。

恒钺（道光位下恭忠亲王奕䜣后裔）

有后的就是我们家这支，就是载滢这支，载澂的弟弟，他有三个孩子，老大叫溥伟，老二叫溥儒，就是溥新畬，老三就是我祖父就是溥僡，我的祖父有三个孩子，一儿两女，我有两个姑姑，到我父亲这辈，其他人都没有男孩了，只有我父亲这支有三个男孩子，我是老大了，所以恭王爷到我这支可能就是我们家还有男孩子了，所以恭王的子嗣不是很兴旺。

道光第七子奕譞，是民间传说中最有福气的皇子，身为亲王的他，不仅父亲是皇帝，而且儿子、孙子也都是皇上。

金毓嶂（道光位下醇贤亲王奕譞后裔）

我叫金毓嶂，是清朝摄政王，就是醇亲王载沣的长孙，我是
1943 年出生的，出生在现在的北京什刹海的北河沿，现在的
宋庆龄故居，现在已经七十多岁了。

金毓嶂是末代皇帝溥仪的侄子，青少年时代的他也曾经与这位
"皇大爷"有过几次短暂的接触，可惜记忆并不深刻。正当我
们为此感到遗憾时，一个大好消息的传来，当年被溥仪谕令承
袭恭亲王爵的毓嶦先生，虽已年过九旬，但身体尚健，可以接
受我们的采访！

毓嶦（道光位下恭忠亲王奕訢后裔）

我现用名叫毓君固，原来的名，姓爱新觉罗，叫毓嶦，现在
就是按照过去我们满族习惯，以名为姓，毓嶦现在就是姓毓，
号叫君固。今年 92 岁了，1923 年生在大连，1937 年到长春，
上溥仪那会儿办的一个私塾念书。1945 年，日本垮台，伪满
也跟着完了，那会儿就跟着溥仪一起被俘虏到苏联去了，在苏
联待了五年。1949 年新中国成立，被送回了祖国。我跟溥仪
在一块一共是 20 年。

于是，我们的故事就从这位"末代王爷"的回忆开始。

载人京华

第二集　京华不是旧京华
——末代皇帝溥仪廿载轶事 1

毓嶦老人的家，在北京城东南一个优雅安静的小区里，宽敞的居室、幽静的小院，淡淡诉说着老人晚年生活的祥和与宁静，这位曾经陪伴着中国的末代皇帝走过 20 年生命历程，在溥仪回忆录《我的前半生》中被称作"小固"的"少年王爷"，如今已经是 92 岁的耄耋老者！而他，依旧思维清晰、精神饱满，回忆起往事，历历在目。

毓嶦（书法家，恭亲王奕䜣曾孙、溥伟之子）

因为我这个王爵，过去叫世袭罔替，跟一般王爵不一样，别的王爷死了，老王爷死了就完了，或者他儿子不能接替当王爷。说我们这个恭亲王的王爵世袭罔替，辈辈袭爵，罔替就是不能断，所以到时候我父亲死了，完了这个王爵就得由我来承袭，我就到长春伪皇宫里头念书去了。

赵雅丽（北京社会科学院历史所副研究员）

袭王爵发生在他（毓嶦）来到伪满皇宫两年以后，当时也是一些清朝的元老重臣和皇族的人老劝溥仪，说你得给赐爵，他（这一支）是恭亲王世袭罔替的，世袭罔替你不能到溥伟这就终止啊。这样的话在三九年，溥仪在伪满皇宫接受了亲贵的劝告，封他（毓嶦）为恭亲王，叫和硕恭亲王。这样的话，我们现在讲的末代恭亲王，就是指他。

毓嶦（书法家，恭亲王奕䜣曾孙、溥伟之子）

就溥仪一句话，根据过去老的传统还是世袭罔替，叫毓嶦承袭亲王吧！溥仪这么说了，我得上去谢恩，给溥仪三跪九叩。后来就把我父亲死的时候的一把刀，腰刀，叫白虹，把这个刀，现在又赏还给我。

承袭了恭亲王衣钵的毓嶦，从此与同在溥仪"私塾"里读书的其他爱新觉罗皇族子弟一起，成了溥仪身边为数不多的亲信。

毓嶦（书法家，恭亲王奕䜣曾孙、溥伟之子）

溥仪拿我们这些人当心腹人似的，我叫你干什么干什么。剩下的人都是没人听他的话，他住那个小院儿里就这几个人听他的话。溥仪在伪满那时候等于软禁起来了，他大门都出不去，我们后来有时候说今天不上学了，放假了，上大街上溜达溜达，逛逛公园，上哪玩去。他哪行，他就在他那个皇宫里头待着。后来日本人给他盖了一个同德殿，他也不敢住去，他怕那个同德殿里边放着有什么偷听的东西，到时候日本人把他说的话偷听了。

赵雅丽（北京社会科学院历史所副研究员）

他在伪满皇宫住的地方叫缉熙楼，在这个皇宫里面有伪满警察，还有日本的关东军，他也害怕，如果没有他的学生跟着他，他基本上也不外出。

1937 年，溥仪与皇后婉容关系恶化，为了避免日本人乘机染指他的婚姻，溥仪家族很快在北京为他选定了一位新"贵

载入京华

人"——谭玉玲。

赵雅丽（北京社会科学院历史所副研究员）

谭玉玲姓他他拉氏，她是满族，首先是同一个族的，那么跟她结婚生子呢，血统上一定是没问题的。然后还有一个就是她年轻，十七岁选进来，性格也比较好，长相也比较好。由当时一个也是皇族的，跟载沣比较好的老太太，这么一个皇族的老人给选的这个谭玉玲。确实谭玉玲人比较好，和溥仪的感情最为深厚。

毓嶦（书法家，恭亲王奕䜣曾孙、溥伟之子）

谭玉玲来之后，是男人都不能见，伺候她的都是女的。那会儿还有一个太监，伺候伺候她。谭玉玲在这个缉熙楼住着，住在一楼，溥仪住二楼，楼上楼下。那时候我们每天陪着溥仪吃饭，谭玉玲在她的屋里吃饭。西边有个花园叫西花园，比如说，谭玉玲她上西花园去，老妈子就跟前边喊："走！走！"意思就是说谭玉玲过来，你们赶快躲避。我们走在道上，一说走，我们就得躲开，不能看，就脸朝马路那边，她走过去，完了之后我们才能走。

尽管说，新贵人谭玉玲与溥仪也算是恩爱情深，可惜的是，这份情意却没能够"地久天长"，仅仅过了 5 年，这位还在妙龄的贵人就在"皇上"的眼皮底下玉殒香消了。

赵雅丽（北京社会科学院历史所副研究员）

谭玉玲死在 1942 年，三七年进宫，四二年病逝，她是怎么死的？是一个疑案，溥仪认为是日本人干的，但是史料又没有记载说日本人怎么干的，所以这就成了一个谜。

毓嶦（书法家，恭亲王奕䜣曾孙、溥伟之子）

溥仪那时候他在长春那，多咱看病没找过西医看。两个老中医，一个是过去太医院学习毕业的，那个大夫叫佟成海，还有一个大夫不是在太医院出来的，叫徐思允。一开始我不知道，后来毓嶦媳妇跟我说，说谭玉玲开始尿血，得检查，不检查眼睛看不清。那时候哪懂那些，也不搞西医。佟成海给谭玉玲开药，开几剂药下去，一看再尿出来，好了，没有血了。病好了你接着再吃啊，再治啊，不行！怎么回事呢？溥仪有个毛病，甭管什么大夫给她开药，溥仪得把方子拿来看看，把这个方子改一改。

或许是出于对谭玉玲的过分关爱，读过几天医书的溥仪总觉得佟大夫给她开的药方过猛。于是，自作主张让谭玉玲改吃另一位大夫的比较温和的药方。

毓嶦（书法家，恭亲王奕䜣曾孙、溥伟之子）

吃了两天，坏了，又尿血了！赶快再找佟大夫。佟大夫也没办法，开吧，开了再吃，就不像先头那么管事了。佟大夫的药吃点不见好，徐大夫的药更没用了。那会儿我们伺候谭玉玲的病，她已经不省人事了，不会说话了。溥仪也没辙了，赶快找西医吧。溥仪手底下还有一个西医黄大夫，台湾人，黄子正，叫黄大夫赶快到长春市立医院，找日本大夫。

载入京华

黄子正找来的，是当时长春市立医院院长小野寺。而负责监视溥仪的日本关东军高级参谋吉冈也随后闻讯赶来，并且在伪宫内府的候见室里与小野寺医生谈了很久。

赵雅丽（北京社会科学院历史所副研究员）

这个是让溥仪非常狐疑的一个地方，说你没事为什么要把他叫过去谈话？再给她抽血、验血，然后打针之后，第二天谭玉玲就死掉了。

毓嶦（书法家，恭亲王奕䜣曾孙、溥伟之子）

说谭玉玲这个病是日本人给治死的，日本人给下药了，这个谁也没证据。其实叫我说，谭玉玲这个病，他不到死马当活马医的地步，他不敢找日本人，也不敢找西医。你不吃这个西医药也快完了，就赶那个当口，西医打一针，完了，人没了。

失去江山的悲楚，身为伪满皇帝的无奈，受制于日本人的屈辱，以及痛失爱妃的伤感与愤怒，使这位傀儡皇帝的性情变得越发的脆弱与暴躁，而这些负面的情绪，他也只能发泄在身边的这些可怜的学生身上。

毓嶦（书法家，恭亲王奕䜣曾孙、溥伟之子）

说印象深刻的话，溥仪的学生，挨个他都打过，抽板子打屁股，给我打晕过去了，溥仪就害怕了，叫我……那会儿什么理由打你呀，没理由，他想打！我跟你说这么一个理由吧，说溥仪呀，坐在那，说："我今天感冒了，我避避风。"他一跟你说话，你拿张报纸，看着报这一动，溥仪说你不知道我在这避风吗，你拿报纸扇风，不是让我着病吗！你说你怎么着？你得赶紧趴地上磕头："哎呀奴才不敢了，不是成心的！"别的学生过来问怎么回事，溥仪讲我在这避风，他拿报纸在那扇风。溥仪打人他自己不打，别的学生拿板子过来："皇上这避风，你跟着扇风！"这么噼里啪啦打一顿。

当然，这位皇帝老师，也还是有和颜悦色为弟子们"解惑授业"的时候，那就是当他提到逝去的大清国往昔的荣耀，讲述起自己祖宗的时候。

毓嶦（书法家，恭亲王奕䜣曾孙、溥伟之子）

溥仪跟我们讲过雍正皇上的谕旨，溥仪他好像最崇拜雍正皇帝，雍正皇上谕旨什么的，他都给叫人家用打字机打出来，拿给我们一人一篇，他给念，给讲讲。溥仪写字，学的是乾隆御笔，当然没有乾隆皇帝写那么好了。他这个人，这一辈子吧，就是胆小，怕死，小时候生长在紫禁城里头，就是脑袋里老想着复辟，老想这些玩意儿。

毓璋（原北京市崇文区副区长，醇亲王奕譞曾孙、溥仪之侄）

他就是利欲熏心，所以张勋复辟失败了，还没接受教训，又被日本人给裹挟到长春去，结果弄得一个家败人亡，几个媳妇都死了。所以这事都是没法说的事，也是非常，想起来也可以说是特别荒唐的一件事，是不，怎么想也不行吧？你又没兵又没有人民支持。

采访过程中，我们听到的几乎是整个家族对溥仪出任伪满洲国

载入京华

272

皇帝的声讨与不屑。那么，历史的真实又是怎样一种情形？当时，作为大清逊帝的溥仪，又为什么从天津跑到东北，甘当日本人的傀儡呢？他究竟是被骗还是心甘情愿？

赵雅丽（北京社会科学院历史所副研究员）

我们讲有主观原因也有客观因素，主观的原因就是他想恢复祖宗的基业，想恢复大清的基业，也就是说复辟吧。客观的因素有很多，他想还宫，重新回到紫禁城，因为这是当时退位时优待条件规定的，他想回紫禁城。他还想把因为冯玉祥把他赶出来的时候废除的优待条件重新恢复，他想恢复这些。另外他还想要把清室的一些财产给收回来，同时他也想出国。通过各个途径，所有的诉求都没有达到，这是他想出国的一个原因。这些实现不了，堵住了他回北京的退路，然后出国也出不去，他留洋的往外走的路也走不了。

吴元丰（中国第一历史档案馆满文部主任、研究员）

我们档案馆里头有《清室优待条件》原件，我看了那个条例以后发现，清朝不是被革命军打下来的，当时是双方谈判的，谈判以后有一个清室优待条件，故宫里头的前三殿，归国民政府，前三殿后面归人家爱新觉罗皇室。所以清代内务府皇族的人，在故宫里头一直待到1924年。为什么待到1924年呢？到1924年，冯玉祥进北京以后，他不管那个条例，什么国民政府签的，皇室的条约条例什么的都不管了，把溥仪就赶走了，溥仪被赶走以后故宫才整个归到国民政府。1925年国民政府成立了故宫博物院，对外正式开放。

赵雅丽（北京社会科学院历史所副研究员）

促使他走向东北也是两个事件，一个就是东陵事件，在二八年。那一年对他来说特别受刺激，我们知道孙殿英在东陵，就是乾隆和慈禧太后安葬的东陵这个地方，连续七天七夜把墓里的宝物盗洗一空，光是珠宝就装了三十多辆马车。盗洗一空之后，他又把墓中尸骨散得哪都是。

噩耗传来，溥仪号啕大哭悲痛欲绝，在中国人的信念中，祖宗陵墓具有特别神圣的意义，掘人祖宗的坟墓是一件绝对不能容忍的事情！

赵雅丽（北京社会科学院历史所副研究员）

在退位的时候，他要求的一个条件就是祖宗陵寝必须得到保护，完善的保护。那么当这个东陵，乾隆还有慈禧太后的陵寝被盗掘一空的时候，他就受不了了。

溥仪在他寓居的天津张园里摆上灵堂，撕心裂肺地昼夜痛哭，那些悲愤痛楚的眼泪，既有对爱新觉罗祖先的愧疚；对国民政府与孙殿英的仇恨；更有对于自己身为废帝处境的哀叹与伤痛。他深深意识到自己需要一个拥有军队的真正的君权。

赵雅丽（北京社会科学院历史所副研究员）

还有个事件促使他逃往东北，那就是淑妃离婚的事件，这件事情对他刺激更大，为什么这么说呢？因为你没有能力保护祖宗的陵寝，你连江山也保不了，你这个皇帝最后连你家里的妃子也保不了。

载入京华

1931 年"九一八"事变后，东北地区沦为日本殖民地。1932年 3 月 8 日，在日本人策划下，从天津秘密潜至长春的溥仪，就任傀儡政权——伪"满洲国"执政，年号"大同"，1934 年称帝，改年号为"康德"。

毓嶦（书法家，恭亲王奕訢曾孙、溥伟之子）

溥仪上东北去，是郑孝胥跟他说的，后来伪满也是郑孝胥当总理。郑孝胥跟溥仪说，咱们回到长春你还做皇上，做了皇上咱说了算，门户开放，机会均等。那会儿就是郑孝胥把他弄到长春当上皇上了。

溥仪投靠日本人的本意是想借助其强大的军事力量，使自己成为一位拥有实力的名副其实的皇帝，以期将来有一天能够恢复他的大清帝国。可到达长春后的严酷事实告诉他——他，打错了算盘。

金恒德（道光位下惇亲王奕誴后裔）

荣慧贵妃是光绪皇帝的妃子，光绪死了以后，留下的龙袍就交给荣慧贵妃了。因为宣统在东北又当了皇帝了，得穿龙袍，这龙袍现在在我们家里呢，在荣慧贵妃手里呢，就问我奶奶，谁能去东北一趟，把这个龙袍给宣统送去。我奶奶就说让老三去吧。我父亲行三。我父亲到东北以后，把这个龙袍交给宣统。

赵雅丽（北京社会科学院历史所副研究员）

即位的时候他想穿清朝皇帝的龙袍，这是祖宗留下来的，但是日本人不让他穿，让他穿海陆军元帅的元帅服。在他即位之后不久，关东军就让他写一道手谕，写的手谕是什么？就是说将来如果有皇子出生，长到五岁就要送到日本，由关东军来找人对其进行教养。

1945 年 8 月，美国发射两枚原子弹攻击日本本土。随后，苏联红军突袭了驻守在伪满洲国的关东军和伪满洲国军，15 日，日本天皇裕仁宣布无条件投降。17 日午夜至 18 日凌晨，溥仪在通化临江县大栗子沟矿山株式会社技工培养所内，宣读《满洲国皇帝退位诏书》，数十年盘亘于心底的"复国"美梦也随之化为了泡影。次日，这位命运多舛的末代皇帝，带领着身边所剩不多的随从，开始了他人生当中的又一次逃亡。

毓嶦（书法家，恭亲王奕䜣曾孙、溥伟之子）

1945 年日本投降了，（伪）满洲国也完了，我跟着溥仪一起跑到通化大栗子沟，日本人告诉我们上日本去，说上日本去通化的飞机不行，到不了日本，得先到沈阳。就这样溥仪带着我们一帮人走，十来个人，现在可以说就剩我一个了。原打算到沈阳换了大飞机往日本跑，结果刚到沈阳，苏联军队的飞机也到沈阳了，所以把我们，以溥仪为首的一帮十几个人抓了俘虏，抓了俘虏带回苏联去了。

饱经磨难的毓嶦老人，至今不相信日本人当年所说"到沈阳换乘大飞机去日本"的话。他说他曾经在自己撰写的回忆录中写下过这样一段话："以后是否能有一天，把苏联对日本宣战当时的秘密文件公布出来，其中有一件应该就是给日本关东军的命令：首先要它交出伪满洲国的皇帝溥仪，地点就在沈阳机

载入京华

场，时间就在 1945 年 8 月 17 日的正午。"

第三集　京华不是旧京华
——末代皇帝溥仪廿载轶事 2

1945 年 8 月 17 日，溥仪一行在沈阳机场被苏联军队俘虏后，先是被押解到通辽。次日早晨，溥仪、溥杰、润麒、万嘉熙、毓嵣、毓喦、毓嶦、李国雄、黄子正等 9 人，在苏军押解下由通辽机场登机，飞往苏联。此时，正是秋高气爽，飞机高度大约只有 3000 米左右，秀丽的东北平原、壮美的大兴安岭，一一在脚下漫卷而过，可机舱里的几位特殊旅客，谁又有心情领略这大好的山川呢？远的不论，就说眼前，谁也不知道这架飞机会降落在何处，而降落之后的情况又将怎样？

毓嶦（书法家，恭亲王奕䜣曾孙、溥伟之子）

苏联用的飞机也是美国飞机，到苏联的赤塔，那是八月天，完了以后在那待了几个月。待了几个月就搬到伯力，咱们中国名叫伯力，现在的俄罗斯名叫哈巴罗夫斯克，在那块成立的一个特别的收容所，那收容所不光收容溥仪，还有溥杰，还有伪满洲国的各大臣，国务总理张景辉，下头各部大臣，文官武官，武官得到少将以上才能够进那个收容所，少将以下的没有，伪满过去政府的那些个人，有四五十个人，就在哈巴罗夫斯克的第四十五收容所，待到新中国成立以后。

赵雅丽（北京社会科学院历史所副研究员）

苏联对待他的态度是很优待的，因为苏联跟日本打仗，按照溥仪的说法，苏联是跟日本人打仗，并没跟我（伪）满洲国打仗。苏联给他放在赤塔一个疗养院，疗养院的条件都很不错。刚到的时候还给他办了一个小型的宴会，给他单住一个房间，还给他安排了播放机播放新闻啊音乐啊。然后知道他喜欢音乐，还给他搬了一架钢琴，就是对他非常好，膳食也非常好，一天四餐，按的是疗养的标准，根本就不是战俘，不是战俘的标准。

此时的溥仪，惊魂方定，想不到，俘虏的生活过得竟然一点也不比上宾逊色。一时之间，遣送回国成了他最害怕的事情，他认为，无论当时的国共战争胜者为谁，都绝对不会放过他这个做了十几年伪满皇帝的人！

毓嶦（书法家，恭亲王奕䜣曾孙、溥伟之子）

在苏联那块儿，溥仪他害怕被送回国，他给斯大林写信，要求把他留在苏联，那是不可能的事。他害怕苏联给他送回国，回国以后人民政府办他的罪。

为了能够留在苏联，这位曾经的"九五至尊"可谓是绞尽脑汁，做了所有他能做与不能做的工作。除去给斯大林写信外，还演出了献宝、学习马列主义等一幕幕闹剧。

毓嶦（书法家，恭亲王奕䜣曾孙、溥伟之子）

溥仪临走的时候，那会儿哪想到会让苏联抓走了，光想着跑到日本去。到日本去怎么办，怎么生活呢？自己就把珍珠、玛

载人京华

278

瑙、钻石、金银首饰乱七八糟的装那么一小箱子带着，预备着跑到日本后变卖变卖当生活费，就这样带着一箱子珍宝。

经过与侄子毓嶦、侍从李国雄等人商议，溥仪决定，将原来一个装电影放映机的大箱子，临时加了个秘密的夹层，从随身携带的宝物中，挑出480件最为珍贵的东西，藏在箱子底下密封好；次一等的宝贝则化整为零，每个人藏上几件；剩余的，打开箱子大大方方捐献给苏联政府，以换取能够留下来的谈判资本。1950年移交战犯同时，苏联政府将溥仪所献珍宝如数交还给中国政府，而溥仪所藏的那些宝物，后来，也由他本人亲自交给了政府。

毓嶦（书法家，恭亲王奕䜣曾孙、溥伟之子）

在苏联学马列主义，那纯粹是闹笑话一样。这是到苏联以后，一看新中国要成立了，这是要被送回去了，跟苏联待了五年，一点儿马列主义不懂哪行？那会儿就组织这么一个马列主义研究会，组织这么一个玩意儿。溥仪他是这样，他跟这些伪满的大臣不在一块，苏联这方面有点优待，给他一人住个屋子，溥仪一看这些个大臣组织马列主义研究会，说我怎么办，找溥杰，说咱们也得组织一个，后来说好，咱组织一个，溥杰给他写了一个学习章程，就算溥仪组织的一个马列主义研究会。

对此荒唐情形，曾有当时一同被关押在苏联的汪伪政权战俘杨绍权赋打油诗曰："长廊短椅列公卿，御弟高声讲列宁。斜并讲坛安宝座，半掩龙门仔细听。"然而，溥仪的一切积极表现，却没能改变苏联将这批俘虏移交给中共的决心。绝望之中的溥仪，预感到自己来日无多，于是，他决定立嗣。

毓嶦（书法家，恭亲王奕䜣曾孙、溥伟之子）

溥仪立后（嗣），那是快回国了，1950 年，溥仪觉得自己将来被送回国的话，不管怎么办，反正是没好果子吃，说将来我也没有后，没儿没女的怎么办，就找毓嵒，告诉毓嵒你就过继给我当儿子，将来我死了，这个皇位就是你的了。

赵雅丽（北京社会科学院历史所副研究员）

这个人他是谁，他是道光皇帝第五子奕誴的曾孙。一天晚上，只有他们两个人在房间，溥仪把他拉过来说了很多话，很真情的一些话，说你看你对我这么忠心，我很感动，你真是爱新觉罗的好子孙！如果我回国死了，那么我就把你立为嗣，你给列祖列宗叩个头吧，从此你就是我的，我大清皇位的继承人！当时，溥杰知道这件事情，毓嵒给列祖列宗叩完头，又给溥仪三叩九拜，这样他就成为这个末代皇帝的皇位继承人。

毓嶦（书法家，恭亲王奕䜣曾孙、溥伟之子）

毓嵒是我哥哥，我们太爷那辈是兄弟，毓嵒他是五爷府的，我是六爷府的。我的那个太爷，就是恭亲王奕䜣，是六爷府，他们是五爷府，他们是惇亲王。溥仪他的爷爷醇亲王排七，他们是七爷府。

1950 年 7 月 30 日上午，第 45 收容所所长阿斯尼斯上尉宣布了苏联政府的决定：即刻遣返全部在苏联抑留的和俘虏的伪满官员。

载入京华

毓嶦（书法家，恭亲王奕䜣曾孙、溥伟之子）

说今天我们政府有一个命令送你们回国，马上走。那很快的，大家伙就跟那收拾东西，俘虏有什么行李啊，这个那个，乱七八糟的什么也没有，就有点玩意儿，检查检查稀里糊涂弄到火车上。那个收容所所长陪着溥仪坐了一个包车，他也不放心。

7月31日夜，押解战俘的火车到达中苏交界绥芬河站。

毓嶦（书法家，恭亲王奕䜣曾孙、溥伟之子）

在绥芬河上了中国的火车，这时候中国的官员来接收，有一个公安局的人，这个人在长春军工学校念书的时候，是溥杰的学生。后来车开走以后，这人过来找溥杰，问你认不认得我。溥杰说我哪能不认得你呀，你就是学校的。这个人是一个基层的领导干部，就给溥仪讲讲政策。那会儿都是硬座火车，给溥仪匀一块地方，让他能躺会儿，给他买点吃的什么，安慰安慰他，叫他不要害怕。

这一晚，溥仪神情恍惚，无法入睡，心烦意乱的他在车厢里面不停走动。有人说他出现了幻听，还特意跑去报告押解队长，说有人骂斯大林，要揪出这个人来决斗；也有人说他竟然给某位伪满大臣磕了头；更有传说，说他企图自杀。

毓嶦（书法家，恭亲王奕䜣曾孙、溥伟之子）

没有要自杀，他是害怕了，他怕回国后枪毙他，但他也没害怕到说要自杀。溥仪在半夜闹腾，半夜躺着睡不着，闭眼老琢磨到沈阳枪毙了他，人的脑筋越到夜里越清净越乱越害怕，疯了似的。我坐火车离他老远，我都不知道这事，是别人讲的。

8月2日早晨，火车抵达沈阳站，溥仪的精神也紧张到了极致。恰恰此时，押解队长开始宣读一份名单。

毓嶦（书法家，恭亲王奕䜣曾孙、溥伟之子）
叫溥仪还有伪满大臣谁谁，干什么呢，那时候东北人民政府主席是高岗，高岗要接见他们，就把溥仪一下好多人就叫去了，那会儿我没跟着去，毓嶦他跟着在溥仪的旁边，坐火车在溥仪的旁边。溥仪一把拽住他了，说走毓嶦跟我见祖宗去！好家伙这句话，毓嶦后来自己写，溥仪拉着我说叫我跟他见祖宗去，我腿都发软了，我真不知道怎么回事了，出大差了是?!

溥仪随带路的武装人员走进一个敞亮的大厅，见大厅中央铺着雪白台布的桌子上摆满了水果、糖果、香烟等招待品，便一心以为这是为他备下的最后一餐。于是，冲上前抓起一个苹果大吃特吃，以至对高岗的讲话充耳不闻。

毓嶦（书法家，恭亲王奕䜣曾孙、溥伟之子）
溥仪那会儿就那儿装横呢，快点儿，那意思是给我来个痛快！后来高岗一看他的情绪特别激动，就跟他讲，安慰他，说你不要激动，没事，现在到这来，沈阳地方很挤，没地方安置你们，我见见你们，跟你们说一声，跟你们交代交代政策，完了你们到抚顺去。打这儿之后就由沈阳送到抚顺，搁到抚顺战犯管理所。

载人京华

8月3日，溥仪一行送抵抚顺战犯管理所。此时，他的身边共有随从者57人。为使他放下架子彻底改造，管理所在十几天后拆散了这个"小朝廷"。

毓嶦（书法家，恭亲王奕䜣曾孙、溥伟之子）

一开始的时候，我们这几个人跟溥仪搁在一个监号里头，大伙在苏联那时候就伺候着溥仪，给他铺床叠被什么的。管理所所长一看，好家伙你们这还改造，什么改造，当了俘虏当了犯人还让别人伺候你，分开！这样溥仪慢慢一点点地习惯了，也知道跟大伙一块值班啊，分饭、扫个地什么的。到了战犯管理所，溥仪起码把这皇上架子放下了，我们叫溥仪大叔，别人叫溥仪老溥。

然而，劳动对于"溥仪大叔"来说，毕竟是"半路出家"，多少都显得有点笨手笨脚。

毓璋（原北京市崇文区副区长，醇亲王奕𫍽曾孙、溥仪之侄）

就说穿衣裳，能把前后都穿颠倒。他当了全国政协委员以后，经常接见外宾，就说做一套比较好的衣裳。结果他在试衣服的时候，发现这个衬衫的扣子都系在后头，也不知道怎么钻进去的！

毓嶦（书法家，恭亲王奕䜣曾孙、溥伟之子）

他不干活倒好点儿，一干活倒麻烦了，他一干活人家还得给他弄。手碰破了，拉了，擦玻璃一看手划一口子，他都不知道那个玻璃边多快，能拉手。

毓璋（原北京市崇文区副区长，醇亲王奕譞曾孙、溥仪之侄）

他想做好事，想跟老百姓接触，去扫街。扫街出了门就不知道哪门出来的，再找家就找不着了，坐公共汽车把所有人都让上去，把售票员也让上去，完了自己就留在下头了。

1959 年 12 月底，爱新觉罗·溥仪在被关押了十年之后，终于特赦回京。

赵雅丽（北京社会科学院历史所副研究员）

回京以后，政府每个月给他 60 块钱的生活费，当时 60 块钱是很多的，他住在什刹海西岸那个前井胡同。有人说他由皇帝变成了一个公民，但是这位公民和普通的老百姓还是有一些差别的，因为他地位在这。回到北京不几天，五天吧，周总理就接见了他，接见完之后还给他设宴。

受到周恩来接见的几天以后，溥仪被安排到中国科学院植物园工作。1961 年，他被调入全国政协文史资料委员会，做研究专员，撰写回忆录。三年后，当选为全国政协第四届委员。

毓璋（原北京市崇文区副区长，醇亲王奕譞曾孙、溥仪之侄）

他是五九年底六○年初回到北京的，冬天，我记得挺冷，我刚从学校上学回来，说这是你大伯父，跟我们握手，觉得手特有劲儿，没想到过了几年就死了。

毓嶦（书法家，恭亲王奕䜣曾孙、溥伟之子）

回到北京以后，人家是政协委员，我们那时候在农场，上农场

载入京华

干活去了。一个月休息几天，回到北京城里头，溥仪住在政协，你去还得给溥仪打电话，说我是谁谁谁，我找你来了。溥仪打他那政协的宿舍出来接我们才能上他那去，挺麻烦的，后头就很少见面了。

毓璋（原北京市崇文区副区长，醇亲王奕譞曾孙、溥仪之侄）

他每次到谁家，我为什么都得给他送回全国政协去？因为他找不着道，人家给他送到哪儿，再回去就难了。由宽街上车到我们家，到全国政协，在赵登禹路，就是白塔寺那边，都得给他送到屋子里头，这才算我们完成任务了。要不然半道丢了，把皇上丢了，那简直是……

1962 年 4 月 30 日，溥仪与北京关厢医院护士李淑贤结婚。李淑贤原名李儒，杭州人。认识溥仪前曾有三次婚史，据说，此前为了生计，她还曾经到舞厅跳过舞。

毓嶦（书法家，恭亲王奕䜣曾孙、溥伟之子）

跟李淑贤结婚，我和毓嵒俩人都不知道，溥仪他也没通知我们说我结婚了，你参加我婚礼来吧，没有。你看看他那本书，有他结婚的照片，根本没有我，根本没有毓嵒。

赵雅丽（北京社会科学院历史所副研究员）

这段婚姻溥仪很珍惜，因为他年龄还有身体的原因，找了个护士也可以照料自己，同时家里多了个女性，生活也多了一些情趣。但作为皇族的人，很讲究大家或者（希望）是出身清白，那么对她的身世了解清楚之后，肯定是不会太喜欢的。

毓嶦（书法家，恭亲王奕䜣曾孙、溥伟之子）

像我们那会儿身份就是工人，她觉得她自己是溥仪的夫人，政协的，也瞧不上我们。我到溥仪那去，溥仪说了，你大婶有病，（意思是）你在这待着没人给你做饭吃了，她有病干不了活。得了，我自己带着香烟，我抽一颗，跟他说两句，就再见吧，我回家了，就这样。

1967 年 10 月 17 日，凌晨两点半左右，中国的末代皇帝爱新觉罗·溥仪，走完了他坎坷多舛的一生，因肾病逝于北京人民医院，终年 62 岁。

赵雅丽（北京社会科学院历史所副研究员）

他去世的时候，周恩来说他可以火化或者土葬，这个由家族人来决定。原来他其实是有一处可以葬的地方，在他十岁的时候，也就是 1915 年，就已经给他勘测好了一个万年吉地，就在乾隆皇帝的母亲孝圣宪皇后泰东陵的那个地方，有个叫旺隆村的地方。当时都已经勘测完了，但是因为当时的时局还有经费问题，就没有开工。这次实际他也可以葬在那里，因为葬在那就等于归祖灵。但是，作为一个新中国改造好的皇帝，你现在好不容易改造好，又葬到封建帝王的皇陵里头，那不等于给总理找麻烦嘛。载涛最后就说决定火化。

爱新觉罗·溥仪，作为中国历史上最后的一位帝王，他的一生当中充满悲剧的传奇：退位、逼宫、逃亡、复辟、战俘、战犯、遣返、改造，这些触目惊心的词汇，似乎始终追随着他，与他的命运休戚相关。

载入京华

赵雅丽（北京社会科学院历史所副研究员）

他的内心始终是在一种孤独、惊惧、狐疑还有无可奈何当中。我们看过《末代皇帝》那个电影，有一个意大利导演叫作贝托鲁奇，他说溥仪是一位历史的人质。我觉得，他是人类历史上空前绝后的悲剧性人物。

第四集　阶前双夜合，枝叶敷繁华
——生出两代帝王的醇亲王府

凡上点年纪的老北京人都知道，老年间，北京城里有南北两座醇亲王府：南府，坐落在西城鲍家街西侧的太平湖边上，也就是今天的中央音乐学院；北府，则位于什刹海后海的北岸，如今的宋庆龄故居，即为当年醇亲王府的西花园。

金毓璋（原北京市崇文区副区长，醇亲王奕譞曾孙、载沣之孙、溥仪之侄、溥任长子）

那处（南府）我也没去过，他们拍片说让我去，我说我根本没去过，我不去。他们后来拍，就说那是光绪皇帝出生的府，因为光绪当了皇帝了，潜龙邸就不能再住，就弄到后海这儿。弄到后海这儿，宣统即位以后，又要搬，后来因为清朝马上就完了，所以就没搬完。

按当时大清朝的规定，凡皇上出生和居住过的府邸称"潜龙邸"，作为臣子的，即使是"龙"的家人也不能继续居住。而一座王府两度成为"潜龙邸"，这在有清一朝也是绝无仅有。

因此，这王府的"掌门人"——两代醇亲王自然也都被笼罩上了极为神秘的色彩。

京梅（作家，晚清史专家）

　　醇亲王奕譞，是清朝道光皇帝的第七皇子，当他的哥哥咸丰继承皇位后，就是做了皇帝之后，按照清朝的惯例，他被封为醇郡王。在当时他被封王之后，在咸丰那一朝，因为他的年龄比较小，比几个哥哥都小得多，这样他在那一朝基本上没有什么政治上的作为。

　　咸丰十一年（1861年）七月，咸丰皇帝病死在热河行宫，两个月后，慈禧太后和恭亲王奕䜣联合发动辛酉政变，奕譞利用自己福晋与慈禧为同胞姐妹的关系，协助慈禧与奕䜣互通信息。此后，又亲自带兵捉拿了肃顺。从此深得慈禧太后的信任，并逐渐受到重用。同治十一年（1872年），他被晋封为亲王。到光绪登基时，又加封了世袭罔替，成为晚清时期仅有的3位铁帽子王之一。

京梅（作家，晚清史专家）

　　醇亲王其实当时也很年轻，但是在这个时候开始显露出他政治上的才能。如果说到治国，说到军事上的才能，那么他是没法跟奕䜣相比的。但是，说到政治的才能，我觉得醇亲王这个人，他是一个在官场的政治上智商、情商非常高的人。比方说他和慈禧太后的相处，那种以退为进、示弱的相处方式，就反映出了他在政治上的一种大的智慧。

载入京华

低调为人的奕譞，尽管深得慈禧的信任和倚重，恩典有加，可无论是赏穿黄马褂，还是赐坐杏黄轿，他跟她的福晋从来就没敢真正享受过。按照常理，他是道光皇帝的儿子，光绪皇帝的父亲，原本该一人之下万人之上，可实际情况并不是如此。

京梅（作家，晚清史专家）

同治去世以后，当慈禧决定让光绪继承皇位的时候，醇亲王听了当时就昏倒在地。因为他从小也是饱读史书，他明白作为皇帝的本生父这样的一个身份，那么在慈禧当朝的这种政治环境下，对于他来说是非常难处，也非常危险的这样一个角色。

光绪十一年（1885 年）九月，奕譞总理海军事务，大权在握，在筹建昆明湖水师学堂的同时，亲自主持为慈禧太后重修了颐和园。

京梅（作家，晚清史专家）

这个在历史上是有很大的争议，有的人认为这是动用海军军费，但是后来据史学家的考证，这个应该不是事实，当时的修园子没有动用海军的军费。

当然，奕譞重修颐和园确是有其私心的，因为此时，光绪皇帝已经 16 岁了，慈禧太后归政在即。为了军国大权能够顺利移交到皇帝手上，给太后营造一处舒适、秀美园林，以供其颐养天年，就成为一件至关重要的大事。

京梅（作家，晚清史专家）

我大概九七、九八年，去采访醇亲王的后人溥任老先生。在他的家里我看到挂了一幅醇亲王——老醇王的家训。据老先生说，那个家训曾经被破坏撕碎了，后来他一点一点给找人拼上对起来，挂在那。

财也大，产也大，后来儿孙祸也大。借问此理是若何？子孙钱多胆也大，天样大事都不怕，不丧身家不肯罢。财也少，产也少，后来子孙祸也少。借问此理是若何？子孙钱少胆也小，些微家产知自保，俭使俭用也过了。

京梅（作家，晚清史专家）

这些东西我觉得即使在现在这个时候，放在咱们微信上，传播出去，也是很不过时的。所以我觉得醇王这个人还是有一点哲学家的那种味道。但是，应该说他天生不是一个政治家，所以他的一生一直是在一种诚惶诚恐中度过的。

金毓璋（原北京市崇文区副区长，醇亲王奕𫍯曾孙、载沣之孙、溥仪之侄、溥任长子）

就因为这个家训，所以我们家各方面都很朴素，相对没有那些吃喝玩乐、骄奢淫逸的毛病，没有这种现象，都是比较规矩。我爷爷载沣就是比较守规矩，相对来说是一个比较清正的官。

毓璋先生的爷爷，第二代醇亲王载沣，是光绪皇帝的弟弟，老醇王奕𫍯第五子。1908 年 3 岁溥仪登基称帝，载沣作为他的亲生父亲，被授为监国摄政王，成了大清朝的实际统治者。宣

载入京华

统三年（1911 年），在袁世凯逼迫下退归藩邸，1928 年移居天津英租界。

京梅（作家，晚清史专家）

对于载沣这个人，清朝的皇族里很多人都说他，觉得他窝囊，他没有用，这是一方面；另外一方面，像孙中山就说载沣这人能够顾全大局，以民族的前程，民族的大局为重。清朝不是让国么最后，避免了生灵涂炭。我倒觉得这两种说法都有失偏颇，他处理很多问题上你就能够看出他并不是一个政治家，没有政治家的那种素质。

众所周知，曾经在戊戌变法中出卖过光绪皇帝的袁世凯，深为光绪嫉恨，甚至有传言说光绪皇帝死前留下了四字朱谕："杀袁世凯！"而事实上，袁世凯之于清朝，早已经显露出尾大不掉的迹象。慈禧看到这一点，于光绪三十三年（1907 年）将他调入京城，做外务部尚书、军机大臣，实际上等于是解除了他的兵权。然而，老佛爷心里明白，袁世凯对北洋军的实际控制能力，并非是她这一纸调令就能轻而易举解除掉的。

京梅（作家，晚清史专家）

我想慈禧下一步肯定还会对袁世凯采取措施，但是她没有来得及，因为慈禧死的时候很突然，之前身体一直很好，得了个肠胃炎，没有几天就去世了，这样就没有来得及做，留下了这摊事给了后面的掌国者。当时载沣本来是想杀袁世凯，是谁跟他共同谋划的呢？小恭王溥伟。

载沣与溥伟商定，由溥伟用当年道光皇帝御赐给恭亲王奕䜣的祖传白虹刀，前往除掉袁世凯，却被以庆亲王奕劻为首的一班军机拦住，说："杀了袁世凯，北洋军造反怎么办？"最终，心无主见的载沣与隆裕皇太后，竟然听从了张之洞等人的主张，批准袁世凯回家去养"足疾"。

京梅（作家，晚清史专家）

实际上，杀袁世凯固然不是上策，但是你放虎归山给他回到家里去，脱离了清朝的监视，这就更是下下策，所以说从这一点上看，载沣他确实没有政治上的才能。但是我觉得这件事情不是他的错，他也并没有想说，我要作为摄政王，我要管理大清国，要怎么样。他没有想，是历史把他推到这个位置，他也没办法。因为人就是生而不同，生而不一样，他就是一介书生，人很善良，人很好，但是他不适合做政治家，这并不是他的错。

金诚（努尔哈赤位下礼亲王代善后裔）

张勋复辟，张勋带着几千兵马进京，让小皇上溥仪又当了皇上。当时很多的达官贵人就到摄政王府，后海这儿，找载沣说："王爷，就全瞧您的了，您这一呼百应，您出山吧！"载沣就说这是一个闹剧，说坚决反对复辟。所以这条，包括周总理都给了高度的肯定。

历史上的载沣，虽不是什么才华出众的政治家，但他却是一位深明大义的真正贵族，一位坚定的爱国者。

载入京华

金毓璋（原北京市崇文区副区长，醇亲王奕譞曾孙、载沣之孙、溥仪之侄、溥任长子）

他（溥仪）本想利用（伪）满洲国来复兴清朝，这是根本就不可能达到的事，我爷爷（载沣）就跟他说这是绝对办不成的事，所以我爷爷是坚决反对去东北，去那掺和这些事，认为是自己往坑里跳。

金诚（努尔哈赤位下礼亲王代善后裔）

（伪）满洲国时，他到东北去了，带着他的四儿子。因为溥杰、溥仪都在那，身边就老四，老三是夭折的。他到长春去看溥仪，溥仪多次想找他帮自己办事。他爸爸毕竟是老政治家，虽然本事不大，胆子也不太大，但是毕竟有资格有经验。后来他（载沣）一考察，就跟溥仪说，让他想办法逃回北京。

载沣见劝不动长子，自己便执意带领四子回天津，溥仪以担心父子安全为由劝他们留下来，对此，载沣愤而"绝食"，吓得溥仪赶紧给这爷儿俩买了返程的火车票。

金毓璋（原北京市崇文区副区长，醇亲王奕譞曾孙、载沣之孙、溥仪之侄、溥任长子）

新中国成立后本来还想让他出来担任一定职务，但后来他身体不行。从1911年清朝灭亡，一直到1951年这四十年，家族也是惨淡经营了那么多年，靠变卖家里的一些物资，比如古玩这些东西，艰苦度日。原来一天花十两银子吃饭，后来就变成花一两银子吃饭。吃的饭特别简单，就是什么窝头，熬点棒子面粥，吃点什么老玉米，吃点面条什么都算好的。就是住的房子大，还维持那个架子。

对于爷爷载沣，出生于 1943 年的毓璋先生，印象最深刻的就是爷爷所创办的小学。

金毓璋（原北京市崇文区副区长，醇亲王奕譞曾孙、载沣之孙、溥仪之侄、溥任长子）

敬业小学，就在摄政王醇亲王府的旁边，有那么二百多个学生，那时候小学也比较简陋，有个黑板就解决问题了，也没有现在什么微机这种东西。我在那上了不到半年，后来转到育英小学、灯市口小学，上了十二年，从小学到高中。

而提到幼年时曾经寓居的醇亲王北府，这位 71 岁的老人反倒记忆模糊，那似乎是很久很久以前的事了……

金毓璋（原北京市崇文区副区长，醇亲王奕譞曾孙、载沣之孙、溥仪之侄、溥任长子）

记忆不太多了，就有些我特别小时候的记忆。特别小的时候，可以在院里跑着玩，比较平静地度过了我的童年。我们家王府可能是最后一个卖的，因为新中国成立后要交房地产税，交不起，因为没有别的收入，所以就把这个房子出卖了。出卖以后转战到魏家胡同和利薄营，利薄营现在都拆了。

醇亲王载沣一生共有 7 女 4 子。第三子早殇。除去末代皇上溥仪，还有第二子溥杰与第四子溥任两个儿子。

载入京华

294

金恒德（道光位下惇亲王奕誴后裔）

溥杰这个人比较朴实，现在来说就是和亲属之间的关系都比较好，待人和蔼，对工作比较认真。他是日本陆军士官学校毕业的，所以对军事方面有些理解。解放军里面有些需要陆军方面知识的时候，都会问问他。他在政府里也担任职务，民族事务委员会的常务委员。他个人方面喜欢养猫，家里养了好几只猫，我妹妹曾经还给他送过一只猫。

金毓璋（原北京市崇文区副区长，醇亲王奕𫍰曾孙、载沣之孙、溥仪之侄、溥任长子）

溥仪是属马的，我父亲也是属马的，整差十二岁，又不长期在一块生活，亲情方面也不是说特别的深。但是作为一个弟弟，还是尽了应当尽的一些力。那时候进入困难时期了，六〇年初，你想，六〇年、六一年、六二年，那是北京城，也正是整个国家的困难时期，那时候买菜都是要票的，买菜要票，买点心要票，买烟要票，什么都要票。溥仪在我们家，每次吃完饭都觉得吃得挺好，吃得酒足饭饱。

毓璋的父亲，出生于 1918 年的溥任老先生，如今已经是 96 周岁的耄耋老人！考虑其身体关系，我们不忍再去惊扰这位耄耋之年的皇族后裔。然而，此后的采访，我们却从其族人的口中，听到了不少有关于他的轶事。

金诚（努尔哈赤位下礼亲王代善后裔）

溥仪六七年去世之后，因为当时他的职务是全国政协参事、文史委员会参事，也是有级别的干部，骨灰就搁在八宝山革命公墓了。后来，李淑贤，他的夫人，和香港的一位老板，把他的坟迁到西陵去了，在西陵外边买了块地，跟那搞了一个陵，就打广告宣传，说老百姓也可以去，接皇气。溥任，任四爷，他就跟我谈过，他说李淑贤没跟我二哥溥杰商量，也没跟我商量，她私自做主。我大哥已经从龙变成了人，从皇帝变成了公民，她有什么资格把坟给迁走，去搞这套去?! 所以溥任先生轻易不发言，但是一发言，那天我觉得那是金石之声。

作为天皇贵胄的醇亲王府成员，在婚配问题上，一向注重门当户对，与贵族联姻。第一代醇亲王奕𫍰，娶的是承恩公惠征的女儿婉贞，也就是慈禧皇太后的妹妹；第二代醇亲王载沣则由慈禧太后指婚，娶清末的权臣大学士荣禄的女儿瓜尔佳氏为妻。然而，从 20 世纪 40 年代起，随着皇族的没落，时代的变迁，这一切，悄悄发生着变化。

金恒德（道光位下惇亲王奕誴后裔）

溥杰两个女儿，大女儿自杀了。她跟一个日本人搞对象，溥杰不同意，俩人一块卧轨自杀了。二女儿后来也是想嫁给日本人，溥杰没有主意了，请示了周总理，周总理同意了，说现在年轻人愿意，她既然在日本长大的，她愿意嫁给日本人也不是不可以的，还说你本人还和日本通亲呢嘛！溥杰的夫人嵯峨浩不也是日本人嘛，所以他二女儿就嫁给日本人了。后来溥杰死的时候她回来看过，把她父亲的丧事办完了以后，她就回日本了。

溥任，则有 3 子 4 女，金毓璋，是他的长子，也是目前这个家

载入京华

族中，唯一有过从政经历的人。

金毓璋（原北京市崇文区副区长，醇亲王奕譞曾孙、载沣之孙、溥仪之侄、溥任长子）

我从地质学院毕业，就选择了青海。青海尽管条件艰苦，但是工作量相对比较少，每年放假的时间可能长点，毕业在北京挣五十六元，我们那能挣一百多，挣钱也比较多，那时候家里也没钱。我是八五年回的北京，回北京以后在崇文环保局工作，在环保局工作了14年，到九九年才转到了区政府当副区长。

说起自己的家族，71岁的毓璋还是充满了自豪感。

金毓璋（原北京市崇文区副区长，醇亲王奕譞曾孙、载沣之孙、溥仪之侄、溥任长子）

家里一些用不着的东西就都捐献给国家了，包括醇亲王的金印，十三斤多。后来溥杰特赦出来以后，把我们家祖辈的那些个影像也捐给了文化部。我们还上承德去捐了一次，包括慈禧写的寿字，捐了四五件文物，我给扛去的，八几年，八十年代初期。

对生性豁达的毓先生而言，人生所经历的一切似乎都是顺理成章，包括，"文革"中那些不堪回首的往事。

金毓璋（原北京市崇文区副区长，醇亲王奕譞曾孙、载沣之孙、溥仪之侄、溥任长子）

解放车抄走三汽车的东西，红卫兵都说你们家也没什么钱，你这破被子什么的有什么呀，就有点这些四旧，就给抄走了。把我们给轰到小厨房儿，学习《毛主席语录》，我带着他们。还是比较……咳，总算是过去了。后来因为载涛他们家出事了，他的太太自杀了，所以红卫兵赶紧就撤。因为载涛那有毛主席的任命书啊！所以说那一死人就都撤了，就把我们家等于解放了。（跟载涛）住一个胡同，一个东口一个西口。

尽管也是历尽了人生坎坷，生性乐观的毓先生却至今精神饱满、心态充满了阳光。

金毓嶂（原北京市崇文区副区长，醇亲王奕谭曾孙、载沣之孙、溥仪之侄、溥任长子）
我正好生活在一个可以使我比较幸福，比较平安，可以发挥自己微小的能量的时代，我感到非常欣慰。

谈到他新近出版的一本书《生正逢时》，老人跟我们说，他写这本书的目的就是想告诉大家，爱新觉罗家族的每一个成员早已是社会中的普通一员，他们在享受当下美好生活的同时，也都在自己的工作岗位上为社会做出了自己的贡献。

第五集 千古是非输蝶梦
——恭亲王奕䜣轶事

在北京西城的什刹海南岸，坐落着一处恢宏、秀美的清代府园，它就是久负盛名的恭王府。现在的恭王府，是明清两代京

载入京华

城一百多座中保存最完整、最具典型性的一座。乾隆年间，它曾经是著名贪官、大学士和珅的豪邸。而其后来的主人，恭亲王奕䜣，则更是中国近代史赫赫有名的人物，他参与了第二次鸦片战争及其后清朝的几乎全部重大政治活动，"辛酉政变"时，就是他把慈禧扶上了"垂帘听政"的宝座！再加上许多年以来，恭王府一直被传为是《红楼梦》里贾府与大观园的原型，这就更给这座府邸与曾经的主人及其后裔们笼罩上了一层神秘的色彩。

恒钺（道光位下恭亲王奕䜣后裔）

正确的表述我应该叫作道光位下恭亲王五世孙。道光皇帝一生有九个儿子，四子就是咸丰皇帝，老五，五爷是惇亲王，六爷就是我们家恭亲王。

恭亲王奕䜣，清道光皇帝第六子，1833年1月11日出生于北京紫禁城。清末洋务派领袖、改革家，平生力主发展近代工业，创办近代教育，建立近代外交，以及推行派遣出国留学生等一系列改革措施。

京梅（作家，晚清史专家）

虽说是第六子，但实际上在他出生的时候，他前面的大哥、二哥、三哥都已经故去了。当时他上面只有两个哥哥，一个是老四，四爷叫奕詝，就是后来的咸丰皇帝；还有这个奕誴，就是后来的惇亲王。这两个哥哥实际上都只比他大一岁。

道光十七年（1837年）元旦刚过，不满五岁的奕䜣，在一个钦天监择定的良辰吉日的早晨，由总管太监陪同，进入乾清门北侧的上书房，开始了他的学子生涯。据史书记载，奕䜣天资聪慧，"颖敏冠诸昆"。据说，上书房的师傅每天讲授千言，而他"少读即成诵"。

京梅（作家，晚清史专家）

清代的皇子，应该是六岁入学，但是那个时候讲虚岁，所谓的六岁，就是咱们现在的五岁。而奕䜣他因为生日小，所以上学的时候实际上才四岁多一点，他上学的时候两个哥哥已经都读了一年的书了，但是他很快在各方面就超过了两个哥哥。

有清一代对皇族子弟的教育，乃是中国历朝历代最为严格的一种教育，其主要课程包括：汉语、满文、经史、诗词、骑马、射箭、武术，等等。按照常理，文韬武略远在诸位兄弟之上的六阿哥奕䜣，应该是最有希望被立为皇嗣，承袭大统的。可为什么道光帝偏偏就立了老四奕䜣呢？

京梅（作家，晚清史专家）

我认为这其中有两个原因，第一个就是因为咸丰的生母，他的生母钮祜禄氏，当然也是清朝一个贵族的女儿，据说也是才貌双全，所以叫她全贵妃，最后封成皇后也是孝全皇后。全是比较全面的意思，有才有貌什么都有，这是道光非常喜欢的一个妃子，一个皇后。但是在道光二十年（1840年）的时候，这个孝全皇后她就突然地去世了。

道光二十年（1840年）正月，33岁的钮祜禄氏突然去世。个

载入京华

中缘由，正史未详，唯野史涉猎颇多，有清人笔记载："宣宗爱恭王，欲立之。孝全欲鸩杀诸子，一日置馔召诸子饮，置毒鱼中，予戒文宗勿食。文宗殊友爱，阴告诸弟勿食此鱼，诸弟得不死。既而谋泄，宣宗母太后怒甚，立命赐死。后徘徊不能引决，太后命悬白宫门，集宫人昼夜哭之，后乃投缳死。"也就是说，孝全皇后因担心道光皇帝立奕䜣为嗣，而设局毒杀道光诸子未遂，结果阴谋败露，被孝和皇太后赐死。

京梅（作家，晚清史专家）

从道光的角度来说，本身一个是他很喜欢这个皇后，再有一个是皇后为了这件事把命都丢了，道光觉得从心理上说应该把这个位置给她的儿子，而且她儿子也是最长。实际上咸丰这个人，他也确实是很善良的一个人。恭王的曾孙，毓峘先生当时跟我讲，他的六老祖，也就是恭亲王的六侧福晋，曾经给他讲过一件事：在他们俩（咸丰与恭王）很小的时候，道光皇帝拿出两个盒子来，一个是金的，很漂亮；另一个是木头的，让奕䜣和奕詝兄弟两个人挑。结果奕詝就说那让弟弟先拿吧，让弟弟先挑，奕䜣就毫不客气，过去一把就把这个金盒子给抓过来了。

道光二十六年（1846年），年迈的皇帝龙体渐衰，立储之事迫在眉睫。此时，奕詝与奕誴都是十五岁，奕䜣十四岁，而皇七、八、九子分别为六岁、两岁和一岁。显然，道光只能在三个年长的皇子中选立嗣子。而这年的正月初五，他已经降旨把皇五子奕誴过继给了和硕惇恪亲王绵恺为嗣子，那么剩下来的选择就只有奕詝与奕䜣两人了。

恒钺（道光位下恭亲王奕訢后裔）

当时道光皇帝在四子和六子之间，就是咸丰皇帝和我们老祖宗恭王之间是犹豫的。恭王很聪明，非常聪明，四爷（咸丰皇帝）不那么外露。在选的时候道光是很犹豫的，据说这个东西（这件事）最大的功臣是咸丰皇帝的老师，叫杜受田，这个人起了很大作用。

鲁宁（恭王府管理中心文物部主任）

结果咸丰皇帝的老师就跟他讲，你跟人家比，不管文还是武，你都比不过人家，你只能以这个怀柔之心，以这个来取胜。

道光二十六年（1846年）春天，道光帝下令诸皇子随他猎较南苑，奕訢与奕訢二人之间的较量由此正式拉开了序幕。

京梅（作家，晚清史专家）

南苑猎场就是在咱们现在旧宫还往南那一带，应该是南海子公园和北京麋鹿苑，那里在明清两代都是皇家的猎场。那个院子非常大，实际上就跟现在那种野生动物保护区似的。你想，皇帝一年能打几次猎？实际上动物在那里生活过得很幸福。

这天日暮时分，手持猎物的皇子们，一个个鱼贯回到道光帝身边报告战果，六阿哥奕訢所获最多，这原也在做父皇的意料之中。可当他看见四皇子奕訢两手空空地回来时，却禁不住暗吃一惊！

在父皇的频频追问下，奕訢才颇为伤感道："回皇阿玛，如今时方春和，鸟兽正当孕育，儿臣实不忍伤害生灵，以干天和。

载入京华

还望阿玛恕儿臣怠命之罪。"道光听罢，深受感动，更觉奕诉心地宽厚、善良，有人君之度。

京梅（作家，晚清史专家）

实际上这招是咸丰的老师杜受田教给他的。为什么，因为他知道咸丰要是跟恭王比打猎肯定比不过，说你（咸丰）不如藏拙示仁，就是你把你不如他的那面藏起来，展示出你优秀、仁慈的一面。

恒钺（道光位下恭亲王奕诉后裔）

杜受田死的时候，他的谥号是"文正"。有清一代，死后谥"文正"的只有三个人。曾国藩曾文正公，刘统勋刘文正公，这都是建立过大功勋的。杜受田既无战功，也不是重要的朝臣，只是帝师，他被授了一个文正公，当时在朝廷是有议论的。通过这个可以看到，他最大的功劳就是辅佐咸丰得到皇位，所以咸丰对他非常感激。

鲁宁（恭王府管理中心文物部主任）

还有一次，就是道光皇帝重病在身，可能是自己感觉将不久于人世了，就把这两个他认为最优秀的孩子分别叫到床前，来问他们，如果我去世了之后你们来当皇帝，怎么治理这个国家？

结果，奕诉滔滔不绝地向父皇陈述了他的治国之术，而奕诉则再次依照师傅的教诲，伏地流涕，以表孺慕之诚。他，再一次获得了成功。

道光三十年（1850年）正月十四，病体垂危的老皇上在圆明园寝宫慎德堂郑重宣布，将奕詝立为皇太子，随即当众开启金匣，众臣看时，那圣谕上竟然以朱笔书写着："皇六子奕䜣封为亲王，皇四子奕詝立为皇太子！"

恒钺（道光位下恭亲王奕䜣后裔）

一诏两封，这是清朝历史上没有过的，而且道光帝赐了印给这两个儿子，给咸丰的印叫作"同道"，给我们祖上的印叫"乐道"。用意很深，同道告诉你要兄弟同心，要团结更多的人；给六爷这封叫乐道，让你认命。后来我们老恭王就把自己的斋号叫作乐道堂，深会其意。

特旨御封奕䜣为亲王，既表达了道光皇帝对不能册立奕䜣为储的遗憾与惋惜，也是为了使新君奕詝在继位之后，不好迫害或贬低曾经与他有过储位之争的弟弟。然而，作为臣子，奕䜣的命运却并没因道光帝的这道遗旨得到彻底的保全，在其后的政治生涯里，他虽然恪尽恭忠与才智，许多次挽救帝国于危难之中，却仍然几起几落，命运多舛。

金诚（努尔哈赤位下礼亲王代善后裔）

奕䜣这个人，他是皇室在那个时代最杰出的政治家。他首先重视什么？重用汉族人。咸丰一直防着他，一直不给他实权，因为他的能力在皇上之上，魄力、体格、执政意识，方方面面在咸丰之上。

1860 年 8 月，英法联军进攻北京，咸丰皇帝在逃往热河前夕，授恭亲王奕䜣为钦差便宜行事全权大臣，留守京师，议和

载入京华

抚局。

恒钺（道光位下恭亲王奕䜣后裔）

英法联军火烧圆明园，咸丰皇帝跑到热河去了，北京这么一个烂摊子，烽火连天的，就交给了恭亲王，这是他登上历史舞台最重要的一个契机。但这是临危受命，不是什么好事情，可是总得有人收拾。那时候恭王才二十多岁，不得已被推到了这么一个风口浪尖，要跟这些拿着洋枪洋炮，船坚炮利的强盗们去谈判，要让他们别再烧北京城了，要把他们安抚下来，跟他们做外交，可他又没有经验。从那开始，恭王爷在中国的近代史上，开始了他很坎坷的一段人生经历。

咸丰十一年（1861 年）七月，奕䜣病死在热河行宫。生前，立唯一的儿子载淳为皇太子，载垣、端华、景寿、肃顺、穆荫、匡源、杜翰、焦佑瀛等八人为顾命大臣。但是此时，经历过大起大落风云颠荡的恭亲王，作为幼主载淳的叔父，已不甘被排斥在政治舞台之外。

鲁宁（恭王府管理中心文物部主任）

1861 年的时候，是他跟慈禧两个人，一起合谋。恭亲王奕䜣坐镇北京，慈禧在承德，政权不能让顾命八大臣来掌握，一定要掌握在他们手里，所以他们两个人就发动了一次政变，历史上叫作辛酉政变，也叫北京政变。

恒钺（道光位下恭亲王奕䜣后裔）

恭王爷是非常忠诚的，有的说恭王爷要取而代之，如何如何，那是不可能的。据我所知，当时是有人劝谏的，那是名正言顺的，他也是皇子。但是他坚决不同意，到热河把两宫接回来，把同治扶上正位。

辛酉政变的成功，让慈禧登上了垂帘听政的历史舞台，奕䜣则被授予议政王、军机行走、以亲王爵世袭罔替等殊荣，一时间，成为大清朝廷的实际掌权人。

恒钺（道光位下恭亲王奕䜣后裔）

比如说朝臣的顶子，都知道正一品、从一品是珊瑚顶子；二品的是亮红顶子；三品的是蓝顶子。皇上戴什么顶子呢？皇上戴算盘疙瘩顶子，拿布编的，就拿块布编一个斗状的东西。给恭王爷的恩赏叫赏戴算盘疙瘩，赏戴跟皇上一样的顶子，可见恭亲王他的地位很特殊。

辛酉政变后，载淳小皇帝的执政年号由"祺祥"改为了"同治"，意在两宫皇太后与议政恭亲王同心协力，辅佐幼皇，共同治理朝政。随后，他们重用曾国藩、李鸿章等汉族大臣，平定了太平天国与捻军起义，开始了中国近代史上的洋务运动。这一段历史，被称作"同治中兴"。然而，正是这段叔嫂同仇敌忾、同心治国的历史，带给当时与后世的好事者们对于二人关系的桃色猜测。

恒钺（道光位下恭亲王奕䜣后裔）

这个是不是小说家去找乐子我们不管，但是起码这些人不知道，在清廷中，宫禁是多么森严啊！别的咱不说，《红楼梦》

载入京华

总能看到，《红楼梦》里大观园干吗的那是？提前一年就得修园子，就是因为一个妃子要回家省亲，省亲几个时辰，提前一年盖一个院子。礼制严格极了，回去看她的父亲，她父亲都跪在帘外面。更何况那是内宫，那是绝对不可能的事。

京梅（作家，晚清史专家）

清朝的关防那是非常严密，你像它那个规矩：晚上一落锁，大内后宫里面，就只能剩下皇帝一个男人，不能再有别人。慈禧睡觉的时候，她的寝宫大门内有两个宫女；门外头是太监；里边一层卧室门门内外各有一个宫女；睡帐外又有一个宫女，那层层叠叠的都是人啊，你说她能和谁有什么关系？我觉得这个真的是属于无稽之谈。

恒钺（道光位下恭亲王奕䜣后裔）

乾隆给他母亲，太后过大寿，老太太说要出来看看，与民同乐。从午门出来，走到前门脸，就到纪念碑那块儿，就转一小圈，你知道多大动静吗？从南方把大象都运来了，那是不可思议的那种礼仪，多少仪仗，太后就出来这么一点儿！

实际上，奕䜣与慈禧的关系并非如老百姓想象那般同心协力，和谐共处。奕䜣的一生，曾经四遭罢黜，其中两次都与慈禧有着直接的关系。

鲁宁（恭王府管理中心文物部主任）

在 1886 年，光绪十年的时候，慈禧把恭亲王奕䜣一切职务都剥夺了，让他回家养病。为什么呢？她就是感觉恭亲王奕䜣的权力太大了，而且什么事情都是由他来主事。作为慈禧，垂帘听政，在这种情况下，奕訢就是她的阻碍。

而此时，历经多年政坛风雨的奕訢，早已经心灰意冷，将权与利全都看得很淡了。对此次的罢黜，他选择了平静地接受。

鲁宁（恭王府管理中心文物部主任）
他将自己家里表示亲王等级的一切都换掉了，同时以自己养病为由，到西山的戒台寺去，一住十年，在那里投资了很多。他拿出自己家里的钱，在那里建了万佛寺，把自己家里头牡丹都移过去，建了牡丹苑，他住在里头。现在我们看见戒台寺里的"卧龙松"那三个大字，就是他题写的。

金诚（努尔哈赤位下礼亲王代善后裔）
十年之后，朝廷不行了，给他请回来，他也不行了。他这个人非常勤奋，研究古今中外的东西。恭亲王在当时那个时代，还是不得了的。

1898 年 5 月 29 日，恭亲王奕訢病逝于北京恭王府，享年 65 岁。有人说，如果当年道光皇帝不是立奕詝为嗣，而是选择聪慧、强壮、思想开放的奕訢做皇上，那么，中国晚清的政治格局，乃至中国历史的走向，都将会改写。甚至有人猜测，说中国会因此走上君主立宪之路，走向强大。

恒钺（道光位下恭亲王奕訢后裔）
历史有自己前进的步伐，它不会因为一个人去改变经济脉络、

载人京华

社会结构。政权行使的演变，国事的演变，这些不是一个人所能决定的。中国的封建社会，到了清朝晚期的时候，或者说咱们就从 1840 年开始吧，西方工业革命开始，整个世界格局出现变化，别人船坚炮利，那是什么？那是工业革命的产物，你还在用冷兵器。所以历史的东西，就是到了这个时代，封建主义这条大船就是要沉没了，帝制就是要沉没了，你说靠一个恭王爷真是当了皇上就能拉住这条船吗？恐怕是拉不住的！所以说也没有什么遗憾，也没有什么如果，这就是历史的一个必然，历史的一个宿命。

京梅（作家，晚清史专家）

恭亲王奕訢我对他的评价有四句话：一个励精图治的政治家；一个走在时代前列的寂寞雄才；一个生逢末世的苦命王爷；但他也是一个中国传统的封建王朝的愚忠良辅。

奕訢去世 13 年后，辛亥革命彻底摧毁了统治中国达 267 年之久的大清帝国，他生前殚精竭虑极力避免了数十年的历史命运，终于降临到华夏大地……

第六集　故国乡关何处是
——小恭王溥伟与大画家溥儒

恭亲王奕訢的孙辈中，出了两位鼎鼎大名的人物：一个是卖掉恭王府，组建宗社党，一心光复大清朝的小恭王溥伟；另一位则是与张大千并称"南张北溥"，后来去了台湾的大画家溥儒。

溥伟，属于清末王公中的强硬派，是坚决不在清帝退位诏书上签字的两个王爷之一。而外表看上去温文尔雅的溥儒，确颇具中国文化传承千载的士人傲骨。

毓嶦（书法家，恭亲王奕䜣曾孙、溥伟之子）

我们家我父亲是溥字辈的，叫溥伟，跑到台湾的溥儒，溥心畲，那是我父亲的二弟，我家二叔。恭忠亲王死的时候，应该是载字辈的，我爷爷这辈承袭亲王。我大爷爷在我曾祖父奕䜣故去之前他就死了，大爷爷死后，我父亲是二爷爷房的，过继给大爷爷，就成了长孙了，这样的话我父亲就承袭亲王了。

奕䜣一生育有四子五女，但真正长大成人活下来的就只有长女荣寿大公主，长子载澄，次子载滢，以及一个小五格格。

京梅（作家，晚清史专家）

载澄在 27 岁的时候就病逝了，奕䜣的次子载滢，当时已经过继给钟郡王为嗣子。但因为奕䜣死了以后，他的身后没有可以继承王位的人，那么只好把溥伟又从载滢那过继回载澄的名下，继承恭王。溥伟继承王位以后，最初的时候他也只是担任一些王室的闲散差事。他真正被历史注意到，真正走到历史的前台，是在溥仪做了皇帝，在大清朝遭受最后的危机的时候。

1911 年，武昌起义爆发，眼见时局危在旦夕，满族统帅指挥不动抵抗民军的北洋各镇新军，摄政王载沣没有办法，不得不接受庆亲王奕劻等人的推荐，起用袁世凯。

而袁世凯重掌军权后，仅下令北洋军夺回汉阳，便按兵不动。

载人京华

他自己则只身进京，不足一个月的工夫，就通过奕劻说服隆裕太后，迫令摄政王载沣交出了权柄，又以接济军用为名挤出隆裕的内帑。至此，将兵、政、财权集于一身，继而以全体国务员的名义密奏隆裕说："东西友邦，有从事调停者，以我只政治改革而已，若等久事争持，则难免无不干涉。而民军亦必因此对于朝廷感情益恶。读法兰西革命之史，如能早顺舆情，何至路易之子孙，靡有孑遗也……"

京梅（作家，晚清史专家）

隆裕一听就被他吓得不得了，就只能召集一些王公大臣，开御前会议。当然，开始所有的王公都不同意，除了庆亲王奕劻以外，其他的人都不同意。

在这个问题上态度最坚定的就是恭亲王溥伟、肃亲王善耆、公爵载泽，以及醇亲王载沣周围的年轻贝勒们。其中，又以年轻的溥伟表现最为激烈，他自始至终对袁世凯深恶痛绝，坚持说他是当代的曹操。

鲁宁（恭王府管理中心文物部主任）

因为他那个时候很年轻，也很有作为，在年轻的宗室成员里很有代表性。当时他就是坚决不同意共和，不同意把清政府拱手让出去，他就是坚决要求君主立宪制。

大约就在这个时期，溥伟与升允、良弼、铁良、善耆等人共同组建起宗社党，其宗旨即主张君主立宪、反对皇帝退位、反对袁世凯、反对议和、挽救大清朝廷。

鲁宁（恭王府管理中心文物部主任）

因为袁世凯当时是想当大总统，他认为只有清政府倒了以后，他才能出任大总统。所以跟革命党达成的条件也是他来出面劝降清政府，清政府如果退出历史舞台，他就出任大总统。由于溥伟坚持君主立宪，所以对他这个事情有一定的阻碍。袁世凯就跟革命党联合，派了一个杀手，把当时宗社党里头主要的骨干成员良弼在回家的路上用炸弹给杀死了。这一下对皇亲国戚是一个很大的震动，之后再开御前会议，也就没有人敢再提不共和了。

御前会议每次都是"无功"而散，而袁世凯的"倒清"计划却在有条不紊地进展着：先是北洋军将领段祺瑞等人从前线发来要求皇帝退位的电报；紧接着，原来表示三个月就能打败革命党的冯国璋在袁世凯策动之下也发表了通电，表示赞成共和。此时，懦弱的隆裕皇太后越发没有了主张。

京梅（作家，晚清史专家）

而且她最宠信的一个太监小德张也被袁世凯给喂饱了。隆裕连这个小德张的话也听，说小张子你说，是共和好还是君主立宪好。小张子说，要我看共和还是立宪对老主子是一样的。立宪吧，老主子也就是用用宝；共和吧，老主子也还是老主子，也还是皇太后嘛。如果不答应，以后优待政策没有了怎么办？

公元 1912 年 2 月 12 日，大清国裕隆皇太后宣布了皇帝退位诏书。这，标志着统治中国长达 267 年的大清王朝，正式退出了中国的历史舞台。

载人京华

鲁宁（恭王府管理中心文物部主任）

虽然宣布了清帝退位诏书，他们宗社党的活动却没有停止，就是一定要复辟清王朝，但是复辟清王朝需要经费，他们又没有经费……

最后一次御前会上，溥伟决定变卖自己家藏的历代古董、书画，用以筹集勤王经费，组建部队。消息一经传出，立刻就有买主上门——日本山中商会董事长，山中定次郎，以最快的速度从日本赶来北京。而此时，小恭王溥伟已经离开了。

鲁宁（恭王府管理中心文物部主任）

袁世凯对小恭王恨之入骨，曾经派人给他带过信，就是讲你不要从事这样的活动，老老实实按照国民政府和清政府的退位协议，你好好享受当你的王爷就完了。他就没有理袁世凯。

京梅（作家，晚清史专家）

袁世凯就派兵把小恭王溥伟和肃亲王善耆的府邸都给包围起来了。为什么呢？因为在议和皇帝退位的诏书上，唯有小恭王溥伟和肃亲王善耆他们两个人没签字。

鲁宁（恭王府管理中心文物部主任）

但是，因为小恭王溥伟在朝廷里也是当着戒烟大臣，也有很多好朋友，袁世凯军队里的军官提前就把这个消息透露给他了，说你赶快走，今天晚上要围你的王府，要抓你。

匆忙之中，溥伟带着自己母亲逃往当时在德国人管控之下的青岛，而初到北京的山中定次郎，也只好跟恭王府的大管家来谈这笔买卖了。

鲁宁（恭王府管理中心文物部主任）

他经过很多手续才进了恭王府，进来一看恭王府里头的古建、植被、假山，把他给震撼了。推开一座门，宽大的房间里头，百宝阁里摆满了各式各样的青铜器和古籍善本。

而溥伟的客厅，亮丽如一座精品美术馆；藏宝的后罩楼，每个房间归放着不同类别的宝物：如意、翡翠、玉石、瓷器，都是用大竹框装得满满的。山中定次郎马上意识到，这一回自己可真是要发财了！他当即拍板买下了所有主人肯卖的藏品。

京梅（作家，晚清史专家）

这样他（溥伟）拿钱建立了一支军队。据说这个军队声势最浩大的时候已经打到了张家口，他这个军队很能打仗，但是最后军队的内部哗变了，把最高的统领给杀了，这样一下就都散了，溥伟的这次行动就失败了。失败以后他就跟日本人提出他要搬到大连去，日本人一听当然是求之不得。

以蚕食中国为目的的日本人，当然不会轻易放弃这笔"送上门来的买卖"。"一战"结束不久，日本人即出资三万日元，在美丽的大连海滨为溥伟一家盖了一座二层小楼。

京梅（作家，晚清史专家）

日本占领了东三省之后，溥伟曾经在日军的保护下，祭拜过北

载入京华

陵。北陵是努尔哈赤、皇太极，他们的祖先埋葬的地方。后来日本人要成立一个明光帝国，最初的时候是有意要请他当明光帝国的皇帝。但是溥伟最终没有答应，因为在他的心里，他要复辟的是大清帝国，在他的心里只有一个帝国，他也只能忠于这个帝国，他也只能忠于大清帝国的皇帝。

毓嶦（书法家，恭亲王奕䜣曾孙、溥伟之子）

后来我父亲不是见着溥仪了嘛，就跟溥仪说，有我溥伟在，大清国就不会亡。这都是说大话呢，溥仪就爱听这个。

赵雅丽（北京社会科学院历史所副研究员）

大概是三六年一月，他就病了。他离开北京的时候，有很多的银子，几十万两白银。但是他得病的时候，他的嫡福晋带着这些钱就跑了，把他这些钱带回北京，跑回北京娘家了。他就心火交加，然后就死在长春的一个旅社里面，就是三六年去世的。

京梅（作家，晚清史专家）

可以说溥伟他的一生都是在忧患中度过，尽管他出身那么高贵，出身在皇族，但是从他很年轻的时候开始就饱经忧患，弃家离亲。他一直就是想复辟大清，这是他心里最大的愿望，也是他一生最大的一个心结。

"远天烟水近黄昏，初月微明带雨痕。故国乡关何处是？片帆吹渡沈家门。"1949 年 5 月，溥伟的二弟，与张大千并称"南张北溥"的大画家溥心畬，带着这样一种彷徨、茫然的心绪，从浙江舟山离开大陆前往台湾。从此，再也没能回到这一片让他无限眷恋的土地。

恒钺（道光位下恭亲王奕䜣后裔）

南张北溥，这个好像是二十年代琉璃厂的一个画店的经理叫出来的。在当时那个年代，北方的溥心畬，就是我二爷爷，他的画是一种文人画，讲究雍容、大气，文人画风很浓。他没有老师，府里藏画很多，宋元名家的，府里藏的名画，照着这些画，他就是愣临出来的。

京梅（作家，晚清史专家）

他是诗书画三绝，他的字更漂亮，有的人甚至认为他的字是中国六百年来第一人。他的诗也是写得非常有灵气。据说他小的时候，进宫去见慈禧，慈禧给他抱在腿上，给他出个对联，他就对上了。慈禧就觉得这么小的小孩怎么能对得这么好，当时就说了一句话："本朝灵气都衷于此童。"

毓岚（道光位下惇勤亲王奕誴后裔）

溥儒我见过，他是我叔叔，比我父亲小两岁。他们算是叔伯吧，叔伯兄弟。他给我画过画，那会儿有那种纪念册似的，一个小册页，反正我就带着那个去他那儿，就想让他给我画，结果他就给我画了一个。我拿我画的画给他看看，他也给你指指说说，大概就说缺点的地方。

京梅（作家，晚清史专家）

清朝灭亡了以后，他对那个曾经属于他家族的王朝也是非常地

载入京华

留恋。他画的大部分是山水，但是都是那种看起来非常荒寒，非常凄凉的那种。有人说那叫残山剩水，表达的是他自己心里的一种感觉，一种感情。他用了一个章，他百分之八十的字画都用那个章，叫"旧王孙"。而且他落款从来不落民国多少多少年，他都是落咱们现在的农历。

1912年，袁世凯兵围恭王府，小恭王溥伟携其家眷前往青岛，而溥心畲则与生母项老夫人、弟弟溥僡逃到清河二里沟，生活异常窘迫，幸亏当初老恭王奕訢曾在京西戒台寺施舍过大量钱财，现任住持高僧永光大师得知王府蒙难，派人将溥儒母子接到了戒台寺。

恒钺（道光位下恭亲王奕訢后裔）

溥心畲跟我的祖父，两个人在西山戒台寺，现在戒台寺还有个叫牡丹苑的地方，他们就住在那里头，那是老恭王出钱修的一个院子。他们在西山一住就是十年。现在你开车不堵车的话，四十分钟一个小时就到了，当时坐牛车去戒台寺得两天呢，多么荒僻呀，在那里一待就是十年，苦读苦练！

鲁宁（恭王府管理中心文物部主任）

从1912年左右一直住到了1925年。13年以后，溥心畲带着弟弟和母亲又回来了，房子都被卖了，所以就打官司。最后天主教会在后花园里头给他隔出了一块地方，先暂时让溥心畲住。

在溥心畲心里，人生最高尚的事就是研究经史、做学问，他甚至常说："一个人如果不会吟诗，就不能免俗。"而他自己则才思敏捷，成诗无须"七步"。一次，张大千到北京拜访他，恰遇大风，触景生情，随手画了一棵被风吹倒的大树，树上缠绕着青藤。

京梅（作家，晚清史专家）

溥儒看了以后，随手就在上面题了一首诗："大风吹倒树，树倒根已露。上有数枝藤，青青犹未悟。"

一挥而就的配诗，明白如话，意境深远，挥笔间道出了对自身命运的无尽慨叹——那被风吹倒的大树，岂不正是已然玉山倾倒的大清王朝？而缠在树上的枝枝青藤，恰好似末世王孙们恨水东逝的无限惆怅！

京梅（作家，晚清史专家）

毓峘先生，他跟我说过很多，因为他接触过溥儒，他管溥儒叫二大爷。他说他二大爷是一个命特别苦的人，在很年轻的时候，国亡了。他的婚姻是一个政治上的婚姻，当时应该是小恭王溥伟做主，让赫舍里氏，就是溥伟的母亲把溥儒给招到青岛，在那告诉他，要把升允的女儿嫁给他。

升允，大清国末代陕甘总督，宗社党成员，其女罗清媛，精通诗词、书画。

京梅（作家，晚清史专家）

为这个，溥儒的生母项老夫人还痛哭过一场，因为他要走的时候都不知道，从那回来说都结完婚了！说我自己生的儿子结婚，不光是说不让我去，而且连告诉都不告诉我一声，这叫什么事?!

尽管说这是一场政治婚姻，但罗夫人身为大家才女，夫妻二人婚后有很长一段时间也算是恩爱绵长，可后来，情况发生了转变。

京梅（作家，晚清史专家）

项老夫人有一个丫鬟叫文淑，溥儒和弟弟溥僡，两个人都看上这个丫鬟了。后来项老夫人怕这哥俩为这个不和，就跟溥儒的夫人罗清媛说，赶紧再买一个丫鬟去。

很快，恭王府后一个捡煤核的穷人家女孩被带进府来，毫无社会经验的千金小姐罗清媛，糊里糊涂地就买下来，给自己的丈夫做了妾。逐渐地，溥儒越来越宠爱这个叫雀屏的小妾，也愈来愈冷落自己的原配夫人。

京梅（作家，晚清史专家）

到后来溥儒住在颐和园的时候，他带着雀屏，已经就是受制于她了。等到去了台湾以后，就更被她管着。毓峘说起这个事来特别伤心，说到什么程度，连电视都不给溥儒买。为什么？让他画画，看电视就耽误画画。据说有一次有朋友请他们吃饭，吃完饭，人家说下面电影院演电影呢，演武侠片。溥儒一听就特别高兴，就说我爱看，我愿意看这个武侠片。雀屏当时就说不行，你还得画画呢，得回家了，回家画画去。溥儒就跟一个小孩子似的，就央求着雀屏，到最后她也没同意，就还是回去画画了。

溥儒抵台不久，即为台湾师范大学美术系聘作教授，其画作在市场上价格不菲，而他本人对金钱几乎全无概念，自己的作品也常常是随画随舍。对此，精于计算的如夫人雀屏自是不能等闲视之，她为此没收了溥儒的所有印章。

京梅（作家，晚清史专家）

他的学生手里有他的好多画，最后这些学生想出来一个什么办法呢，买了一块好料，找学校刻章最好的那个教授，给溥心畬，给他们的先生刻了一个章，毕业的时候说是作为谢师礼送给溥先生。溥先生一看特别高兴，把这个章就给收了。可是他不知道在他收之前，他的学生早都用过了，在那大摞的画上，咔咔咔，全给盖上了，学生也很聪明。

然而，一辈子无视金钱、不理俗务，也不谙人情世故的溥儒，在大节问题上，却是一生不糊涂！

恒钺（道光位下恭亲王奕訢后裔）

我二爷爷，就是溥心畬，有一别号叫作西山逸士，就是在戒台寺而起的，在那待了十年。我祖父主要是念书，我二爷爷主要就是练画。除了画之外，他的名士派头也是很足的，有很多很多故事，那种名士派头，真是有种"天子呼来不上船"的风范！

载入京华

鲁宁（恭王府管理中心文物部主任）

日本人占领北平以前，溥心畬在一个大学里头教书。日本人一占领了北平以后，接管了教务处，他马上就提出来辞职。日本人驻北京的最高长官，派人拿着很多的黄金来找他，说你们几个画家合着画一幅画，作为献给（伪）满洲国皇帝的礼品，在他登基的时候献给他。溥心畬一口拒绝，他跟别人说，饿死了我也不会画这个画。所以他有一种骨气。

京梅（作家，晚清史专家）

他就是一个文人，他没有像溥伟说我要组织什么武装，我要恢复大清朝。但是作为文人，他有表达自己风骨的另一种东西。那就是他一生不做官，我是大清朝的旧王孙，任何朝代的官，谁给我，你给我多高的官我也不做。包括后来溥仪成立伪满洲国，请他过去，他坚决不去；日伪时候的官他更是不做；到最后国民党和共产党都曾经给他写过信，邀请他出任高官，国民党给的什么官我不清楚，共产党方面好像是当时叶剑英给他写过一封信，说是想请他当民政部的副部长，但是他全都婉言谢绝。他一生，一辈子，就是一个素儒，这点很不容易！

1963 年 11 月 18 日，溥心畬在台北中兴诊所逝世，安葬在台北阳明山后山，其墓地按满族习俗而造，墓碑上刻着："西山逸士溥儒之墓"。台湾评论界认为，溥心畬是中国最后的一个文人画家，他的仙逝，结束了中国文人画的最后一笔。

第七集　手拍栏杆思往事
——恭王府及其后裔现状

2008 年北京奥运会前夕，位于北京西城前海西街 17 号的恭亲王府，在历经近卅载，耗资数亿元的腾退、搬迁、修复之后，终于迎来了它全面开放的日子。百年沧桑，几经离合、分割，这颗受到中国三代领导人高度关注的什刹海畔的明珠，最终拂却尘埃，一展其温润、剔透的大家风范。

鲁宁（恭王府管理中心文物部主任）

它是在和宅的基础上经过扩大，经过改建成为的这么一个王府，所以作为王府来讲，它在北京城可能不是占地面积最大的，但它是最豪华最精致的这么一个王府。

如今的恭王府，院落恢宏、游人如织，已成为国内外游客来京旅游的必到景点。但几十年前，它也曾经同北京城的其他王府一样，沦为大杂院。

鲁宁（恭王府管理中心文物部主任）

在四八年左右，整个辅仁大学就随着国民党到台湾去了，所以辅仁大学现在在台湾，我们曾经去采访过。辅仁大学走了以后，院落就空了，新中国成立以后就有很多单位搬到这。

而保护和恢复恭王府的倡议，最初是由中华人民共和国的第一任总理周恩来提出的。

载人京华

鲁宁（恭王府管理中心文物部主任）

周汝昌是红学研究的大家，他就一直认为恭王府是《红楼梦》的原型。因为这里头也有竹子院，也有牡丹苑。有一年他陪着周恩来总理到这里头来看，（他跟周总理说）你看看走到恭王府的竹子院里头，你看看这是不是《红楼梦》大观园里头写的那个潇湘馆？像不像？后来总理讲，这么好的一个地方，咱们应该让它对社会开放。

金诚（努尔哈赤位下礼烈亲王代善后裔）

周总理去世之前，接见了若干人，其中有谷牧副总理，他给谷牧三点指示，其中一点就是开放恭王府。谷牧不当副总理以后，他请过李岚清，请过李瑞环，很多常委先后都到恭王府参观、视察。

鲁宁（恭王府管理中心文物部主任）

〇三年底，谷牧先生和李岚清到恭王府来视察，我就坐在旁边。老头说了，这么多年了，恭王府怎么还没有对社会开放？他讲："当时周总理把我叫到病床前面，嘱咐了三件事，我完成了两件，建立了琉璃厂文化一条街，把国家图书馆也盖起来了，而且规模很大。唯独到现在恭王府还没有全面对社会开放。我都是九十岁的人了，万一我哪天走了，到了那边，我可没办法向总理交代！"所以从〇三年开始，我们就加紧这方面的工作，到〇八年八月份，恭王府全面对社会开放。当时谷牧先生在医院里头，身体很不好了，跟他汇报这件事，他很高兴。没过多久，谷牧先生就去世了。所以我们也算是把总理的这个遗愿完成了。

当然，在修复恭王府的整个过程中，家族后裔们，也都付出了他们所能付出的努力。

金大钧（努尔哈赤位下豫通亲王多铎后裔）

我们作为书画家，两次给他们捐画。他们修前边的邀月台，还有后边的福轩，是我们整个家族的人用书画捐卖的钱给他们做的。高占祥做文化部副部长的时候，曾经还在那叫什么演乐厅吧（应为大戏楼）？就是现在演戏的地儿，接见我们家族的这些书画家，代表文化部，代表国家感谢我们。当时溥杰先生还在呢，我们等于是以溥杰为首进行的捐赠。

鲁宁（恭王府管理中心文物部主任）

目前，恭王府保存了很多 20 世纪八九十年代这些皇亲国戚们自发组织起来为恭王府捐献的书画，有一大批。

世事变迁，恭亲王府又恢复了它往日的恢宏，而曾经的主人们，依旧过着他们平凡普通的日子。在这个阳光明媚的上午，末代恭王毓嶦老人，继续追忆着他少年时候的往事。

毓嶦（书法家，恭亲王奕䜣曾孙、溥伟之子）

1937 年去的（伪满皇宫），卢沟桥事变那年。那时候为什么上皇宫里去？那时候我父亲死了，就剩我母亲带着我们哥仨，吃什么呀喝什么呀。我父亲死了之后留了点儿金银首饰，就卖点儿金银首饰，可之后怎么办呢？有人就跟溥仪说，溥伟也死了，剩下仨儿子，没人管，你这有这个（学校）。那会儿溥仪在长春皇宫办了一个学校，好几个学生，他就让我上那儿念书

载入京华

324

去。后来家里就剩我母亲带着两个弟弟，靠卖东西来生活。就这样，我就是带出一张嘴，上溥仪那儿念书去了。

赵雅丽（北京社会科学院历史所副研究员）

主要是生计的原因，还有也是族人的一种归属感，他在别的地方得不到认可，就投奔了溥仪。到了长春以后，溥仪把他的俩弟弟也都接来了，这样他开始了在皇宫里面陪伴溥仪的生活。

毓嶦（书法家，恭亲王奕䜣曾孙、溥伟之子）

又过了两年，家里生活也没办法了，溥仪就叫我母亲带着我的两个弟弟，也到长春来。我老大，我的二弟跟我一块儿上溥仪那儿念书去了。我母亲带着我的小弟，三弟，溥仪一个月给一百多块钱。那时候一百多块钱两口子生活没问题。一个月俩月，溥仪还给一袋大米，那会儿吃粮食都配给，平常哪见着大米白面。就这样我母亲带着我的弟弟。我们哥仨，我最小的弟弟，他现在没有了，早就没有了。现在我在北京，老二也在北京呢，他八十多了，他有病，我母亲早就没有了。

鲁宁（恭王府管理中心文物部主任）

他基本上没有在恭王府里头待过，他对恭王府的印象，大多来自他父母和底下的用人。当时他跟我叙述的时候，他说的恭王府那种辉煌的景象，他讲的我都不敢想象！

京梅（作家，晚清史专家）

这位老人真的很不容易，很苦的一辈子。他出生于1930年，不是在王府出生的，是在外地，在大连出生的。等于从出生下来，家里已经是颠沛流离，国破家也破。

毓嶦（书法家，恭亲王奕䜣曾孙、溥伟之子）

我那会儿才十几岁，见着溥仪，那时候不懂事，说见着皇上要磕头，到时跟皇上说话，不许说我，得说奴才，跟皇上不能说你，也不能说您，得说皇上怎么怎么样，说你自己的话就奴才怎么样，跟皇上说话得这样才行。那时候岁数也小，也不懂事，白天出来念书，晚上吃完晚饭了，上溥仪那去。溥仪看看，跟你说两句话。那时我很小，他也不大理我，我就在那站着，也不说话。

恒钺（道光位下恭亲王奕䜣后裔）

毓嶦老先生，我要叫七大爷，我这七大爷这辈子真是受了大苦了！可以说还是小孩啊，什么都不懂啊，被溥仪带着。溥仪被特赦，出来当的什么政协委员，这两个跟着去的孩子，裹挟走的孩子，却一直在那服刑。

赵雅丽（北京社会科学院历史所副研究员）

他要比溥仪早释放两年，五七年特赦，特赦之后他由皇族变成农民，到北京的一个叫天堂河农场，在这个农场，他变成务农的了。务农对他来说也是一件很难的事情啊。六六年"文革"爆发，他的命运开始发生转变。因为出身问题，他被下放到辽宁的凌源强制劳动改造，又一次劳动改造。一直到"四人帮"倒台，他才回到北京的。虽然是末代的恭亲王，但他的待遇或者生活，始终是不如溥仪，各方面待遇都没有溥仪好。

载人京华

326

327

对毓嶦先生一生经历的种种坎坷与不平，专家与族人无不为之感叹，而老先生本人，对此却一笑带过，颇为幽默。

毓嶦（书法家，恭亲王奕䜣曾孙、溥伟之子）

我们（属于）那个不予起诉，释放，都算不上战犯，战犯出来的都安排到政协去了。我们这些人，人家说，叫小人物穿到大串上了。跟着溥仪上战犯管理所，要不是跟着溥仪的话，战犯管理所人家也不要你，你算哪门子战犯？是不？不够格！

恒钺（道光位下恭亲王奕䜣后裔）

后来我七大爷的字写得很好的，自成一体。晚年还是比较安定的，实话说，但是也就是晚年了，我记得后来再见他，他已经挺老的了，前半辈子真是颠沛流离，挺惨的。

金宝森（北京满文书院院长，清史学者，清兴祖直皇帝福满三子索长阿后裔）

老先生书法好，他的书法主要还不是在国内，主要是日本，在日本出售。老先生除了写字以外，偶尔会参加一些满族的活动什么的。他现在是跟老伴在一起，老伴叫丽水。

赵雅丽（北京社会科学院历史所副研究员）

他不断地到韩国、日本还有东南亚各个国家去办画展，因为他的字是属于宫廷体，类似启功，他的作品被世界各地的人广泛收藏，一幅字都很难求的。大家给他的评价很高，作为爱新觉罗家族的人，他是备受崇敬，所以我觉得他的晚年生活还是幸福的。

京梅（作家，晚清史专家）

　　我是1997年的时候跟他认识的，认识以后知道他是书法家，说毓先生您给我写幅字，他特别痛快地给我写了两幅字，人非常的好！我后来写了一本《如梦如烟恭王府》，这本书现在还在卖，已经第十五次印刷了。这书我送给毓先生以后，他就特别认真地给我写了一封信，就是关于老恭王奕䜣的墓志铭，里面断句可能有一句话断得不对，特意给我写的，我特别感动！

　　爱新觉罗·恒钺，恭忠亲王奕䜣第五世孙。现用名：毓钺，中国戏剧家协会艺术发展中心艺术指导，目前主要从事戏剧创作与戏剧评论等工作。其代表作有电视剧《李卫当官》、京剧《宰相刘罗锅》等。

恒钺（道光位下恭亲王奕䜣后裔）

　　我父亲叫毓峘，已经去世了，〇三年去世的，他有两个姐姐。我父亲和这两个姐姐，我祖父，还有我的二爷爷，就是溥心畬，他们一直住在（恭王府）后花园里面，一直到三几年才离开。我父亲应该是新中国比较早的一届大学生，五十年代初期毕业的，上的是美术系，辅仁大学美术系。完了以后就一直做美术编辑，报纸杂志美术编辑，后来又成为职业画家。他还会弹三弦，他的三弦弹得还是不错的，据说当时是跟府里一个老太监学了一套清宫内廷用的弦索十三套曲，也是个绝响了，（现在）没人会了。好像他生前还举办过一次传谱音乐会，在人民大会堂，传这个弦索十三套曲，传给了他的一个研究生，中国音乐学院的一个研究生，当时也是挺有影响的。

载入京华

京梅（作家，晚清史专家）

毓峘先生是我见过的他们这一代人里，唯一一个在恭王府住过的人。他住了七年，他是在恭王府出生的。虽然当时恭王府已经典出去了，但是他们还住在这里，溥儒和毓峘的父亲溥僡兄弟两个人住在后花园。他们是在毓峘先生 7 岁的时候搬出去的，但是这位老先生他记忆特别好，也许是因为他是学画画的，画家的缘故，他对那里边的每一处建筑，一草一木，甚至是当时建筑上的那个画，那个瓦什么样，曾经在后罩楼里看过什么东西，他都记得特别清楚，记忆力非常好。所以当时我写恭王府的时候，他给我提供了好多第一手资料，给我讲了很多故事，给了我很大帮助。

恒钺（道光位下恭亲王奕䜣后裔）

在我的印象中，我小时候曾经看见过的东西，比如说官窑，从府里带出来的东西，那恭王府里没有不是官窑的东西。我记得小时候经常瓶，有这么一大瓶，开片的，淡青色的。我弄一把我们家院里的丁香花插那儿，忘拿回去了，风一吹给兜碎了，我父亲过来也就说一句："挺好的官窑瓶弄碎了。"这么大一官窑瓶，一整器，清三代的，那得多少钱啊！

出生于 1956 年的恒钺，自然是连家族最后的繁华也无缘目睹。尽管如此，他，还是在年龄很小的时候，就嗅到了弥散在空气中那一缕源远绵长的书香。

恒钺（道光位下恭亲王奕䜣后裔）

比如说从小，我还不会写字，我还不认识字呢，家里就开始让我练字。现在溥心畬的字很值钱，过去家里堆着溥心畬写的经文册页，就那么乱堆着。我练字就乱找帖，现在看都是什么原拓的拓片，还有一卷成亲王的手卷，拿着就照着练，练完以后就不知道扔哪了，当时也不知道是好东西，现在可能说很值钱了。

与父亲毓峘先生一样，从事文学职业的恒钺，对自己幼年的往事，同样有着惊人的记忆。

恒钺（道光位下恭亲王奕䜣后裔）

我祖父去世得早，我五六岁他就去世了。在我印象中他屋子里全是书，打我睁开眼睛记事儿，祖父就成天在那读书写字，我父亲也是。家里来的朋友客人，他们都是一些学问家，他们谈的我也听不懂，但是我也听。那时候也没有电视，什么都没有，业余活动就是坐在四合院里，弹弹三弦，拉拉京胡，唱唱岔曲、单弦，唱唱清音子弟书。一种环境的濡染，潜移默化的东西，可能有一些。

除了文化的熏陶，家中长辈们留给小恒钺最深的印象就是对于财物的淡然与木讷。

恒钺（道光位下恭亲王奕䜣后裔）

他们就说家里有很多仓库，仓库里堆得也是顶天立地的，但是谁都不回去翻去。最后搬家的时候，搬家是什么概念？就是自己带自己屋子里有用的东西。这是我用的杯子，我带着；那个书画，我带着；这个花瓶，我用我就带着。就搬走了。至于府

载入京华

里还有什么东西，谁也不去管。据说我们家府里四十多个底下人，回去以后都成大地主了。

当然，对出生于 20 世纪 50 年代的中国人来讲，最深刻的青春记忆，莫过于那一场"十年浩劫"。但恒钺说，以自己的出身而论，他，已经很幸运了。

恒钺（道光位下恭亲王奕䜣后裔）

你看我十岁就"文化大革命"了，我十四岁参军，到的总政话剧团，就拉起京胡，小时候"文化大革命"没事干了，不能够上课了，就拉个京胡、唱样板戏，居然考上了部队文工团。我这出身居然能上部队文工团，也挺奇迹的，在文工团待了十几年呢。当时上文工团记得很清楚，家里很不高兴。我姑姑，我一姑姑非常非常疼我，没结婚，老姑娘，她对我帮助很大，从小教我读诗，教我背平仄谱，教我读《古文观止》，教我怎么练字。我考上总政文工团，考上总政话剧团，我这姑姑居然哭了。当时当兵是多荣耀的事情啊，绿军装啊！七十年代你们可能没赶上，那时候能穿个绿军装那牛死了！可是我这姑姑居然哭了，怎么能去搞文艺呢？在他们的脑子里，现在你说搞文艺是一个挺高尚的职业，那过去搞唱戏的伶优隶卒啊，是贱籍，都不能应科考试的！

然而，被幸运眷顾的年轻人，依然怀揣着少年时最初的梦想，直到如今，在他的心里仍存淡淡遗憾。

恒钺（道光位下恭亲王奕䜣后裔）

其实当时我的第一志愿是当医生，特别想当外科医生，后来就是时不我予吧。

家族文化的濡染，让他——爱新觉罗•恒钺最终走上了文学创作之路，成为一名职业剧作家。然而，他的作品却始终充溢着，对曾经属于其家族的那个王朝的叛逆。这，或许就叫作命运。

恒钺（道光位下恭亲王奕䜣后裔）

这说来也是矛盾，我的家族就是爱新觉罗家族，应该是皇室的血脉，应该是很正统的。但是我的作品，我写东西，在写清宫戏，在写清朝历史剧的时候，我恰恰有一个始终不渝的命题，我就是要对封建王朝，对封建的权力，对封建主义进行揶揄，进行解构，我要颠覆。

在恒钺先生的作品中，并不回避对于祖上的批判。在他看来，对历史的评价必须公正，这不仅是当代作家，也是他作为皇族后裔的一种责任。

第八集　末世王孙奈若何
——惇王后裔溥雪斋失踪之谜

2004 年 10 月，中国新闻社报道：北京文物部门在城市开发和危旧房改造的调查时，从一片民居中发现了曾被学术界认为早

载人京华

已荒废的五爷府建筑遗存，即将对其进行抢救性修缮。

"五爷府"坐落在北京朝阳门内烧酒胡同，原为康熙皇帝第五子恒亲王允祺的府邸。到了嘉庆时期，允祺后人的爵位递降到镇国公，无权再住王府，该府遂转赐给惇恪亲王绵恺。道光二十六年（1846年），皇帝将自己的第五子奕誴过继给了无嗣的绵恺，承袭惇亲王府。因为恒亲王允祺与惇亲王奕誴两代王府的主人都是排行第五，故老北京人亲切地称这座王府为五爷府，又将这两个人分别称作"老五爷"和"小五爷"，本集中我们要说到的，是小五爷奕誴。

京梅（作家，晚清史专家）

说是咸丰的弟弟，实际上他就比咸丰小六天，小六天但也是弟弟。应该说他在政治上没有什么天分，在读书等各方面也不如两个哥哥，但是他在清末的时候却被人们称为贤王，为什么称他为贤王呢？因为他这个人有个优点，就是很愿意接近老百姓，很愿意跟下层的老百姓在一起聊天，在一起吃饭。出去逛什刹海，对老百姓很好，这样他了解了民间的疾苦，很多时候会做一些为民请命的事情。所以他就是在老百姓当中口碑非常好的这样一个人。

金恒德（嘉庆位下惇勤亲王奕誴后裔）

他不受慈禧太后的喜欢，她没有给他什么重要的任务，就是一般的管管事，零碎的差事。

实际上，惇亲王奕誴的一生，曾先后担任镶黄旗汉军都统、正红旗蒙古都统、正黄旗满洲都统、总理行营事务大臣、上书房总谙达等要职。而在其后人的心中，印象最深刻的只有宗人府宗令这一职。

毓峨（嘉庆位下惇勤亲王奕誴后裔）

清朝有一个制度，你是亲王、郡王，普通的县官管得了吗？没人管，管不了！所以它有一个宗人府，宗人府这个机构，专管这些事。如果王子、王孙犯法，别人弄不了，它就能管。

金恒德（嘉庆位下惇勤亲王奕誴后裔）

他敢于犯上，你慈禧不管你说什么，你说得对我支持你，你不对我不支持，我反对。听家里人说，有一次惇亲王穿着小褂就进了宫了。慈禧太后看了很不满意，觉得不穿官服你就上我这儿来?! 但是慈禧太后也没辙，随你便，你爱穿什么穿什么，反正你是我的小叔子。

京梅（作家，晚清史专家）

惇亲王这个人，他性格比较外向，比较单纯，也不是很有心计，这样一个人。他在政治上，也没有什么太多的追求。这样实际上，我觉得他和慈禧的关系，才更像那种民间的叔嫂关系，没有政治家之间的那种关系。

与咸丰、恭王和醇王相比，尽管惇亲王奕誴在政治与学问上的天分略显粗拙，在近代史上的名气与作为更是远不如三位兄弟。可也许正如民间说的风水轮流转吧，这位"小五爷"身后的子嗣却远比兄弟们繁盛许多，而且是文人辈出。"文革"当中神秘失踪的我国现代琴坛、画坛一代宗师溥雪斋先生就是其

载入京华

334

中最为杰出的一位。

京梅（作家，晚清史专家）

溥雪斋原名叫溥忻，他是惇亲王的后人，后来被过继给道光的第九子孚郡王奕譓，是过继给他当孙子，不是当儿子。他承袭的爵位叫固山贝子，承袭的这样一个爵位。溥雪斋这个人是非常有天分，非常有才华的。

退出清末政坛后的溥雪斋，曾任辅仁大学美术系主任、北京文史馆馆员、中国文联常务理事、古琴研究会副会长、民族音乐研究所特约演奏员等职。

京梅（作家，晚清史专家）

他作为清朝的一个旧王孙，我觉得跟溥儒有点儿像，也是一个真正的文人。他对他家族的王朝尽管是那么的不舍，那么的爱，但是他也并没有说到什么地方，比如到伪满去做官。

毓岚（嘉庆位下惇勤亲王奕譓后裔、溥雪斋之女）

我的印象中他就是写字画画的人，辅仁大学教过书，在辅仁大学美术系是主任教授，一直教了好多年。

郑珉中（故宫博物院研究员，溥雪斋女婿、毓岚之夫）

他这个人性格是比较傲气、高傲的。他跟现在大家熟知的名画家都熟，但是他没跟他们合作过。比如张大千到北京来了，他跟张大千熟得很，但没合作过；溥心畬他本家兄弟，他也没跟他合作过。清帝没逊位的时候，他是乾清门侍卫，溥仪的乾清门侍卫，后来溥仪逊位以后，他就回家了。

京梅（作家，晚清史专家）

他说他永远都不会做民国的官，永远都不会为民国做事情！他后来就在辅仁大学教书，就是教美术，还有就是卖他的字画，维持家里的生活，维持生计。

毓岚（嘉庆位下惇勤亲王奕誴后裔、溥雪斋之女）

他是文史馆馆员。因为辅仁大学没有了，没有了他就等于没工作，没工作没有收入，文史馆收他为馆员。

京梅（作家，晚清史专家）

新中国成立之后，应该说共产党的政府是很看重他的，最后让他到文史馆，到政协来工作。

郑珉中（故宫博物院研究员，溥雪斋女婿、毓岚之夫）

政府请他，给他过生日，在中南海怀仁堂给他做寿。出席的可能是周总理跟陈毅，有没有朱德我不知道，就这么一个情况。所以作为共产党来讲对他是非常爱护的，他对共产党也非常忠诚老实的。

毓岚（嘉庆位下惇勤亲王奕誴后裔、溥雪斋之女）

有一年政府请他吃饭，吃完饭总理还用自己的车给我父亲送回家了，后来到了胡同口了，我父亲说到了到了，说我下来吧，说我就在这胡同里头住。周总理说，送人嘛，要送到家。这么样就一直给他送到家门口。送到家门口，我父亲说本来应该请

载入京华

总理进屋歇歇，但是警卫员说不能保证总理安全，不能去，因为你住大杂院，什么人都有，所以不敢请。

京梅（作家，晚清史专家）

这样他就特别地感动，被共产党，被周恩来这种做法感动。他就一直都说共产党好，我要给共产党做事情，我要好好地给共产党做事情！

然而，所有这一切，都随着那场史无前例的浩劫而灰飞烟灭！1966年，"文革"风暴骤起，溥雪斋遭到抄家，古琴被毁、字画遭焚、藏书遇劫。

郑珉中（故宫博物院研究员、溥雪斋女婿、毓岚之夫）

他为人是非常正直的，也不苟言笑，老绷着个脸。所以说这个"文化大革命"一来了以后，我很担心他，因为我已经了解他们的出身。红卫兵上街抄家，抄完家以后，说明天我们还来，非开批斗你的会！他怕这个，因为他五弟（溥毅斋）已经自杀了。

毓峨（嘉庆位下惇勤亲王奕誴后裔、溥毅斋之子）

我父亲有气管炎，犯病时候喘不上来气，要到医院去看病。我们都没在，就到这个六院（北京市第六医院）看，是由我后母亲陪着。陪着到那去了之后，人家不给看，也不抢救也不干吗，就回来了。回来在路上就让红卫兵截住了，把我母亲头发也剪了，一通剪。我母亲过去也是两湖总督、都统的后代，她也是书香门第，接受不了。我父亲干吗呢，医院不给治，喘不上来气，就把安眠药都吃了。结果我这个后母亲一瞧，也上吊死了，就这么俩都死了。这么死了以后，这就算反革命！在这以后，溥雪斋也经常一起啊，红卫兵就去查他。

京梅（作家，晚清史专家）

本来红卫兵抄的是他邻居，隔壁的一个家，把家抄了。抄完了以后，都快走了，走的时候他们街道的一个积极分子说，里院还有一个皇上的哥哥呢，这不能放过。红卫兵一听，是吗，就又到他家来了，结果把他家也给抄了，而且还把他给打了一顿。但是他们一看从他家里没抄出什么东西来，他们觉得皇上的哥哥应该很阔啊，没抄出什么东西来这不对，就说你坦白，你把那些东西都藏哪儿了，你是不是挖洞了，你挖没挖洞，在哪挖洞了藏东西了？溥雪斋老先生他特别老实，一个文人，他想想抗战的时候他们这挖过一个防空洞，但是这就是一个防空洞，不是藏东西的洞，他就跟红卫兵说了。

"小将"们当即命溥先生挖出防空洞，而此时，刚刚遭到暴打，且患有心脏病的 73 岁高龄的老先生，身体已经十分虚弱。红卫兵见他确实已经挖不动了，只好暂时作罢，临走留下一句话："明天我们还来，你不刨出来不行！"

京梅（作家，晚清史专家）

红卫兵走了以后，溥老先生就觉得这件事情过不去，那红卫兵明天还得来，那洞是有，但是那洞里没有东西，他交什么呀，肯定就犯愁。到了第二天一早，他跟家里人说，因为当时他在文史馆工作，文史馆让他填写了一个履历表，这个履历表也让

载入京华

红卫兵抄走了，这样他就没法交差了，他得去单位去馆里说一声。

毓岚（嘉庆位下惇勤亲王奕谅后裔、溥雪斋之女）

头天抄的家，第二天他就出去了，走以后一直没回来。我们赶快就报派出所，但人一直没找着。那会儿就是我妹妹跟他在一起生活，我们都结婚了，都不在家里了，只有这一个妹妹，这个妹妹就跟他一块走了，走了之后这两人就都不见了。

与溥先生一起失踪的，是他病退在家、一直未婚的第六女静嘉，时年四十岁。一年以后，家属们才从溥先生一位老琴友关仲航先生那里，知道了一些溥先生出走当天的情况。

郑珉中（故宫博物院研究员，溥雪斋女婿、毓岚之夫）

出门上哪儿去呢，就上了北京市文化局。到那儿是因为他组织关系在那，他说这家抄了他得报一下。他跑到那儿去，在路上也遇到麻烦了。怎么知道呢？他本来是留着胡子，这么长的胡子，后来他到北京市文化局对门的一个胡同里头，有一个弹琴的朋友，姓关叫关仲航住的那儿。他由那下来以后就上关家去了，他带着1块钱，拿出来说是请你夫人给我收拾一顿饭，他早晨出来，这已经到吃饭的时候了。关先生一看见他就不认识了，说你怎么了，胡子呢？他说就刚才，就在路上，又遇着人给他剃了。

毓峨（嘉庆位下惇勤亲王奕谅后裔）

把胡子也剪了，这老人有点受不了了，结果就跑到画院，就说了一句，那时候那些人年轻，不懂，他就说了这么一句"士可杀不可辱"，走了。他就到各处都看看，带着我一个妹妹。

京梅（作家，晚清史专家）

正在这时候，关家的夫人正在给他弄吃的时候，隔壁那个院子又有红卫兵抄家了，声音特别嘈杂。

郑珉中（故宫博物院研究员，溥雪斋女婿、毓岚之夫）

说里头在抄家，他一听这个，说不行，得赶紧走，饭不吃了，他带着女儿就出来。那个地方是哪儿？就是民族宫东边一点儿，出来以后继续往西下去。

再往西走，就是军事博物馆、运河、玉渊潭。溥雪斋父女当日一去，杳如黄鹤。那一天，是 1966 年的 8 月 30 日。

毓峨（嘉庆位下惇勤亲王奕誴后裔）

由这走了以后，就找不着了，不知道上哪儿了，那就没了，就死到哪儿了！后续又说得多了，什么上东陵，上台湾，指不定在哪儿，就是完了，我这么想。你想，那时候已然那个岁数了，就他那样，他能到哪儿？

郑珉中（故宫博物院研究员，溥雪斋女婿、毓岚之夫）

机关里头，他们知道了以后，结果开我的会，问我他上哪儿去了？我说我哪儿知道他上哪儿去了！后来还传说他上东陵了，我说怎么可能，东陵那儿的劳动人民会留他吗？不可能！最后才知道（推测）他们父女两个都跳河死了。后来追查这个相

载入京华

片，死了（自杀）人的相片里没查出来。他原来是长胡子，由家里出来是长胡子，半道已经都没有了，变了，所以清理自杀的人，清理出来了也不认识他，没有胡子了。

毓峨（嘉庆位下惇勤亲王奕誴后裔）

早死了也不是不可能，尸首在哪儿不知道！那时候也不过，六六年，也不过七十来岁，我父亲才六十多，就都完了。

毓岚（嘉庆位下惇勤亲王奕誴后裔）

现在我只能说，对于"文革"，他不理解，他不知道怎么回事，抄家是怎么回事。不是抄他一个家，好几个！现在咱们都知道吧，是怎么回事，毛主席为什么发动的，是不是？当时不知道。

凄凄一别，人天永隔！屈指算来，已经整整 48 个年头！然而，时光却带不走父女之间的深情，带不走那些快乐、温馨，还有伤感的记忆。

毓岚（嘉庆位下惇勤亲王奕誴后裔）

有时候出去他就是带我们去看戏，看看什么杂耍、说相声什么的，文艺节目；也有时候带我们出去逛公园，北海什么的，都去过。我有一个哥哥一个弟弟，剩下的都是姐姐妹妹，我们兄弟姐妹九个，他两个男孩，七个女孩。

郑珉中（故宫博物院研究员，溥雪斋女婿、毓岚之夫）

他对音乐非常敏感，他们满族弹古琴的少，弹三弦的多，所以他三弦非常熟练！所以后来他又想温古琴，管平湖辗转地就把我给介绍他那儿去了，因为我跟管平湖学琴，同时也跟着他的弟子一块温琴。

毓岚（嘉庆位下惇勤亲王奕誴后裔）
他还是比较重感情，特别是在这几个孩子里，对我最好可以说是。我要遇上什么难事，要是着急，他就安慰我，告诉你甭着急，我只（zí）要拿筷子，今儿就有你的饭！就说这个。后来我母亲跟我说，他对别人没说过这话。

郑珉中（故宫博物院研究员，溥雪斋女婿、毓岚之夫）
这样我认识他的。开始他说一个月给我二十块钱学费，我乐了，我说我跟你学画！就这样他教我画画，我教他弹琴。

岁月就这么流淌着。毓岚23岁芳龄时离开娘家，与郑珉中先生结婚。于今，65年过去，而往事历历在目。思想起慈爱的老父，女儿即使年已耄耋，也永远是柔情似水的小女儿！

毓岚（嘉庆位下惇勤亲王奕誴后裔）
那天要结婚了，车来接了，开始这屋里几个人谁都没哭，就他哭了。他哭了之后，我也忍不住哭了，我母亲才哭了。他就说这几个孩子里，对我还是特别好。我母亲告诉我说谁都没哭，就你走了哭了。

在88岁的毓岚老人心中，至今放不下不幸失踪的老父，采访结束前，她犹自轻轻叹息："他们出走的时候正是8月份，天

载人京华

气很热，我父亲就穿着一件小褂，身上也没带什么钱……"父女亲情，情深似海！语言，已无法帮助老人表述那些曾经的伤痛，而她只能默默地接受这些人生的世事沧桑。

第九集　末世王孙奈若何
——近代史舞台上的惇王后裔

道光皇帝旻宁，他的一生共育有 9 子 10 女，而在其身后，只有 3 个儿子留下了后裔。这其中，又以出继给惇勤亲王绵恺的皇五子奕誴这一支子嗣最为昌盛。不知道这是否与他良善、简单、不藏心机的天性有关。

金恒德（嘉庆位下惇勤亲王奕誴后裔）

他是一个耿直的人，好打抱不平，凡是有不平的事情他都愿意出头，出头去主持正义。所以有的时候到宫里去见慈禧太后，他不讲什么礼节，不尊崇什么皇宫的礼节。虽然你是嫂子又是皇太后，但我不管你什么，反正我想说什么就说什么！所以这一点慈禧太后很怵他，

毓峨（嘉庆位下惇勤亲王奕誴后裔）

各府来说，像这个五爷府、六爷府，我们这儿是最穷的。为什么最穷呢？得说我曾祖父，曾祖父奕誴，他耿直得很，他第一反对垂帘听政，这是一个原因，跟慈禧闹不到一堆儿。

据说，辛酉年间在承德，当奕誴闻知慈禧与奕䜣欲发动政变，

拿下顾命八大臣时，心怀不平，耿直而且毫无心计的他，竟然在一次包括肃顺在内的多人聚会上，掂起肃顺的大辫子道："老六要杀你呢，你知道吗？杀你的头！"

京梅（作家，晚清史专家）

肃顺也知道他这种性格，就以为是开玩笑呢。幸亏肃顺以为是开玩笑呢，要不然这不等于秘密就泄露了嘛！所以我觉得，说慈禧怕他，不准确，更准确的是慈禧不与小叔子计较。

金恒德（嘉庆位下惇勤亲王奕誴后裔）

所以慈禧太后对他不太满意，后来也没怎么重用他。就算他是亲王，也没有太重用他。跟慈禧太后的关系搞得不太好，也有这个原因。

京梅（作家，晚清史专家）

他的性格也挺可爱的。比方说有一次他要给慈禧送黄鱼，做好的黄花鱼。敬事房的太监有一个毛病，不管你是谁，凡是托他们送东西，都得要银子。惇王后来就不托他们送了，我自己去见，自己端着一盘鱼进去，到御前去见慈禧。慈禧吓一跳，说你这怎么了？干吗呀？然后他说，我来送黄鱼给您吃，结果太监跟我要钱，我没钱，有钱我也不能给他们！所以我就只好自己端进来了！慈禧一听气得要命，把那个敬事房的太监给拉过去打了一顿，杖责。

毓峨（嘉庆位下惇勤亲王奕誴后裔）

所以因为这个他一直没有升官，他各个方面都不如其他府。就

载入京华

344

拿这个坐轿子来说，也是破轿子，那轿夫也是老头，不像其他的什么。

京梅（作家，晚清史专家）

有的人说他粗拙，我觉得粗拙不粗拙不是他自己的错，每个人生来就不一样，皇帝龙生九子，种种不同，他生来就不一样。如果都太聪明了，人人都想当皇帝，这事儿也就麻烦了。

人常说，世事难料。想必当年道光皇帝，将这位"粗拙"的老五过继给自己兄弟时，肯定是没有料到，正是这个傻傻憨憨不起眼的儿子，日后为"道光系"繁衍了最多的子嗣后裔，且儿孙几代文人辈出！

毓峨（嘉庆位下惇勤亲王奕誴后裔）

到了民国，我的曾祖父（应为祖父）就已然在荣宝斋了。荣宝斋是一个很老的画店，几百年的画店了，他在那儿就挂笔单，就是以卖画为生。我曾祖父（祖父）底下的孩子，大的就是溥雪斋，那时候是孚王府没人，就过继出去了；然后呢，二的没有学画；三的没有；四的没有；五就是我父亲；六就是溥松窗，也过继出去了；八就是溥佐。所以，四个孩子都攻画，都学画，最后大部分都以绘画为生了。

提起荣宝斋，惇王府的后裔们，几乎全都倍感亲切，信赖之情无不溢于言表。

毓岚（嘉庆位下惇勤亲王奕誴后裔、溥雪斋之女）

断断续续地跟那儿卖过，现在也是，一直到现在还在那儿搁画。它现在还给卖，跟它那儿搁着，所谓寄卖。它卖出以后再跟你要，再卖。

毓峨（嘉庆位下惇勤亲王奕誴后裔）

溥心畬、溥雪斋、溥毅斋、溥松窗，这不是正好四溥吗？当时那时候画店一些人，说我要开张，我这堂屋需要挂着名人四张画，就找这四溥。四溥又都画马，那每人画两匹马，作为八骏图。说我来这个四条屏，不是讲究嘛，我要画春夏秋冬，我也找这四个人，画这八匹马，也找这个，这无形中就有了市场了。

金毓璋（道光位下醇贤亲王奕譞后裔）

他们都是一个府的，就是溥伒、溥佐、溥佫佫五爷，他们都是一个府的。他们府就是专门出画画的，都是画家，都是赫赫有名的画家。不过，解放初，画画得再好也卖不上钱。还有毓峨，现在画的水平也挺高，是我们爱新觉罗家族现在活着的书画家里面，顶尖的人物。

毓峨（嘉庆位下惇勤亲王奕誴后裔）

那时候价格卖得相当贵，他们的书画是按照平方尺画。那时候那个齐白石的画卖不过这些人。日本人进北京的时候，也就是三几年，三几年我记得那时候的面粉，叫福星面粉，一块二一袋，四十六斤。但是他们的笔润，按照平方尺来说，大半得在一块多以上。一平方尺他就说等于比一袋面的价格还要高。我

载入京华

记得那时候让我父亲画了一个扇面，这个扇面有多大？不过一平方尺，但是点的比较特殊，要全草虫，把所有的草虫都画上去，还得要景，一百块。

追忆起家族长辈的德才、见地，以及他们当年对于子弟的教养、培育，古稀之年的老人们至今感觉恍若昨天，温馨依旧，感慨依然，景仰之情涌自心底。

毓峨（嘉庆位下惇勤亲王奕谅后裔）

溥雪斋搞的是山水，我搞的是花鸟，我也经常上古琴研究会去，在那里拉二胡。但是最后他的一句话，跟大家说了："家有五男儿，无一好纸笔。"你算他的要求多高了！就那时候他们家有两个，我们家有三个，我父亲哥仨加他那俩，这不是五个，"无一好纸笔"！就我那时候那么着，这还不成。就是说真正的继承，你还真得下功夫。

毓岚（嘉庆位下惇勤亲王奕谅后裔、溥雪斋之女）

我哥哥画点儿画，没画好，没成，没画成吧就说是。剩下的全都不画，好像对这玩意儿没兴趣似的。就是我喜欢画，别人你让他画他也不画，就我有兴趣。后来就渐渐跟我父亲这儿看着画，自己就动动笔。再后来我父亲看我还行，就开始教我画画。

毓峨（嘉庆位下惇勤亲王奕谅后裔）

主要是跟我父亲学的，十二岁以前，就学画。那时候就是跟着学，当然我大部分学的是花卉，我父亲他主攻花鸟这一方面。

到了上初中的时候，我又跟我叔叔溥松窗学山水，学这个，这对我也有一定影响。

毓岚（嘉庆位下惇勤亲王奕誴后裔、溥雪斋之女）

我们住在城里头，我们那儿现在叫红星胡同，过去叫无量大人胡同，在东城区。我小时候帮着他，给他洗洗砚台，换换水碗，就在那儿伺候他画画吧，就挨那儿老看着，就跟他学这个。他也看着我比较喜欢这个，他就教我。

毓峨（嘉庆位下惇勤亲王奕誴后裔）

我们那时候开始念私塾，家里请老师。那时候我父亲已然要求我们都必须学英文，学算术。所以那时候我没上过小学，我们是以同等学力考的初中，这么上去的。我念初中的时候，那是十来岁吧，考的育英，我们到那儿去上。但是其他各府，还在家念四书呢。后来瞧我们家子弟都到学校，都到那时候所谓的洋学堂，就也上了这个。

绘画与音乐，是清代王府子弟们必做的功课。对此，惇王府的后裔们无疑属于其中的上乘。

毓峨（嘉庆位下惇勤亲王奕誴后裔）

每过一段时间大家就都凑在一起，有的合奏，有的独奏，互相欣赏。有的弹琴，有的弹琵琶，有的就吹笛子，这样你才能够合作起来，就是各有所长。我也受这个影响，我学的是二胡，我的二胡是跟蒋风之学的。

载入京华

毓岚（嘉庆位下惇勤亲王奕谅后裔、溥雪斋之女）

什么《梅花三弄》《良宵引》，什么《平沙落雁》，还有时候跟他一块弹。他弹琴就算是休息吧，算是玩吧，娱乐，算是这个，不是什么正式的事。一段时间聚会一次那样。

毓岚老人所说，跟她父亲溥雪斋一起弹琴的"他"，指的就是自己的丈夫，故宫博物院研究馆员，享受政府特殊津贴的郑珉中老先生。郑老先生，原籍福建闽侯，生在北京，汉族。长期从事中国古代艺术品的陈列与研究，1982年开始，重点从事古琴、古砚研究，被业界称为中国古琴研究的第一人，著述颇丰。而古琴给郑老这一生带来的，则远非学术上的成就。

郑珉中（故宫博物院研究馆员，溥雪斋女婿、毓岚之夫）

溥雪斋本来会弹琴，年轻的时候同广林派贾国锋学的琴，但是后来他搁下了。这琴极容易忘，拿我来说，病了一段时间，现在全忘了，要弹得现拿谱重新开始。因为我跟管平湖学琴，同时也跟着他的弟子一块温琴，所以顺便就把他给介绍过去了，这样我认识他（溥雪斋）的。她（毓岚）就是他书房的工作人员，写字、拉纸之类这些个。我教他弹琴，她在旁边；他教我画画，她也在旁边。我天天走，关大门都是她关，这样（和她）就相处了一段时间。

20世纪40年代的最后几年，是郑老人生的关键转折期，1946年，23岁的他，来到故宫博物院工作。次年，便结识了美貌聪慧的皇族后裔毓岚女士。此后，这二者，一个成为他终生的事业，一位成了他一生的伴侣。

郑珉中（故宫博物院研究员，溥雪斋女婿、毓岚之夫）

后来我们就说对象，说对象就由介绍人给介绍了一下，我们在 1949 年就结婚了。那个时期嘛，规矩还是旧的。还是举行了结婚仪式，证婚人是谁呢，是北京大学校长秘书长，郑天挺。

对于这桩志同道合的婚姻，毓岚老人无疑是满意的。可如今追忆起往事，多少却对当年的家务缠身感到些许遗憾，因为，她太爱画画了！

毓岚（嘉庆位下惇勤亲王奕誴后裔、溥雪斋之女）

结婚以后净操持家务、小孩什么的，看看孩子了，一些家务事，画呢就搁下没画。之后孩子就长大了，长大以后有时间了，还是接茬儿画这个，一直到现在还在画。

说起惇王府的画家辈出，爱新觉罗家族的成员们几乎是集体称誉。而对此，毓峨老先生自己却只是轻描淡写，一语带过。

毓峨（嘉庆位下惇勤亲王奕誴后裔）

这个家族无形中最后都以绘画为业，这里还有一个原因，就是这个家族不干嘛，由溥字辈的上一辈，就是载字辈起，就不愿意从政。但他也得找营生，这支是最穷的一支，不这样的话，他也没法生活。你像人家恭王府跟庆王府，人家有的是钱、财产这些个。但是这个府不成。

金毓璋（道光位下，醇贤亲王奕譞后裔）

我就问，我说你们怎么学画？他说没饭吃，不画画吃什么？那

载入京华

时候画一个鸡蛋七分钱，画一个书签三分钱。七分钱，在那个最困难的时候，你想那得画多少书签才能混一顿饭吃？当然那时候吃一顿饭也便宜了，你要吃顿饭一般两毛钱就够了。只是说有的人是真苦，包括溥佐他们家，去天津之前苦极了，有那么多孩子，又都挣不出饭辙来，就到处借钱。

金恒德，奕谅第二子端郡王载漪曾孙，一生从事公安预审工作，1995年退休。

载漪，是中国近代史上赫赫有名的人物，1860年，年仅4岁的他奉命过继给瑞亲王绵忻为孙。1894年，被封为郡王。此后，载漪主持总理各国事务衙门，与庄亲王载勋等利用义和团排外，力主对外宣战。

金恒德（嘉庆位下惇勤亲王奕谅后裔）

端王那是反对西洋的，洋货他说取之没用。他说西洋的布我不穿，凡是西洋的东西别在我家搁着！他反对西方，不讲和，打洋鬼子打二毛子。什么叫二毛子，二毛子就是信天主教的那部分中国教徒。所以他接纳义和团进他的王府，在里面设一个坛，在那儿练兵，练义和团的兵，什么刀枪不入，迷信那一套。

1900年，八国联军攻入北京城，慈禧携光绪帝后等西遁。次年，清政府与八国议和，载漪被联军指为"首祸"，要求惩办。1902年，清政府下令将载漪、溥儁父子流放新疆伊犁。

金恒德（嘉庆位下惇勤亲王奕誴后裔）

那个时候本来各国大使要求慈禧太后要把端王杀了，判死刑。慈禧太后没有同意，说我可以发配他，不让他任现职，免职发配、流放。他实际上没有到新疆，只到了长城的一个关口，叫嘉峪关。到嘉峪关的时候，因为那里的气候太恶劣，风大雪大，就没有再往前走，没有再出关。

端郡王载漪发配新疆，其长子溥僎为尽孝道，决定随父亲同行。溥僎，就是金恒德老先生的祖父。

金恒德（嘉庆位下惇勤亲王奕誴后裔）

他本身没有犯罪，但是他为了伺候他的父亲端王，照顾他的父亲，所以跟着一同发配。后来因为端王有病，曾经回过北京一次，回北京来看病，没有住多少日子又回去了，又回到西北。而他的大儿子溥僎呢，因为病就死在甘肃，端王也是在甘肃死去的。

端郡王载漪的第二子，即中国近代中差一点顶替了光绪爷的大阿哥溥儁。1900 年 1 月 24 日（己亥年十二月二十四日），慈禧召集王公大臣会议，决定册立 15 岁的溥儁为皇储，计划废黜德宗光绪。后来，此举因遭到国内外各实力派的强烈反对而未果。1901 年 11 月 30 日，清廷废除了溥儁大阿哥的名号，命其仍归本宗。

金恒德（嘉庆位下惇勤亲王奕誴后裔）

回家了以后，他因为生活上不太好，政治上也不太好，后来也

载入京华

是病死在北京。他的儿子毓兰峰，五〇年的时候到西北宁夏去开垦荒地，后来当了宁夏政协委员，最后也病死在宁夏。现在大阿哥的后代还有，他的孙子，有两三个还在宁夏。一个种地的，一个做学校工作的，当学校的校长，我们前几年还通过电话。

毓岚（嘉庆位下惇勤亲王奕誴后裔、溥雪斋之女）

我兄弟姐妹可多了，我们一共九个人，现在就剩俩人了，一个我，还有一个我妹妹，我哥哥弟弟都没有了，姐姐也没有了，另外几个妹妹也都没有，我们兄弟九个人现在只剩下我们俩了。

似箭的光阴，翻卷着历史，让一代代曾经站在高高舞台上的人物依依退场。是是非非、功功过过转瞬成空，留下的是后人无尽的感慨。

第十集　枝繁叶盛铁帽子
——清朝的铁帽子王们

为皇亲国戚封爵，是历代封建王朝对国家实行有效统治与管理的重要手段之一。清朝对宗室人员的分封，基本上延续了明朝的制度。但是，在明制度的基础上，又有了较为重大的修改。

鲁宁（恭王府管理中心文物部主任）

明代封爵是封地，我封给你爵位以后，把你派到外省市，主持地域的管理，但是这样有它不稳定的因素。所以到了清代以后，做了相应的修改，就是封爵不封地。你只留在京城，而且在皇宫的周边，封爵了以后给你分府，你在这里待着，有能力的为朝廷进言进策，为朝廷统治的巩固你要出力。

据《清史稿》记载，顺治六年（1649年）起，宗室封爵复定为十二等："曰和硕亲王、曰多罗郡王、曰多罗贝勒、曰固山贝子、曰奉恩镇国公、曰奉恩辅国公、曰不入八分镇国公、曰不入八分辅国公、曰镇国将军、曰辅国将军、曰奉国将军、曰奉恩将军。"同时，对大部分宗室人员的爵位实行"世降一等"的制度。

鲁宁（恭王府管理中心文物部主任）

原来封给你的是亲王，到了你的下一代就是郡王，到了你的第三代，孙子辈的，就是降为贝勒，一级一级往下减。但是还有一个激励的制度，除了按照爵位分封以外，还可以给你功封，你立了战功，可以给你封。

清代宗室封爵又分为：功封、考封、袭封、恩封四种。而袭爵除"世降一等"外，也还有一个"世袭罔替"的补充体例。

鲁宁（恭王府管理中心文物部主任）

清朝前期，是八个铁帽子王，都是战功赫赫的。清代建立以后，朝廷就封了这八个铁帽子王。铁帽子王是什么意思呢？就是世袭继承，永远都是亲王（或郡王），前期是八个铁帽子王，晚期是四个（应为三个，另一个为清中期封）。所以有清一代，

载入京华

一共是十二个铁帽子王，这十二个铁帽子王就是世袭罔替，代代相传。

史料载，清初，睿、礼、郑、豫、肃、庄、克勤、顺承八王，以佐命殊勋，取得"世袭罔替"这一优遇。俗称"铁帽子王"。乾隆三十九年（1774 年），诏怡贤亲王一支以其爵位世袭罔替。清末，则有恭、醇、庆三王被诏以这一殊荣。

金诚（努尔哈赤位下礼烈亲王代善后裔）

老汗王努尔哈赤的二子代善，是八大铁帽子王之首，他的三儿子萨哈廉，就封为颖亲王。萨哈廉的二子叫勒克德浑，代善的孙子。勒克德浑代替他的叔祖十五阿哥多铎打南宁，战死，追封为顺承郡王，八大铁帽子王最后一个。勒克德浑的四子就是我们的祖先了。

金大钧（努尔哈赤位下豫通亲王多铎后裔）

我们是多铎第七个儿子多罗信郡王这支，这一支当时也算个大家族吧。但是到我曾祖父的时候，这一支就比较势微了，我曾祖父是独子，而且 26 岁就去世了。只留下我爷爷这个孤儿，他是由他姑姑带大的。

多铎、多尔衮、阿济格，以及他们的母亲阿巴亥都是清初历史上赫赫有名的人物。似乎任何时候提起，都有说不完的故事。

金大钧（努尔哈赤位下豫通亲王多铎后裔）

多尔衮是努尔哈赤的第十四个儿子，我们的祖上多铎是第十五个儿子，在电视剧里经常看到十四爷、十五爷两个亲兄弟在一起。跟他们同父同母的还有一个儿子，号称八王爷，就是第十个儿子阿济格，他们三个人的母亲是努尔哈赤的第二个大妃，继妃阿巴亥。满族里所谓大妃，按汉人的说法就是正宫娘娘的意思。

定宜庄（中国社会科学院历史所研究员）

这三个儿子其实都挺能打仗的，尤其是多铎和阿济格。大妃比努尔哈赤小三十岁，所以特别受宠。后来努尔哈赤死的时候，他（多铎）的那几个哥哥，就假借努尔哈赤的遗诏，说努尔哈赤就是这么说的，就让大妃自杀，殉葬。当时大妃当然不肯了，就哭着哀求那几个大哥哥们。但努尔哈赤的几个大儿子们就说，那是先父的遗愿，你不能违背。最后就用箭扣，就是弓箭的那个箭扣，给她弄死了。她死了以后，努尔哈赤最小的这三个孩子，母亲就没了。

金大钧（努尔哈赤位下豫通亲王多铎后裔）

努尔哈赤他自己原来管着两旗，后来他把正黄旗给了我的祖上。因为按满族的生活习惯，人老了以后要跟老儿子过，老北京话老儿子就是小儿子，我们等于是最小的，所以就把正黄旗给了我们族，把镶黄旗给了他（多铎）的大哥阿济格，正白旗是皇太极管，镶白旗是多尔衮管（史载：努尔哈赤时代，镶白旗旗主原为其长孙杜度，努尔哈赤去世前不久，将杜度调到镶红旗，准备以此旗给多尔衮，但未来得及做安排即去世）。

然而，皇太极即位后，认为父亲偏爱老儿子，并对此进行了重

载入京华

356

357

新调整。

金大钩（努尔哈赤位下豫通亲王多铎后裔）

咱俩换个名，你变成正白旗旗主，我变成正黄旗旗主。进关的时候，我们祖上多铎领的已经是正白旗了（史载：崇德二年，皇太极把多尔衮和多铎的两白旗混编，以多尔衮为正白旗旗主；多铎为镶白旗旗主。故进关时多铎领军应为镶白旗。不过，由于历史的渊源，两白旗之间一直非常团结），但还是自己的人马。后来，他平定南方以后，突然得了天花，三十六岁就死了。死了以后，他的二房儿子接替旗主，肯定战功什么的都不够高，后来多尔衮一死，顺治皇帝掌权，就说我皇上光领正黄、镶黄两旗不够，我得领三旗，正白旗最好，你们家把正白旗得给我。

清朝入关后，多尔衮打击豪格势力，吞并了正蓝旗，并将它同自己的正白旗混编成新的正白旗和镶白旗。原来的镶白旗在多铎死后改为正蓝旗由其长子多尼统领。多尔衮死后，由其养子多尔博统领两白旗。后来顺治皇帝亲政，清算多尔衮，褫夺多尔博的嗣子地位，令其回归本宗。这样，正白旗就归了顺治皇上亲领，和两黄旗一起成了上三旗。而镶白旗则还给了豪格的长子。

金大钩（努尔哈赤位下豫通亲王多铎后裔）

当时，我们祖上他的哥俩一个在宫里坐镇，还有一个大哥阿济格追击李自成，平定西北。这是阿济格很大的一个功劳，跟他一起建功的还有就是豪格亲王，他是皇太极的长子。我们的祖上多铎亲王就是一直往南打，打到了扬州，打到了嘉定，平定了整个江南。

1644 年，清政权在北京建立，在继续和南明、李自成农民军进行的三面角逐取得初步胜利后，乃于次年初，命豫亲王多铎率部前往江南，开始了统一全国的战争。然而，提到扬州、嘉定，总是令人们不可避免地联想起"扬州十日"与"嘉定三屠"。

金宝森（北京满文书院院长，清史学者，清兴祖直皇帝福满三子索长阿后裔）
我曾经写过一篇小东西，叫《〈扬州十日记〉证讹》，我为什么要写这个东西呢？我发现这里面有很多问题，而且对社会影响挺大。比如说我从《辞海》上，从《辞源》来查"扬州十日"的时候，查出来它的影响，都是以王秀楚这本书来反映当时的社会状况，认为豫王多铎下扬州的时候，六七天里面杀了八十多万人，把扬州城整个毁了，我觉得这个不太可能。

《扬州十日记》，现身于辛亥革命前后，据说是一些留日的学生从日本抄回的散失了 200 多年的本子，作者为明末清初的扬州人王秀楚。对此，史学界一直有着激烈争论。

金宝森（北京满文书院院长，清史学者，清兴祖直皇帝福满三子索长阿后裔）
第一，从版本来说，它这个是一个孤证，王秀楚这篇文章的内容，找不到第二篇东西能证明。第二，他讲当时六七天里面杀了八十多万人，这是不可能的。因为我研究了扬州当时的面积和人口的数字，当时的扬州本身就盛不下这八十多万人。不要

载入京华

说生活、活动，就排队站那就装不下八十万人，这怎么能杀八十多万人？

定宜庄（中国社会科学院历史所研究员）

它有可能存在，因为不仅仅是这么一个孤证，像《明季南略》这个史料里也都有，也都有记载，可是记载的没有这么惨烈。

金宝森（北京满文书院院长，清史学者，清兴祖直皇帝福满三子索长阿后裔）

当时是冷兵器时代，是用刀砍、枪扎的，多少人杀这八十多万人？就算没有任何人抵抗，束手就缚在那等着砍，豫王多铎当时只带了不到两万军队去的，就算这两万人全在扬州杀人，两万人杀八十多万人怎么个杀法？要杀多久？

定宜庄（中国社会科学院历史所研究员）

尤其没有证据的就是这个本子是不是真的存在，而且是不是真的是那些留日学生给抄回来的，这个事我不敢说，因为我也没有证据，也有可能不是。反正我认为有两点确定无疑，一个确实有过这样的事（扬州屠城），另外一个就是辛亥革命的时候为了宣传，把它造势造得特别特别的厉害。

金宝森（北京满文书院院长，清史学者，清兴祖直皇帝福满三子索长阿后裔）

最有意思的是什么呢？王秀楚讲，当时扬州人和入城的满族士兵、军官说话。这就更胡说了，第一，北方人跟扬州人的语言本来就不好沟通，何况是新入关的满族人。和第一次见到满族兵的扬州人，他们怎么沟通说话？还互相交谈？他们怎么交谈？这是不可能的事！而且当时是五月份，天气也热，这八十多万人的尸首怎么处理？所以从诸多方面来讲，我觉得这个东西是一篇伪造的东西，和辛亥革命的时候制造舆论有关。

定宜庄（中国社会科学院历史所研究员）

实际上咱们现在对于清代很多事情的印象，都是辛亥革命前后这种宣传造成的。我们认为清代的时候有过什么，跟清代原来的东西实际上并不完全一样。辛亥革命时期舆论宣传非常非常强势，所以我们后来一直受这种宣传的影响，一直到今天。所以我们都相信那个就是历史，我们相信那个就是真的。

金大钧（画家，努尔哈赤位下豫通亲王多铎后裔）

历史的问题，仁者见仁，智者见智。

历史转瞬走过数百年，对眼前这代铁帽子王府的后裔们而言，印象最深刻的是祖辈、父辈们在改朝换代中承受的艰辛，以及那些在艰辛之中始终坚守、不懈传承的文娱家风。

金诚（努尔哈赤位下礼烈亲王代善后裔）

顺承郡王府的特点是什么，就是这个府从1644年进关以后，一直到1911年，二百六十几年，从来没换过王位，没换过府。别的府都动过，只有这个府是一代一代传下来的，这是他的特点。

金大钧（画家，努尔哈赤位下豫通亲王多铎后裔）

我因为受家里影响，对艺术各方面都很喜爱。包括戏曲，因为从小我就跟我父亲听京剧，而且在家里面我们经常开堂会，我

载入京华

父亲他们自己就是一台戏，这个可以说是满族的一种教育吧。所以我从小就喜欢画画。

对于爱新觉罗家族后裔们，普遍擅长书画、偏爱戏曲、音乐这一现状，金先生分析说：

金大钧（画家，努尔哈赤位下豫通亲王多铎后裔）

你生下来就是国家的兵。据说我们家生男孩，如果你想隐藏不报，不上前线给国家打仗，真是七日不报户口的话，就会被全家问斩的，就是你对国家不忠嘛！但是清朝后来不打仗了怎么办？而工、农、商这些，朝里规定了这些是汉民谋生的生计，不许与汉民争利，那怎么办呢？就说所有生下来的人，你可以什么都不干，叫"闲散宗室"。所谓闲散就是只要是男孩，你就可以领四品官的俸禄，小时候有钱粮，长大了以后，有四品官俸禄就能养家了，你也不用上朝，那能干的事就是琴棋书画了呗。

金诚（努尔哈赤位下礼烈亲王代善后裔）

这个家族还一个特点，就是他的子孙，他的小孩们，皇子阿哥们，是比老百姓的孩子还苦的。四点钟就起床开始念书，凌晨四点，学这个学那个，方方面面。八点钟以后，还要骑马射箭，学满语。

金大钧（画家，努尔哈赤位下豫通亲王多铎后裔）

皇子开始念书的时候比大臣上朝还要早。张廷玉就跟大臣说过，咱们五更待漏，大家伙儿觉得夏天热冬天冷，很烦，可是你看毓庆宫灯光早就亮了，太监伴着一个个皇子都去念书了。清朝就这点特别注重，就是文化教育特别注重，对子女教育注重。所以我们从小在教育上就有一种比较好的传统，家里书非常非常多。

金诚（努尔哈赤位下礼烈亲王代善后裔）

多尔衮是杰出的政治家，进城不久就祭孔，就开科取士，他是全面地融入汉族。我曾经讲过，他是没拿自己当外人，天然地认为自己就是中华民族的一员。

金大钧（画家，努尔哈赤位下豫通亲王多铎后裔）

我父亲是他们哥仨里最勤奋好学的，也最多才多艺的。我父亲当年已经考上辅仁大学了，但是因为家里的生活问题，我爷爷突然去世了，就被迫退学。之后他考取了当时在中南海那个地方办公的河北省省政府，在省政府当职员。后来省政府办公地点挪到天津北平公园，再后来又挪到河北保定。为了养家，在天津的时候，他白天在省政府工作，晚上画电影广告，他是中国第一代画电影广告的人。他能说善画，所以能打这两份工来养家。后来到保定的时候，他又自修英语和日语，开办日语同仁学校和英语同仁学校来教授外语。

提起爷爷的英年早逝，金先生无不深情地回忆起了自己幼年时代，家中年迈的女仆老王妈。

金大钧（画家，努尔哈赤位下豫通亲王多铎后裔）

我爷爷还在的时候她来的我们家。她很早就寡居，只带了一个

载入京华

女儿，所以自己很难过日子。就到我们家来当用人，从此她就把我们家当做她自己的家。据说，当我爷爷三十多岁去世的时候，我奶奶也就不想活了，就绝食了三天，在床上躺着不起身。老王妈就给我奶奶整整跪了三天三宿，她就说如果您爱您的先生的话，那您留下的六个儿女都是您先生的骨血，您有责任把他们抚养起来，您不能死，您死了这六个孩子就都成孤儿了！

老王妈最终感动了金先生的奶奶，并从此成了她最好的帮手和最信任的管事人。一直到后来，实在老得不能再干的时候。

金大钧（画家，努尔哈赤位下豫通亲王多铎后裔）

她的女婿是我们家给找的，工作也是我父亲给找的，而且后来都不错。女儿女婿最后给老太太接回家养老去了，这才离开我们家，本来她是要老死在我们家的。她从小管我们管得最严，我从小最恨的就是她，因为我老说，我姥姥、我妈都不管我们，你管我们干吗？后来长大了才理解，她对我们的成长也起了很大的作用，像家庭的礼节，做人的道理，一般的礼数，很多都是她在辅导我们，这也可能是我们这种满族家庭的特色吧！

在如今爱新觉罗后裔中，金大钧先生的家族可谓是人丁兴旺，兄弟姐妹们全都事业有成。据大钧先生介绍，他在家中排行第二，大哥金鸿钧，中央美院教授、国画系花鸟研究室主任、中央文史馆终身馆员；妹妹金丽君，曾为某机械厂高级工程师；大弟金万钧，中央工艺美院附中高级教师；二弟供职于市电视局；三弟为中国音协副秘书长、《人民音乐》杂志的常务副总编。

第十一集　枝繁叶盛铁帽子
——神秘的肃亲王府后裔

有一种说法，大清朝国运的兴衰，是与爱新觉罗皇族子嗣的繁育紧密相连的。清初，太祖努尔哈赤有 16 子 8 女；太宗皇太极 11 子 14 女；而福临小皇帝仅仅活了 24 岁，也生有 6 子 8 女；至于康熙爷那就更不用说了，35 子 20 女——那是 55 名子女的超级老爹！可到了清朝末年，从打咸丰年间，懿贵妃为这个家族诞生下最后一位皇嗣，也就是同治小皇帝之后，紫禁城数十年内，再也没有听闻过婴儿的啼哭。民间管这叫"气数已尽"。可实际上，当时的爱新觉罗家族也并非是尽皆如此，比方说，清初八大铁帽子王之一武肃亲王豪格的一支，即使到了清末，也仍旧是子孙昌盛。

京梅（作家，晚清史专家）

> 豪格是第一代肃亲王，到了善耆这是传到第十代了，清初的王很多，包括八大铁帽子王，但是后来到清末的时候很多家族就衰落了，孩子也少。像咸丰，最后就一个儿子。到光绪，到溥仪，都生不出儿子，都没有孩子。但是这个肃亲王，他的家族一直到最后还非常的兴盛、兴旺，肃亲王善耆他有 21 个儿子，17 个女儿。

载入京华

金连经（皇太极位下肃武亲王豪格后裔）

豪格应该算是我的十一世祖了，因为他到我爷爷这儿是第十代，完了以后就是我父亲，我父亲是肃亲王善耆的第十六个儿子，我是我父亲的第二个儿子。

京梅（作家，晚清史专家）

实际上善耆的福晋，在那个时候不算是很多，五个。一共是五个配偶，就生了这么多的孩子。我觉得家族的兴旺也是一种力量，也是一种强大的表现，肃亲王本身他的性格也很刚强，他的能力也很强。

定宜庄（中国社会科学院历史所研究员）

豪格这一支挺有意思的，他是皇太极的长子，而且能征善战。这人打仗什么的都挺强的，入关以后，张献忠就是他灭掉的。豪格的故事，在清史里大家关注的最多的，就是他跟多尔衮的那场争斗。

金连经（皇太极位下肃武亲王豪格后裔）

皇太极暴病死了以后，没有留下遗嘱，在皇位上就留下一个空缺。这个时候很多人力主豪格，就是想当然地认为他应该继承皇位。但是多尔衮当时权力很大，而且他是皇太极的弟弟，当时也是很有能力、很有建树的这么一个武将。

定宜庄（中国社会科学院历史所研究员）

另外一个，满族没有长子继承、嫡长子继承这种制度，皇位继承最后就必然是一场纷争。多尔衮跟豪格是势均力敌的两个，一拨人支持多尔衮，一拨人支持豪格。可是到了最关键的时候，不知道豪格是因为性格里有那种比较忍让的部分，还是因为什么，他有点犹豫不决。

金连经（皇太极位下肃武亲王豪格后裔）

豪格当时就稍微谦虚了一下，大意就说，我嘛，是一介武夫，要说能力，有，但是作为皇帝，还差一点。多尔衮当时就抓到了他这一句话，说豪格很有自知之明。

定宜庄（中国社会科学院历史所研究员）

多尔衮一下就拿到了这个口实，结果最后就是六岁的福临继位。

金连经（皇太极位下肃武亲王豪格后裔）

福临是豪格的第九个弟弟，是皇太极的第九个儿子，是庄妃的孩子。就让他当了皇帝，之后就让多尔衮和豪格辅佐，当时是这么说的。

定宜庄（中国社会科学院历史所研究员）

多尔衮最后是摄政，当然他的势力就强过了豪格。豪格虽然当时暂时没有失败，最后实际上还是失败了。失败了之后，他的部下何洛会，当时在盛京当主管，揭发豪格叛逆。到了顺治五年（1648年），多尔衮就把他给拘禁了。

金连经（皇太极位下肃武亲王豪格后裔）

把他派去四川消灭张献忠，四川平定回来以后，多尔衮就说豪

载入京华

格有谋反之嫌。反正是找了一些原因，把他给下了监狱，后来他就死在监狱里。

顺治八年（1651年）八月，顺治为长兄昭雪。十五年（1658年）九月，再为其立碑，称其"智略超群，英雄盖世"，并追谥曰"武"。武肃亲王后来一直传到辛亥革命时候的第十代肃王善耆。

金连经（皇太极位下肃武亲王豪格后裔）

善耆他是1900年即的位，清朝已经都末年了。慈禧还挺重用他的，他曾经当过民政部大臣，做过北京的九门提督，那都是很重要的位置。

京梅（作家，晚清史专家）

他做过崇文门税务监督，崇文门税务监督是清代京师的税务总管。为什么给他这个差事呢？因为在1900年八国联军打进北京的时候，他的府被八国联军给烧了。

金连经（皇太极位下肃武亲王豪格后裔）

义和团当时利用肃亲王府作为一个堡垒，就是当时所谓的"丝绸大战"嘛，把肃亲王家族保存的丝绸、米袋子什么的都变成堡垒了。结果战后肃亲王府变成一片瓦砾，整个就完了。

京梅（作家，晚清史专家）

慈禧就想补偿他的损失，但是当时朝廷也没有什么钱，为了补偿他的损失，就把这个肥缺给了他。

按照老佛爷的本意，"崇关"的税收原本每年能有三十万两银子上缴国库，现在善耆每年只交十二万两就行了，剩余的就当作为对他重修府邸的一点补偿。哪承想，这位新王爷一上任，就开始改革，整治吏治，严查贪腐。

京梅（作家，晚清史专家）

等到年底的时候，他交税银交了六十万两，不光没减，还比以前增加了三十万两！这时候别的王公、官员当然就不干了，你等于影响了别人的利益了。所以大家就对他有意见，庆亲王首先不干了，就弹劾他。大家都说他这个人好大喜功，就知道显示自己。

金连经（皇太极位下肃武亲王豪格后裔）

历史上都说我爷爷肃亲王跟袁世凯的关系挺好，实际上不是这么个情况。我们家里人都讲，那个时候袁世凯是很会拍肃亲王马屁的，他经常到肃亲王府上，我们家里第一辆自行车就是袁世凯送的，是英国的飞利浦，比现在送一辆凯迪拉克还厉害。人不打送礼的嘛，但是肃亲王其实很看不上他。

1911 年，袁世凯逼迫溥仪退位，对此，善耆表现出坚决的抵制！

金连经（皇太极位下肃武亲王豪格后裔）

恭亲王溥伟，另外一个就是肃亲王善耆，就是我的爷爷，两个人坚决不在那个退位诏书上签字，不签字。

载入京华

京梅（作家，晚清史专家）

他坚决反对，坚决不同意让国，也和溥伟一起参加了宗社党。于是袁世凯就把他的府邸包围起来，善耆只身一人连夜就跑了，跑到旅顺去了。第四天，他就托川岛浪速把他肃王府里所有的家人全都接出来了，都送到旅顺。

金连经（皇太极位下肃武亲王豪格后裔）

当时我爷爷化装成商人，坐着日本的一艘铁甲舰，在天津上的船，到达旅顺的。旅顺当时是日租界，就是日本的殖民地，整个都是日本管理，中国在那儿没有权力，因此他到那儿就安全了。去日本殖民地，因为这点他也是挨骂的，那就成了汉奸了。但是你不跑到那儿去的话，你全家就没了，全都追杀你。

京梅（作家，晚清史专家）

他把他的儿子女儿都送到国外去留学，大部分都是去的日本，只有三个去的是其他国家。

金连经（皇太极位下肃武亲王豪格后裔）

肃亲王家族没有一个提笼架鸟的，他所有的孩子都是在德国、英国、日本这些国家留学，学什么？学军事。为什么呀？他就是想复辟呀！

说起善耆的子女，自然无法回避掉大名鼎鼎的川岛芳子。对此，金先生介绍说：

金连经（皇太极位下肃武亲王豪格后裔）

她是我父亲的亲妹妹，她是四侧福晋的第三个孩子，我父亲是四侧福晋的第二个孩子，就是同父同母的孩子，所以川岛芳子就是我亲姑姑，她的成长过程也算是历史上的一个悲哀了。

据说，当年的善耆因为不懂日语，而结识了能说一口流利中文的川岛浪速，并借助其与日方谈判。川岛浪速膝下没有儿女，于是跟肃亲王商量，想要从他的子女中过继。

金连经（皇太极位下肃武亲王豪格后裔）

可是大清国有《大清律例》，王子不能过继，可以过继女的。他就选中了我这个姑姑，她当时叫金显，其实她应该叫金显玛。后来到日本，川岛浪速给她起了个名字，就是川岛芳子。关于她的成长，太复杂了，她六岁就过继给川岛浪速了。她给日本做了很多事情，这确实是不能诡辩的。

京梅（作家，晚清史专家）

善耆组织过两次，曾经组织过两次军事力量，他把他的所有家产，田园、矿山、房子全部都卖了，全部都用于复国。第一次，他的运动还有个名字，叫"满蒙独立运动"。他把武器买好，装了 47 辆大卡车。你想想这得有多少武器！

然而，47 辆卡车的武器，还没运到目的地，就被北洋政府的军队截获。独立运动随之提前宣告破产。

载入京华

京梅（作家，晚清史专家）

第二次是 1915 年，这时候袁世凯称帝，善耆当时在政治上很敏感，他觉得时机到了。于是，他就提出"扶清讨袁"这样一个口号，因为袁世凯不得人心了嘛！他就从日本人那又借了一大笔钱，并且把他的家产全部给变卖了，成立了一支军队。计划让这支军队从辽宁千山出发，之后和蒙古的军队汇合，一起发起总攻，然后占领北京。最后的目标是要建立一个包括东三省、内外蒙古、华北地区在内的一个大的王国，然后再把溥仪请出来即位。

或许真的是天不假时，就在善耆将一切准备就绪的时候，突然传来了袁世凯暴卒的消息。

京梅（作家，晚清史专家）

死了，没了，你还讨伐谁？袁世凯已经不在了，你那个理由已经不在了。日本人怕引起中国人的反感，就开始压制善耆，不让他的军队继续行动。这样，他的第二次行动就又失败了。而且，他这次的失败还不光是行动失败，他所有的家产都扔进去了，都没了，他再也没有能力再进行一次这样的活动。

此时的善耆心灰意冷，健康状况也每况愈下，1922 年 3 月 2 日，57 岁的他带着无法复国的遗憾病逝于辽宁旅顺。

京梅（作家，晚清史专家）

我认为对历史人物的评价，应该是公正客观的。以善耆当时的身份，他并不是想要卖国，要投敌，他心里想的就是要恢复大清王朝，为了这个他在所不惜。对历史人物，我们不能以后人的眼光，尤其是不能以政治的眼光去评价。

金连经（皇太极位下肃武亲王豪格后裔）

我是在旅顺出生的，所以旅顺的肃亲王府我是去过的，我们在那儿玩过。肃亲王府我印象当中是挺大的，那时候还特别淘气，肃亲王府有个挺大的大厅，大厅的上头是个隔层，我们在那隔层上头跑来跑去。我是八岁时候来的北京，正好是川岛芳子被枪毙那年的秋天我们回来的。所以家里头的人都是面面相觑，都不敢言语，都害怕。那时候还是国民党时代呢。

也许是因家族观念的影响，在金先生心里，似乎多少总是充斥着对国民党的不屑，对共产党的好感。

金连经（皇太极位下肃武亲王豪格后裔）

十三大爷的大儿子连缵，原来也是跟我一块在文史馆，他是崔月犁的秘书，崔月犁曾任卫生部部长，这都是在共产党政府里做过工作的。我们家虽然肃亲王（善耆）儿子那辈不多，但是他孙子这辈，很多都是跟着共产党参加了革命的，没有在国民党里头的。

生长于王公府邸的金连经，自幼饱受艺术熏陶，可令人想不到的是，在这个身边国画大师成堆的环境里，他偏偏却迷恋上了西洋艺术。

载人京华

金连经（皇太极位下肃武亲王豪格后裔）

陈半丁我也见过，那时候他摸着我脑袋，我才七八岁吧，他就看我画的画，觉得这个孩子孺子可教什么的。可是我那个时候死看不上国画，我看陈半丁的画，看齐白石的画，我想将来我才不学成这样呢！就不想跟他们学，特好玩。我坚决要考美术学院，考上美术学院我就学西画。

1960年，金连经考入中央美术学院雕塑系，后转入版画系。1966年从该校毕业。

金连经（皇太极位下肃武亲王豪格后裔）

转系的时候我降了一级，我跟着二年级，这样的话我又是因祸得福。我应该是六五年毕业的，实际上我六六年毕业的。六六年"文化大革命"，"文化大革命"我当时是红卫兵小将，因此我是没有受到任何冲击。这一点，真的，家里头，爱新觉罗家族都觉得你这孩子就是命好，福气啦！

如今，打开百度词条，你会看到其中对金连经的介绍："北京画院专职画家、艺术室主任、北京市政协委员。擅长中国画、版画……"然而，即使今天，金先生也仍然坚持说，国画不是他的最爱。

金连经（皇太极位下肃武亲王豪格后裔）

这个命运啊，你不可违抗。我不是不喜欢国画嘛，结果一下到了北京画苑。到了北京画苑，让你再跑，让你再这个那个，我告诉你，你不画国画也得画国画！

与金先生聊天，您会发现他是一个乐观的人，即使是谈到曾经的挫折、苦难，也仍旧诙谐、轻松。

金连经（皇太极位下肃武亲王豪格后裔）

我们家在肃亲王这支里算是比较穷的一个。我哥哥，就是我的大哥，抗美援朝的时候参加了志愿军。这一下子我们家就得救了，我们家成军属了！因此每月都有粮食，就是军属补助，没有工资，好像是给五百斤小米吧，那也是相当不错了，所以家里头基本生活就可以维持了。

即使是"文革"被抄家这样的事情，在别人看来是一场大灾大难，而经他叙述出来，竟成了一场例行公事的闹剧。

金连经（皇太极位下肃武亲王豪格后裔）

"文革"时候一样啊，也是抄家抄得一个底儿掉。尽管我们家那时候非常穷，但是还得例行那个"破四旧"的公事，毕竟家里还有点儿王府留下的东西。我记得有个胆瓶，就是肃亲王下朝以后回来搁帽子的那个。还有宫里头的窗帘，那都做得非常讲究，双层的，里头是黄段子，外头是黑的那种色的……

应该说，金先生良好的心理素质，得益于自幼良好的贵族家教，对于这些，他至今记忆犹新。

金连经（皇太极位下肃武亲王豪格后裔）

肃亲王家风是很严格的。家里头哥哥可以打弟弟，但是你绝对不能够打姐姐和妹妹，另外就是绝对不能骂人，肃亲王家族

载入京华

的人绝对不能骂人。

有人说培养一个贵族要四代人，消灭一个贵族也同样需要经过四代。但愿中国最后一个皇族的贵族家风作为中华文明的一种文化遗存，能够世代传承下去。

第十二集　美人一去余芳草
——荣亲王永琪相传至今的家族文脉

不少老北京的居民都知道，如今位于复兴门一带的中央音乐学院，在晚清时期，曾经是醇亲王府，这座王府后来因为诞生出光绪皇帝而成了潜龙邸。但却极少有人了解，这里在成为醇邸以前，曾经是乾隆皇帝第五子荣纯亲王永琪的府邸。在醇亲王奕譞分府之前，永琪的后人一直在此居住。

金适（乾隆位下荣纯亲王永琪后裔）

永琪这个人在历史上就被给予了很高的评价，说他博学多才，自小就是非常聪明，而且秉性也很纯良，对他的评价是很高的。他的马、步、骑、射以及满、蒙、汉文造诣都非常高，也深得乾隆的钟爱。乾隆二十八年（1763 年）的时候，圆明园九洲清晏殿起了大火，乾隆正在殿里面，大火当中，永琪不顾自己的安危，马上跑进去把乾隆爷背出来了。这件事给乾隆的印象是非常深的，所以在乾隆三十年（1765 年）的时候，他就把永琪封为荣亲王了。

然而，这位博学、纯孝的皇子却不幸英年早逝，仅仅活了 26 岁，令年迈的父皇伤心不已。

金适（乾隆位下荣纯亲王永琪后裔）

在他去世的二十多年以后，就是乾隆五十八年（1793 年）的时候，乾隆接见英国使臣马戛尔尼的时候，就说了这么一句话，朕觉得众皇子中皇五子更为贵重，满蒙文字、马步骑射皆娴熟，朕是要把大统传给他的。

永琪虽英年早逝，却似乎将他的聪慧、纯良，以及追求学识的灵性，悉数留给了自己的后代子孙。源远流长的家学一脉相承，直至如今。

金适（乾隆位下荣纯亲王永琪后裔）

我们家学渊源的高峰，就是在奕绘、顾太清这一代，就是我的六世祖和六世祖母这一代。到我的祖父金光平，满族名字是爱新觉罗·恒煦，到这一代的时候，在学术界也是很有影响的。他是研究满文、契丹文、女真文的专家。我的父亲金启孮，是当代有名的满学、女真学、蒙古学专家，被学界称为是女真满学第一人。

金诚（努尔哈赤位下礼烈亲王代善后裔）

奕绘这个人首先才学特别高，他的绘画在当时王爷里是首屈一指的。

载入京华

376

金适（乾隆位下荣纯亲王永琪后裔）

奕绘作为宗室，宗室里面的一个文学家，他的成就是很杰出的。他有很多的著作，比如《明善堂文集》《妙莲集》《集陶集》《子章子》。他的嫡室是妙华夫人，妙华夫人也是一位很出众的才女，但是不幸早逝。他的侧室顾太清，也就是我的六世祖母，就是被称为清代第一女词人的太清夫人。实际上太清夫人她姓西林觉罗，她并不姓顾，她的祖父鄂昌被牵连到乾隆年间的一件冤案，一起文字狱，后来就被赐死了。

朱小平（北京市政协文史和学习委员会特邀委员，古诗词专家）

她祖父因为文字狱，所以被赐自尽，家产也被抄，这个家庭就成为罪人之家了，必须回他驻防原地。她的父亲就回到北京香山的健锐营，后来生下顾太清。顾太清等于是罪人之家的女儿，她是家里长女。

尽管家庭遭遇不幸，贫居香山，但出身贵族的祖母，并未放弃对儿孙们的教育，这使得太清姐弟自幼饱读诗书，各个能诗善画，学问出众。而此后，太清也正是因为自己横溢的才情，而得与奕绘贝勒结下一世姻缘。

朱小平（北京市政协文史和学习委员会特邀委员，古诗词专家）

奕绘的祖父是乾隆的第五个儿子，封的是亲王。他正好娶的是鄂尔泰的一个女儿为妻，满族人叫福晋。这两家等于是亲戚，顾太清没事经常去奕绘家串亲访友，这两个人又都爱好诗词书法，所以就互生倾慕。当时奕绘已经有正房福晋了，但是因为她是罪人之后，按照清朝的制度，皇族又不能娶罪人之后为妾。

金适（乾隆位下荣纯亲王永琪后裔）

太福晋不同意，嫡室的这一派也不同意，为什么呢？就是觉得她影响了奕绘的仕途。在这种情况下，两个人也几乎是没有希望了。

朱小平（北京市政协文史和学习委员会特邀委员，古诗词专家）

后来奕绘想了一个办法，他们家丁里有一个人姓顾，所以往宗人府报的时候，他就想以这个家丁的姓，顾太清的名往上报。

金适（乾隆位下荣纯亲王永琪后裔）

但是这个老仆人是奕绘的父亲荣郡王绵亿身边的一个仆人，资格很老。他一听到这事首先就不同意，他觉得不能这么干，要是这么干的话，会因小失大，会影响奕绘的仕途。但是事情都有转因，不久，这个老仆人去世了，奕绘又找到他的儿子，他儿子就答应了，就冒充是他们家的，他的姐妹，这样报到宗人府给批下来的。如此就把这个西林太清变成了顾太清。

朱小平（北京市政协文史和学习委员会特邀委员，古诗词专家）

奕绘在房山有一个别墅，现在还有那个遗址，两个人经常在别墅里诗词唱和。另外，夫妇二人经常出巡，都是骑马，连骑，就是并头骑着马。依照满族女人的习惯，是不做车轿的，只有老年女人坐，年轻女子都是骑马，有这种骑射的传统。

载人京华

金适（乾隆位下荣纯亲王永琪后裔）

过了十四年神仙般的幸福生活，前面有几年还是和嫡室共同生活，嫡室去世之后，奕绘也没有再纳侧室，再纳妾都没有，就是专一地和太清过两个人的生活。夫唱妇和，诗词酬唱，并辔郊游，非常幸福的生活。所以他们俩的诗词集连名字都是相辅相成的，比如奕绘词集叫《南谷樵唱》，太清的就叫《东海渔歌》。

朱小平（北京市政协文史和学习委员会特邀委员，古诗词专家）

但是这种生活维持了没有多长时间，道光十九年（1839年），奕绘就逝世了。因为奕绘的嫡室早于顾太清逝世，顾太清就在家里主持家务。按照满族人的习惯，家里家务是女人主持，但是她和太福晋，就是奕绘的母亲有矛盾。

此外，奕绘病逝后，由其正室妙华夫人所生长子载钧降袭固山贝子，太清与载钧在对待奕绘后事问题上，矛盾也很大。

朱小平（北京市政协文史和学习委员会特邀委员，古诗词专家）

顾太清这人比较正直，在家里对下人比较严，所以引起了很多矛盾。奕绘死的当天，正好是顾太清儿子的生日，王府上下认为是她妨的，她把奕绘妨死了。所以老福晋勒令顾太清带着她的四个儿女不能在王府里住了，必须迁出去。按照当时记载，她此后先迁到养马营，这个胡同现在已经拆了，接着迁到砖塔胡同，现在也拆掉了，后来又回到香山健锐营去了。

金适（乾隆位下荣纯亲王永琪后裔）

她就带着自己所生的孩子到府外去住。一直到她的孙子，就是溥楣袭爵之后，他才把太清夫人重新迎回府里头。

朱小平（北京市政协文史和学习委员会特邀委员，古诗词专家）

顾太清的诗词，应该分为两个阶段，一个是跟奕绘情投意合的时候，创作了很多诗词；一个是在这个家庭发生重大变故的时候，又创作了很多诗词。我个人认为她后一部分诗词的成就高于前一部分，因为有她自己身世、感情的变化，所以写得更加深沉。另外顾太清还有一个成就，现在公认的，就是她写了一部《红楼梦》的续书，《红楼梦影》，现在据考证就是她写的。

金适（乾隆位下荣纯亲王永琪后裔）

她对于丹青也是非常有造诣，她的画别看传世的不是太多，但是每一幅都有特点。她有时候喜欢画花，比如海棠、桂树，一些小幅的花。但是她也画大幅的，现在首都博物馆就挂着一个大幅的，叫《文杏图》，非常大的一幅画，现在是国家一级文物。

朱小平（北京市政协文史和学习委员会特邀委员，古诗词专家）

她的很多词我觉得都可以称为她的代表作，因为她的风格不是那种豪放型，而是那种很清晰、很明丽的风格。内容里典故不是很多，一般人看了能够读得懂，我觉得这是她的词的一个显著特点，要不是这样，大家也不会喜欢。我觉得顾太清文学上的成就，也是中华民族文学成就的组成部分。

载入京华

金适的祖父恒煦，即奕绘与顾太清的长孙，奉恩镇国公溥楣之孙，汉名金光平。他是在民国与清朝交替之际，依照民国优待清皇室条件，唯一一个袭爵的人，因此，被称为清朝最后的公爵。

金适（乾隆位下荣纯亲王永琪后裔）

他袭爵的时候，实际上才十六岁。那个时候虽然还很小，但是因为从小是在这样一个家学渊源的环境中长大的，他就有很强的振兴民族和家族文化的信念。他就结合着金史来学习女真文，通过女真文，又可以纠正宋史和辽史当中很多的不足或者错误，他就是从历史学和语言学的角度把这个学科发展起来的。

1946年，金光平与著名画家溥儒，共同发起成立满族协会。协会宗旨即就辛亥之后，满族人民在求学、就业等方面所遭受到的种种不平等待遇向国民党政府提出抗议，为满族人民争取最基本的生存权利与人格尊严。

金诚（努尔哈赤位下礼烈亲王代善后裔）

这个协会对满族是有很多贡献的。在北京郊区曾做过民族调查，就是将新中国成立前满族人的生活，满族人的状态，方方面面做了一个很详细的调查，这个贡献很大。

金适（乾隆位下荣纯亲王永琪后裔）

在这个过程中，我祖父也是付出了很多的辛苦和精力。整个满族，城里城外的八旗，有多少八旗人，有多少没有生存条件的，受到各种不平等待遇的，这些基本情况都去调查过，都去登记过。

中华人民共和国成立后，满族人民彻底获得了与汉族及全国各族人民平等的待遇，对此，金先生感到深深的欣慰。

金适（乾隆位下荣纯亲王永琪后裔）

所以我祖父就反过头来，他就一心要把四十年代开始研究金史、研究女真文、研究满文的这些，重新再拾起来。他当时是在中国社科院的历史二所工作，当时他就很出成果。

金适的父亲，是金光平先生长子，即被学界称为女真满学第一人的金启孮先生。

毓峨（道光位下惇勤亲王奕𧸘后裔）

金启孮他是研究女真文的。有一年忽然在内蒙古发现了一些女真文，结果谁也不认识，就找到了他。他那时候是在内蒙古大学，他就把这些字翻译出来了。

金适（乾隆位下荣纯亲王永琪后裔）

他的学生都说，现在内蒙古大学的清代蒙古族史越做越大，国家支持得这么大，他们念念不忘的都是这个奠基人。这个学科的奠基人就是金启孮先生。

金诚（努尔哈赤位下礼烈亲王代善后裔）

他被错划右派，后来落实政策回到沈阳，到辽宁省民族研究所

载入京华

当所长。所以现在吉林、辽宁很多地方出来的学术贡献是跟启孮先生有关系的。

1962 年，启孮先生前往黑龙江省富裕县三家子满族屯进行考察。此前，学术界普遍认为，满文的现状，仅仅是停留在纸面上，活的语言已经不存在，也就是说，已经没有人会说了。

金适（乾隆位下荣纯亲王永琪后裔）

他去调查，发现整个满族屯多数的人都会说满文，而且多数日常用语也都用满文在说。但是当时这个村子里的人虽然会说满文，却不知道自己是从哪来的，不知道自己的渊源。当时没有录音机，也没有其他先进的手段，在这种情况下，我父亲就拿拉丁音标把他们说话的音全给记录下来。记录下来之后，又根据当地和北京这边的历史、语言研究机构的记载对照，最后帮他们搞清楚了他们是谁的后人。

"文革"后，《满族的历史与生活——三家子屯调查报告》得以正式刊出，并被意大利满学家斯塔里译成德文版。一时间，日本、德国、意大利、俄罗斯等国家的满学家们纷纷前往三家子满族屯进行采访。1984 年，文物出版社出版了启孮先生编写的《女真文辞典》，这是世界上第一部女真文辞典，获得了当年全国社科图书的一等奖。

金适（乾隆位下荣纯亲王永琪后裔）

我觉得我父亲有一种伟大在于，他要为自己的民族说话，他要把历史上一些谬误给改正过来。他说实际上现在有很多写满族的书，都是写皇上写宫廷这些，实际上真正体现满族人思想性格和行为方式的，是广大的满族劳动人民。

启琮的外祖父额罗赫是京西火器营最后的一任翼长，他因此有机会接触到火器营年轻的旗兵们，他看到的是他们身上诚实、率直的淳朴个性，以及为国尽忠的卓越武功和不凡胆识。而每当给女儿们讲起自己的外祖额罗赫，启先生更是由衷地自豪与钦佩。

金适（乾隆位下荣纯亲王永琪后裔）

他年轻的时候是荣禄手下的兵，应该是营长。他打过仗，打过什么仗呢？就是慈禧和光绪往西面躲八国联军的时候，他受命在地安门阻挡敌兵的入侵。为了让他们（敌军）晚点儿进入皇宫，晚点儿知道太后已经西去了。

这一仗打得非常的艰苦，联军炸毁了地安门，并且占据街道两边的商铺，居高临下，用机枪向街道上的八旗兵扫射。

金适（乾隆位下荣纯亲王永琪后裔）

后来（额罗赫）也身负重伤，差一点儿就牺牲了。他骑着匹马，敌人射下来的枪子，那匹马看到之后，就立起身子挺着，把额罗赫挡住了，当时马就死了！后来查看，马身上弹眼非常多。若干年后，给后辈们讲起这段事情的时候，我父亲的外祖父还为这匹马落泪。

据说，这一段历史，在北京市文史资料委员会编写的《文史资

载入京华

384

料》中有所记载，其中，称额罗赫为民族英雄。

金适（乾隆位下荣纯亲王永琪后裔）

所以我父亲他写的书里面，针对有些书里面、媒体里面宣传当时八旗兵都是不抵抗，不劳而获，光能吃不能打的样子，把八旗兵都写成这种形象的时候，他就写到，在抵抗八国联军的时候，在鼓楼上曾经有一个八旗兵，还是个无名氏，他一人就砍死了五个敌兵，最后力尽而亡。也有这样的八旗兵。

2004 年，当父亲永远地离开了这个世界，工科出身的金适感觉到了一种责任，她说，她可以继承家学。

金适（乾隆位下荣纯亲王永琪后裔）

荣府一系对文化的贡献，绝不能中断，就得延续下去。到我们这一代，乃至于往下一代，仍然在做。我这一代，主要是我妹妹乌拉熙春她做得多，二十多岁还在上大学的时候，她就出了《满语语法》《满语读本》《满族古神话》。

乌拉熙春，毕业于中央民族大学，语言学博士。之后留学日本，获得京都大学史学博士学位。

金适（乾隆位下荣纯亲王永琪后裔）

我妹妹她现在从事满文、女真文、契丹文研究，她一直是在这个领域的最前沿。我父亲去世之后，我就在中华书局把他非常有影响的著作《北京郊区的满族》《京旗的满族》和一个未刊稿《府邸世家的满族》这三部分合在一起给出了，题目叫作

《金启孮谈北京的满族》。

如今，追忆起父亲，追忆起幼年时那些弥漫着书香的岁月，年逾花甲的她，心中依旧柔软如初。

金适（乾隆位下荣纯亲王永琪后裔）

"文化大革命"的时候，别的孩子都出去玩了，那时候我们住在内蒙古大学里面，我和妹妹都愿意在家里头。我喜欢画画，我父亲就请师范学院美术系的教授，让我去学画画。我妹妹她语言学学得特别好，她的名字乌拉熙春是我祖父给起的，满语的意思就是聪明的聪，就是灵的意思……

"十二珠帘控玉钩，晴丝花片总纤柔。朱阑寂寂双飞燕，绿水沉沉数点鸥。杨柳楼台经过处，碧桃门巷记曾游。美人一去余芳草，断雨零云古渡头。"岁月，留不住青春与生命，留不住显赫与富有，但是它，却留下了那一脉书香。

第十三集 心正自然酣笔韵
——和亲王弘昼后裔启功、启骧

2005 年 6 月 30 日，93 岁的当代著名书画家、教育家、国学大师启功驾鹤，国内媒体纷纷予以报道。而此后，他们在惋惜与追忆之余，渐渐熟知了另外一位爱新觉罗家族的书法家，他就是启功的族弟、学生启骧。

载人京华

启骧（雍正位下和亲王弘昼后裔）

我跟启功是堂兄弟，他的太爷爷跟我的太爷爷大概是同一个，我们是没出五服的这样一个关系，都是雍正第九代孙，都是弘昼这支下来的。

金大钧（努尔哈赤位下豫通亲王多铎后裔）

启功和启骧先生的祖上，据我了解应该是和亲王弘昼，就是弘历最近的那个弟弟。他们两人相差了半个时辰，按现代来说就一个小时。但是弘昼就成为弟弟了，和乾隆皇帝是亲哥儿俩，好了一辈子也打了一辈子，是很奇妙的兄弟关系。

启骧（雍正位下和亲王弘昼后裔）

启功一岁左右就没有父亲了，家里当时生活也很困难。我爷爷那时候开杠房嘛，家里境况还算好，我爷爷就接济他们，所以彼此之间的关系就比较近。他的姑姑经常上我们家去，他姑姑很胖，我们都管她叫胖姑姑。

读到初中的启功即因家贫而失学，只得倚仗自己渊博的家学功底，到辅仁中学应聘国语教员。

启骧（雍正位下和亲王弘昼后裔）

当时辅仁中学的校长姓张，说你一个中学生怎么能教中学的国语呢？就说不行，不要他。后来他就被当时辅仁大学的校长，叫陈垣，陈垣，那是中国很有名的一个教育家，就被陈垣看上了。所以他就把启功调到辅仁大学的图书馆里去当管理员，后来又在中文系当助教、讲师。他本来就是一个初中学历，但靠自己的努力，成了当代的一个国学大师、书画大师。

金诚（努尔哈赤位下礼烈亲王代善后裔）

启功先生注重的是线条，就是讲笔道，他不是特别讲结构。启功的画是非常好的，他的画比字要好很多。因为他小时候就有高师，后来跟着溥心畲，所以他的画既有宋元的味道，也有宫廷的味道，非常讲究，档次非常高。后来因为他没时间，就没有机会画画了。

毓峨（道光位下惇勤亲王奕誴后裔）

启功的山水相当的好。松风画会那时候，我才十二三岁，这个是由溥雪斋他们组织的，叫松风画会，里面都是一些名家，那时候他就在里面。别瞧启功辈分比我小两辈，但是在当时，我们都相当尊重他，我们几个，连毓岚都是他的学生。你好，我照样跟你学，不分辈分大小。

金诚（努尔哈赤位下礼烈亲王代善后裔）

他的字是小时候被舅舅逼出来的。他青年时代家里很穷，世代单传，他父亲在他一岁的时候就死了，所以家境很快就没落了。于是启功先生当时就开始卖画，他舅舅帮他卖，但跟他说，你别题字，我给你题，你的字太寒碜。给他一个刺激。从这儿起，启功开始认真地写字。

如果说，启功先生的成才之路，充满了艰辛与传奇，那么，小他 23 岁的族弟启骧之"书法大梦"，却颇显得幸运与不可思议。由于家族的没落，青年时代的启骧家庭生活十分贫困。

载人京华

1952 年，他选择就读北京市土木建筑工程学校，学习建筑。

启骧（雍正位下和亲王弘昼后裔）

那时候要上学的话，生活就很困难了，交不起学费，没有钱了。所以入学以后，吃、住、上学，我还得领困难补助，每个月给我几块钱的助学金。所以我是在党、政府和学校的培养下，才学到一些知识。

1966 年，中国人民解放军组建基建工程兵，启骧所在的北京市第二建筑工程公司转入部队序列。1992 年退休时，他已经是享受师职待遇的高级工程师。如果说，中国的书法界，有哪一位书法家属"大器晚成"型，则这个称号非启骧先生莫属。

启骧（雍正位下和亲王弘昼后裔）

我四十五六岁，四十六七岁的时候，我记不太清楚了，有一天我去看启功，启功正在给一个记者写一幅字，一边聊天一边写字。哎呀！当时他写的字，我觉得这漂亮！这好看！我说，哎呀！这中国书法写得这么漂亮！以后我也要练。

从此，这位高级工程师就迷上了写字，一发而不可收，况且"近水楼台"，身边还有一位如此亲近的族兄可为良师呢！

启骧（雍正位下和亲王弘昼后裔）

我练字就找他，没事的时候就找他，说大哥你给我看看什么的。他就指点我，我回来就刻苦地练习，有时候一练就练到夜里两三点。因为我是高级工程师，白天我还得管工程，那些房子塌了不行，我得管工程。

金诚（努尔哈赤位下礼烈亲王代善后裔）

他多年就练启功的字，经常找他大哥去指导。后来他大哥很不
高兴，说以后你甭找我，你老这么学我，我不愿意看。

启骧（雍正位下和亲王弘昼后裔）

我写字是临他的字，字挺像的，我就挺高兴。我就去找启功，
我说大哥你看看。他一看就说了，多咱你的字不像我的，就好
了。后来他在那张纸上就写："慈吾从弟启骧，细效拙书，观
之增愧。"他这是提携我的意思，是吧？我说您这么写不合适，
他说合适。后来他跟我说，你这字中我的毒太深了。后来我就
很苦恼，我觉得启功的字那么好看，我能临得像他的我就很高
兴了。他这么说，我就茫然了，我不知道怎么来写了！

金诚（努尔哈赤位下礼烈亲王代善后裔）

启骧受到大哥的批评以后，就认真琢磨怎么变，后来他就加进
颜真卿的风格。加进颜真卿的风格以后，他的字就比启功先生
肥厚一些。启功先生的字瘦硬，他肥厚，又有启功的味道，但
是有变化。

启骧（雍正位下和亲王弘昼后裔）

我大概用了七八年的时间，不临他的字，就研究别人的字。别
人的字我也临，这《中国书法大字典》我不知道临了多少遍！
不是跟别人不一样就是创新，它还得以好看为前提。后来我又
拿着字到启功那儿去，一幅很大的字，大概是九九年，反正是

载入京华

〇〇年以前的时候。我拿去让启功看，启功就跟我说，他说你现在这个字没有我的毒了，而且有你自己的特点了。

金诚（努尔哈赤位下礼烈亲王代善后裔）

启功先生在旁边写了很长一段话，就说我这个族弟启骧，现在写成这样，将来可以和大家媲美了。就夸了一大通。

启骧（雍正位下和亲王弘昼后裔）

我是在启功的基础上又有自己的风格了，我跟他不完全一样。有个记者采访过我，问我跟启功的字有什么区别。我跟他讲，我说由于时代的关系，启功他的字就像古代的仕女，林黛玉、赵飞燕、西施，古代这几个美女，特别的纤细、文雅、大方；我的字是什么呢，像现在电视里放的女健美运动员，肌肉丰满，这家伙，乳房也大块也大，我说我那是健美。

金诚（努尔哈赤位下礼烈亲王代善后裔）

启功去世之后，他就成了我们爱新觉罗家族书法的领军人物了。另外他也曾是中央文史研究馆的馆长。启骧先生为满族也做了很多工作，比如说每年颁金节，他都要清唱，他是裘派的著名票友。

据说，在启功先生生前，给其族弟《启骧书艺集》一书的题序中曾经给予其"可入百年宗匠之藩篱"的极高评价。如今，启骧先生的作品已被中国历史博物馆、天安门城楼、钓鱼台国宾馆等收藏。而他本人亦被中国书画界承认为：当代中国传统书法传承人。

电视专题片
第十三集　心正自然醇笔韵——和亲王弘昼后裔启功、启骧

启骧（雍正位下和亲王弘昼后裔）

他们很多人说写字就得从小练，我就不是从小练，我是四十多岁才开始练的。我学书法，不仅学，还总结出了很多理论方面的东西。

金大钧（努尔哈赤位下豫通亲王多铎后裔）

他这个成就还是来源于满族，尤其是爱新觉罗家族对子女的教育。

朱小平（北京市政协文史和学习委员会特邀委员，古诗词专家）

我接触过启骧先生，启骧先生的书法我认为也是可以成家的。中国的历朝历代，只有清朝是最重视对自己子弟文化素质教育的。从皇子到各个王府的子弟，大概五六岁就必须要上学了。不仅要学习四书五经、诗词歌赋，还要学习书法。所以为什么好多出身皇族的老先生书法都很好，我觉得就是因为他们有这种童子功。

启骧（雍正位下和亲王弘昼后裔）

我爷爷也是一个书画家，我们家里有很多名人的字画，包括齐白石的，往老一点儿说，包括郑板桥的，还有西太后的，都是真迹啊！有陆润庠的，他是清朝的一个状元，还有祁寯藻的，他是一个进士，还有溥心畬的，"南张北溥"嘛。齐白石经常到我们家去，溥心畬也经常到我们家去，还有溥雪斋，都跟我爷爷关系特别好。所以我打小受到他们的熏陶，看他们在一起作画聊天，这个对我影响很大。

载入京华

朱小平（北京市政协文史和学习委员会特邀委员，古诗词专家）

毛笔从秦朝时候就有。中国过去的书写工具就是毛笔。只要你想当官，考科举必须要练毛笔字。包括医生、术士、经理、记账，都要练毛笔字，还必须要练楷书，楷书是所有书体的功底。尤其像皇族，给皇帝的奏折，平常的公文，甚至包括来往的书信，必须工工整整地写楷书，这就是功底所在。

启骧（雍正位下和亲王弘昼后裔）

现在呢，大部分书法家都不写楷书，都是先写草书再写行书，完了再写楷书，倒过来了，这不对了。为什么不对呢？因为草书是快写，行书比楷书快一点儿，草书比行书又快一点儿。就像一个人走路一样，你先得学会走路，然后小跑，然后你才能参加百米赛跑。你不能上来就参加，你走路还走不好，怎么参加百米赛跑？所以现在这些草书家，因为我懂书法所以我就敢说，那是不对的。一定是在楷书、行书的基础上，才能写好草书，草书不是写草了就是草书。

对于目前书法市场上的某些轻浮、怪异之风，启先生则表示颇不认同。

启骧（雍正位下和亲王弘昼后裔）

中国的传统，它是博大精深的，不是拿毛笔一写字就是书法，这个概念是完全错误的。现在老百姓看书法展，看不懂，字不认识！把大人和小孩都误导了。启功的字好，他是在楷书好的基础上行书也好草书也漂亮。你上钓鱼台，那里有启功的行书草书，四条屏。有我写的四条屏，也是草书。

电视专题片
第十三集　心正自然醋笔韵——和亲王弘昼后裔启功、启骧谈到自己的恩师、兄长启功先生，启骧表示：老师对自己最重要的教诲，是告诉了他如何处世为人。面对着摄像镜头，他向我们讲起了，许多年前同老师一起接受电视台采访的往事。

启骧（雍正位下和亲王弘昼后裔）

电视台还没开始拍，他跟我说，他说你现在是大师了。我说，哎哟！大哥，您才是大师，您现在是启功启派，您才是，我不是，我是大师也是动物园那大狮子，但我是不咬人的大狮子。他说你要是动物园的大狮子，我就是头发上那个虱子。他不承认他是大师。

毓峨（道光位下惇勤亲王奕誴后裔）

既有学问又不自傲，他是这么一个人。你看我那个画册，都是他给题的签。这个爱新觉罗氏他不承认，他就说你们都是指着这个挣钱，指着这个卖画挣钱。

启骧（雍正位下和亲王弘昼后裔）

我是大师，我是中国现在第一大书法家了，中国谁也没我好了！他不会说这话。正因为他知道，艺无止境，他懂得中国的传统艺术是博大精深的，谁也不能达到顶尖的水平，所以一定不能称自己是大师。

什么是真正的大师？启功先生用自己一生的学问、品行，以及为人处世的态度回答了这个问题——所谓大师，就是活在他人口碑上的人。

载入京华

启骧（雍正位下和亲王弘昼后裔）

不单纯是指点书法，而且他告诉我一些做人做事的道理。八几年的时候，那时候还买公债呢，那时候买公债是自己认领购买的数量。启功买的时候，先问别的教授都买多少，学校告诉他都买了50块钱的，八几年50块钱就不低了。他说那你也给我写50块钱的。后来他跟我说什么意思呢？大家都一样，比如我要买400块的，那就显着我特别有钱，或者比别人怎么着，我不能干这种事情。这就是做人的一个准则，不要老显着比别人高，不要去炫耀自己。

金诚（努尔哈赤位下礼烈亲王代善后裔）

启（功）先生尊师重道，人品那是很杰出的。他第一笔钱是在香港拍卖得的。二三十年前，他带着一百多张的书法作品，都是真品，要是现在那不得了，拍卖钱多了去了！当时卖了一百二三十万吧，就全部纳入励耘奖学助学基金。就是他以他恩师陈垣先生的名义办的奖学金。他还是佛教协会副会长、中国书协主席、中央文史馆馆长、全国政协常委。

启骧（雍正位下和亲王弘昼后裔）

后来他又跟我讲，他说当了书协主席以后，书协的会他不参加。为什么不参加呢？他说书协那些副主席，那时候还没现在这么多，就五六个副主席，这些副主席一人拿一个条，都是介绍别人入会，他才不参加呢，谁愿意入会谁入会，启功一个没有。连我都不是他介绍入会的，谁找他介绍入会他都不管，他不干这事。

朱小平（北京市政协文史和学习委员会特邀委员，古诗词专家）

我早年接触启先生比较频繁一点儿，也是跟着一些长辈，一些书法界的人去聚会。我印象最深的就是启老说了这么一句话，他说我最恨见了洋人腿肚子就转筋的人。启老是老北京，他这话就是说做一个人不应该崇洋媚外。而且启老本人生前最恨别人拿他的皇族身份来说事，所以我觉得启老是一个很正直的人。

启骧（雍正位下和亲王弘昼后裔）

他是我的老师，而且他是当代的大师，他在书法这方面的贡献非常大，他在我们中国书法界是一个划时代的人物，这是我的个人看法。

金诚（努尔哈赤位下礼烈亲王代善后裔）

启功先生的书法，这个核桃块大的、寸字大的小行书，可以跟古人媲美。

朱小平（北京市政协文史和学习委员会特邀委员，古诗词专家）

如果仅仅把启功先生当作一个书法家来评价，那是看低了启先生。因为启老如果单从书和画来说，画应该高于书法。而且我觉得启老最大的成就应该在于他的鉴赏、音韵。

在如今商业气息浓郁的书法市场，启骧先生为自己立下了十六字的座右铭：净心方正、静中求索、镜整衣冠、境界雅俗。

载入京华

启骧（雍正位下和亲王弘昼后裔）

我就遵循着这四条，第一个我净心方正，我不是为了名利来写字的。我最近写了《三字经》《百家姓》《千字文》《弟子规》，印成书送给孩子们。因为它是中华民族的传统文化，孩子们喜欢。这是我作为一个中国人，我的责任和义务。

启骧先生说，他的十六字座右铭得益于他多年研习书法的心得，更得益于他的兄长启功先生。大师远去，留给世界一行行馨香的墨迹，留给继承者无尽的精神财富。

第十四集　自强不息骁骑后

——金宝森与满文书院

在我们此次的采访对象中，出生于 1930 年的金宝森，是唯一属于觉罗的皇族后裔，其始祖为兴祖直皇帝福满第三子索长阿。而福满的第四个儿子觉昌安，就是努尔哈赤的祖父。

金宝森（北京满文书院院长，清史学者，清兴祖直皇帝福满三子索长阿后裔）

传到我这代的时候，按照宗谱排辈的话，我应该排在恒字辈，但是我们没按照宗室的名字来排名，所以我就叫金宝森。我的祖父满文名字叫逊力哈，我的父亲叫金占元，参加过东北的抗日义勇军。吴玉书是我的舅父，我舅父是南满护路军第二旅的旅长，他在抗战中起了很大的作用，毛主席在《毛泽东选集》的第一卷里面曾经提到江桥战役，这个战役就是我舅父打的。

电视专题片

第十四集　自强不息骁骑后——金宝森与满文书院

金宝森父亲为南满护路军第二旅稽查处长，九一八事变后，随军队转移，牺牲在新疆迪化，即现在的乌鲁木齐。

金宝森（北京满文书院院长，清史学者，清兴祖直皇帝福满三子索长阿后裔）

我们和母亲按照家属规定从海参崴（符拉迪沃斯托克）坐海船到天津，之后到的北京，所以我从小就跟父亲分开了。我是1949年3月21号参加革命的。参加革命以后，我任中南海警卫团第一营的营部文化教员，同时也加入了新民主主义青年团。五五年我在部队里面立功以后，就入了党。到了五八年，因为地方上教育的需要，就把我从部队调到地方上来了。

出于对自己民族文化的深深眷恋和使命感，转业后的金宝森逐渐从行政干部转到了历史教学和清史研究方面，先后发表《〈扬州十日记〉证讹》《满文书法初探》等多篇卓有影响的学术论文。20世纪80年代中期，他与其他几位有识之士凭着200元经费，创办起中国第一所进行义务教育的学校——北京满文书院。

金宝森（北京满文书院院长，清史学者，清兴祖直皇帝福满三子索长阿后裔）

1985年3月正式招生，成立了北京满文书院。我们为什么起了这样一个名字呢？因为当时的补习学校、训练班相当多，我们觉得这些不符合我们的教育目标，所以我们吸收了中国古代教育机构的内容和形式。

金象秋（原北京第24中学校长，清太祖努尔哈赤之弟穆尔哈齐后裔）

金宝森老师是24中的历史教师，他一直为满文的推广、普及

载入京华

做了不少工作，在 24 中办了满文书院。满文书院是不收费的机构，他的办公经费是由当时北京市的民委来提供，但是经费又不是很充足。

金宝森（北京满文书院院长，清史学者，清兴祖直皇帝福满三子索长阿后裔）
北京市委当时有一个刊物报道了我们的办学消息以后，我们学校当时的校长，叫金兆祥，是一位汉族的同胞，找到我，他说金老师你办学为什么要在外边，你为什么不回咱们学校来呢？你有什么困难，我给你帮助。校舍我们不收你费用，粉笔、办公纸什么的你也可以用。这样的话，我觉得他非常诚恳，支持我的办学行动，所以我就把学校迁到北京 24 中。金兆祥走了以后，金象秋接任校长。金象秋校长是满族人，他也认识到满文的文化意义，所以他也给予支持。

吴元丰（中国第一历史档案馆满文处主任、研究馆员，锡伯族）
在学校院子里头，就晚上授课，白天不能，因为学校白天还得正常上课。在学校就是靠金老师的关系，找了一个小的房间，就开始招生。当时《北京晚报》是很厉害的，他通过《北京晚报》发了一些办班的启示以后，没想到报名的人那么踊跃。

金宝森（北京满文书院院长，清史学者，清兴祖直皇帝福满三子索长阿后裔）
有一种人，他们是从民族感情出发，他说我是满族人，我愿意知道我自己民族的文字，知道我祖先的情况，这是一部分人；还有一部分人，是从工作需要出发。比如当时我们这里有导游，她为什么要学满文？游客从北海的小白塔下面的碑文上看见满文了，问她是什么意思，她不知道。比如我们有一个学生叫冯蒸，他是搞音韵学的，所以他学满文的目的是对音韵进行研究。

尽管招生状况良好，但无钱、无房、无人的条件，依旧令满文书院的运行举步维艰。

金宝森（北京满文书院院长，清史学者，清兴祖直皇帝福满三子索长阿后裔）

我们当时的老师，除了有几块钱的车票钱补助以外，其他都是义务的。后来学校得到市委市政府的支持，有些经费了，老师有一些晚餐补助了，但也是很低微的。他们都是出于对学术的关心和重视，自愿来我这教学。从办学以来，我注意两件事，一个是师资，一个是教材，当时的师资，我不一一列举了，起码都是副研究员以上的先生。

吴元丰（中国第一历史档案馆满文处主任、研究馆员，锡伯族）

当时从我们档案馆邀请了两个老师，安双成和屈六生老师。从中国社科院民族研究所请的王庆丰老师，这三位都是我的老师辈。刚开始的时候很艰苦的，教材都是那些老师们手写好，给学生发下去讲。

金象秋（原北京第24中学校长，清太祖努尔哈赤之弟穆尔哈齐后裔）

说实在的，我也去听过，我也想学，后来因为工作太忙，学起来也挺难的，而且岁数也大了，所以后来就没再学。金宝森老师对满文书院，对满文的普及，应该说做出了很大的贡献。

满文书院的开办，首先引发了美联社、共同社等国外媒体的关

载入京华

注。继而国内的中新社、《人民日报》(海外版)、《光明日报》《北京日报》《北京晚报》等各大媒体报刊亦纷纷予以报道。在满文书院正式授课的 15 年时间里，共招收了 16 个普通班，6 个提高班，5 个研究班，学生总数 800 多人，其中获取毕业证书的有 400 多位。

金宝森（北京满文书院院长，清史学者，清兴祖直皇帝福满三子索长阿后裔）

初级班，是属于普及性的，知道满文的一般的知识；提高班的学生，可以进行简单的翻译；研究班就要能进行整部档案的翻译了。我们自己定的校规，只招收高中以上学历的人才，不分性别，不分民族，不分职业。

而说到教材，老人至今仍然感觉到欣慰与自豪。

金宝森（北京满文书院院长，清史学者，清兴祖直皇帝福满三子索长阿后裔）

最后在市委市政府的支持下，给我们经费以后，我们出版了满文教材，我们不敢叫满文课本，为什么呢？因为出版课本要经过国家教委的审查，可是国家教委没有满文这方面的人士，他怎么审查？没法审查。

1995 年北京满文书院出版《满文讲义》及与之配套的录像光盘，据说，这是迄今为止我国唯一的一本正式满文教材。

金宝森（北京满文书院院长，清史学者，清兴祖直皇帝福满三子索长阿后裔）

这样的话，满文教材、满文光盘，我们都是国内唯一的，以前当然没有，以后也没有，这就是满文书院对社会做的小小贡献之一。

吴元丰（中国第一历史档案馆满文处主任、研究馆员，锡伯族）

这个班办了以后影响也特别好，后来我在一些刊物、一些报纸上，看到了一些满文书院毕业的学生靠所学的知识写的一些文章。有一个在故宫博物院工作的学生，他是硕士毕业生，他的满文就是在满文书院毕业的，他靠这个都当了研究员了。这个班对于宣传满文文化、普及满文文化这些方面的作用不能低估，它发挥了很大的作用。

如今，距离送走最后一批学生已经过去了14年，但谈论起满文的事情，老人仍然激动不已。

金宝森（北京满文书院院长，清史学者，清兴祖直皇帝福满三子索长阿后裔）

我举个例子，在我们办满文书院的同时，国家正在和苏联就边境问题进行谈判。苏联方面拿出来的是俄文的档案；中国方面当时就从第一历史档案馆里面找出来了满文档案，这样摆在桌上谈判以后，最后签订了边境协议。

吴元丰（中国第一历史档案馆满文处主任、研究馆员，锡伯族）

满族人建立过两个王朝，一个是金朝，一个是清朝，清朝是离现在最近的一个王朝，它给我们留下了很多的财富。当时清朝的很多文书是用满文记载的，我们档案馆就保留了满文档案二百万件。

载入京华

金宝森（北京满文书院院长，清史学者，清兴祖直皇帝福满三子索长阿后裔）

它记载的内容非常的丰富，政治的、经济的、军事的、文化的、生活的、医药的、科技的，很多东西都可以从里面去寻找。所以满文现在看上去像是死亡了，但实际上它的生命力还是很强的。国外的人为什么要研究它？一个是从文字学的角度，另外一个就是说它现在还有使用价值。

吴元丰（中国第一历史档案馆满文处主任、研究馆员，锡伯族）

满文留下了很多的家谱，还有很多的石碑，光我知道北京地区满文的拓片，碑刻拓片就有七百七十多件。据我了解，中国五十五个少数民族里，满文的文献量是最多的一个，只有藏文的文献能跟满文媲美，但还是有差别的。藏文的古文献、古迹，大部分是经文多，重复的多。满文的情况就不一样，它是一个王朝的档案，它不只是记载了爱新觉罗家的历史，不只是记载了满族的历史，它还记载了 1644 年到 1911 年近三百年中国的整个历史。清朝奠定了中国现在版图的基础，它和外国签订了很多协议，还有它的行政区划，以及各个地方的建筑、矿业等领域，都保留了很多满文文献。

金宝森（北京满文书院院长，清史学者，清兴祖直皇帝福满三子索长阿后裔）

就是说边疆问题，划边界，如果没有满文档案，当时苏联人就不认账。后来把满文档案拿出来，他们不能不认账了，这当然是特殊的例子。清朝对边疆问题解决得比较好，所以研究边疆问题离不开满文档案，离不开满族的历史经验。

满语属阿尔泰语系通古斯语，虽说是一种古老的语言，但一直

到 1616 年，努尔哈赤建立后金政权的时候，它仍然还没有相
应的文字。

金宝森（北京满文书院院长，清史学者，清兴祖直皇帝福满三子索长阿后裔）

努尔哈赤建立后金政权以后，他对外的交往，国内的文书发
布，都需要文字。可是当时满族只有语言没有文字，因此努尔
哈赤决心创建满文。他命令满族学者噶盖来创造满文，说你可
以借用蒙古文文字的字形，加上满语的语音。这样就启发了噶
盖，使他创造了满文。但早期的满文有很多缺点。

吴元丰（中国第一历史档案馆满文处主任、研究馆员，锡伯族）

大概实行了三十年以后，清朝就对满文进行了改革。过去的满
文叫无圈点满文，改造后的满文叫有圈点满文。现在咱们使用
的满文就是有圈点满文。

金宝森（北京满文书院院长，清史学者，清兴祖直皇帝福满三子索长阿后裔）

清军入关以后，满族掌握了全国的政权。由于懂得满文的人很
少，所以在所有的地方大员身旁，都有笔帖式。皇帝的旨意，
用满文写的，要由他来翻译，口谕要由他来传达，这样的话非
常不方便。满族以一个少数民族来统治这么大的一个国家，实
际上已经陷入汉族和其他民族的汪洋大海里面了，所以他们必
须充分利用汉族的文字和文化。因此，对汉字和汉文化的学习
和使用，清朝初期的统治者非常重视。这样，满文的使用就逐
渐削弱。

载入京华

吴元丰（中国第一历史档案馆满文处主任、研究馆员，锡伯族）

清代有个规定，把满文叫国说，满语叫国语，跟汉文并行，作为国家的语言来推广。但是后来因为大环境发生了变化，国家再怎么强调，这种语言也已经开始走下坡路了。到了乾隆时期，从满文档案来看，沈阳的满族人，南方的满族人，北京周边的满族人，已经不会说满语了。辛亥革命爆发，清朝灭亡以后，这种趋势又加快了。

尽管满文的使用仍有其实际价值，但严酷的现实是中国一千万满族人中，能说满语者寥若晨星。据国家民委 1984 年调查统计，全国只有 50 人还懂满文！这种情况下，专家们将目光投向了新疆。

吴元丰（中国第一历史档案馆满文处主任、研究馆员，锡伯族）

我的家乡在新疆察布查尔，我高中毕业的时候，北京故宫去招人。到北京以后我才知道，是周总理经毛主席的同意，办的这么一个班。当时办这个班，是周建人，就是鲁迅的弟弟跟周总理提出来的。当时"文革"还没结束，所以这个班就办在故宫里头，整个三年没有寒暑假。同时跟我来的有六个锡伯族，还有东北来的两个满族，剩下的都是北京的。

三年后的 1978 年，这个仅有 21 人的满文班期满毕业，大部分人被分配在故宫明清部，也就是现在中国第一历史档案馆工作，该馆位于故宫西华门内，保存有明清两代主要机关的档案。

吴元丰（中国第一历史档案馆满文处主任、研究馆员，锡伯族）

后来这部分人，就成了中国满文档案、满文文献、满族史和清史研究方面的主力。我们的同学有的当过中国社科院的清史室主任，后来当了历史所副所长，还有的当过北京市社科院满学所的副所长。

新疆锡伯族人在满语上的得天独厚，得从 1764 年说起，当时，乾隆皇帝从沈阳调遣 1000 名锡伯兵，包括他们的家属共 5050人，前往新疆驻防。作为新疆驻防八旗的重要组成部分，这个锡伯营的营制一直保持到 20 世纪 30 年代。如今，他们的后裔在新疆有三万多人口，其中两万人居住在伊犁察布查尔锡伯自治县。

吴元丰（中国第一历史档案馆满文处主任、研究馆员，锡伯族）

他们就把满语带到了新疆，去了以后就一直使用这种语言。现在锡伯族一直使用的语言和满语是比较接近的，可以说百分之九十五以上是相同的。汉族的同学，跟我们一块从事满文档案研究四十多年了，他们口语不会说，看档案的时候也特别费劲，都是离不开字典，他们看三份文件的时间，我们可能看完十五份文件了。像我这种四十年的功夫，看满文拼音，就像看方块文字一样。

金宝森（北京满文书院院长，清史学者，清兴祖直皇帝福满三子索长阿后裔）

据我所知，现在世界各国还是挺重视对满文的研究的。比如美国、意大利、韩国、日本，都有专门研究满文的机构。

载入京华

406

407

吴元丰（中国第一历史档案馆满文处主任、研究馆员，锡伯族）

大家可能知道美国现在提出来一个观点，叫新清史。他们提了两个最核心的问题，用满文的原始档案，用满族人的眼光，来研究清代的历史，他们就叫新清史。他们这么说，可能也是针对中国大量的搞清代历史、满族历史和中国边疆史的人都不懂满文的情况，可能就有意地想欺负欺负你。八旗、边疆、内务府、宗人府，很多入关前的东西，全部都是满文记载的，你几乎就看不到汉文，靠我们档案馆的这些人翻译，我们这辈子能翻译多少？

金宝森（北京满文书院院长，清史学者，清兴祖直皇帝福满三子索长阿后裔）

国内满文的现状是令人担忧的，研究机构基本没有。传授机构的话，你看中央民族大学也没有满文教学，当初民族大学教课的时候，培养研究生的时候才教满文，他们没有教材，得上满文书院来买教材。

吴元丰（中国第一历史档案馆满文处主任、研究馆员，锡伯族）

我们档案馆原来是事业单位，从 2008 年改成参公单位以后，我们招人全都是国考以后才能招，这样的话，给我们带来很大的困难。我们〇八年、〇九年、一〇年每年两次招人，几乎都招不到，很多连笔试（合格线）都超不过。

金宝森（北京满文书院院长，清史学者，清兴祖直皇帝福满三子索长阿后裔）

我想借这个机会，再次呼吁国家应该重视对满文人才的培养，满文档案、满文资料的挖掘整理，因为这个对我们国家是很重要的。

电视专题片

第十四集 自强不息骁骑后——金宝森与满文书院

采访结束时，吴老师欣然接受了我们提出的让他展示满语口语的请求。

吴元丰（中国第一历史档案馆满文处主任、研究馆员，锡伯族）

（满语自我介绍）我叫吴元丰，在中国第一历史档案馆满文处工作，从事满文档案研究工作四十多年了，每天都在看皇帝批的、写的文书，感到很享受，每天就像看故事一样。所以我哪儿都不想去，这辈子待在这……

（继续保留满语同期声）失传已久的陌生语言，流畅动听的古老音韵，仿佛时空倒流，让我们穿越回到清朝，某一个晴朗而祥和的早晨。此时，我们默默祝福满语，作为中华文明的一个重要文化遗存，得以传承下去。

第十五集　飞入寻常百姓家
——爱新觉罗的今天

采访接近尾声，可爱新觉罗家族的故事，却远远没有讲完。从 1644 年占据北京算起，到 1911 年被推翻，以这个家族为核心的大清王朝统治中国的 267 年之间，竟然超过半数的时间都处于盛世，这在中国历代的王朝统治中绝无仅有！然而，以爱新觉罗氏为核心的满洲民族共同体，以少数民族的身份入主中原，又势必给这里的原住民带来过无法回避的伤害。加之鸦片战争以来，列强环伺，一次次丧权辱国条约的签订，为清末的统治者招来千古骂名……

载入京华

如此种种，千秋功过，又当如何评说？

定宜庄（中国社会科学院历史所研究员）

实际上现在说满族，这个概念本身就挺难阐释清楚的。因为满族是到了 20 世纪 50 年代，就是国家民委确定民族族称的时候，才有的称呼，在这之前它不叫满族。1635 年，就是清朝皇太极天聪九年的时候，确定的族号是满洲。努尔哈赤兴起以后，所有归顺他们的人，都会纳入八旗里。到了清代的时候，他们是以八旗组织在这个社会上存在的。八旗里的人和其他的人在户籍上有区别，在八旗里面的，户籍上就是旗人；没有在八旗里面的（主要是汉人）就是民人。所以那个时候就把这群人称为旗人。

金大钧（努尔哈赤位下豫通亲王多铎后裔）

这个家族是一个历史的产物，它跟历史是一个剪不断理还乱的关系。

京梅（作家，晚清史专家）

如果把整个中华民族看成是一个大家庭的话，那么清朝人主中原，就只是一个朝代的更迭，和其他封建王朝的朝代更迭是一样的。历史上，中原这个地方，也不是都由汉族统治的。像北魏，北魏是鲜卑族，唐朝李世民也有一半鲜卑人的血统。像后来的辽，是契丹族；再有金，是女真族；西夏是党项族。各个民族是轮番走上中华民族这块历史舞台的。

金宝森（北京满文书院院长，清史学者，清兴祖直皇帝福满三子索长阿后裔）

康雍乾盛世那个时代，不管怎么赞扬它都是不过分的。从国家的经济实力来看；从辽阔的国土来看；从百姓的生活来看；从发达的文化来看，都是无可比拟的！乾隆时期的瓷器到现在还是受到世界各国人民追捧的瓷器，是不是？他的诗词也是不可小觑的。这三代皇帝都是有为的。

吴元丰（中国第一历史档案馆满文处主任、研究馆员，锡伯族）

三千年的文化，甚至是五千年的文化，包括满族人建立的两个政权。一个王朝，在北京建立的，最早的，真正的，比较大的都城，是从满族人他们的前人女真人开始的。满族是建立过两个王朝的民族，而且也是使用了两种文字的民族，在金朝他们创造了女真文。语言上也是这样。

京梅（作家，晚清史专家）

如果按照有的观点，认为满族入主中原是侵略的话，那么，汉族的祖先黄帝也曾经是一个入侵者。黄帝部落最初是在黄河上游，甘肃、陕西那一带活动；而生活在黄河的中下游一带的是蚩尤部落。后来呢，蚩尤被黄帝联合炎帝部落打败并且杀死了。然后，战败的蚩尤部落就逃往南方，就是现在的苗族，苗族是蚩尤的后裔。后来，中国的历代统治者，不断地在打苗族，使得他们的子孙一代一代地向南迁徙，退到湘西、贵州、海南岛。你说这是不是侵略呢？所以我觉得，中华民族是一个大的家庭，这些是我们大家庭里兄弟之间自己的事情。

载人京华

吴元丰（中国第一历史档案馆满文处主任、研究馆员，锡伯族）

把汉文化成果翻译成少数民族语言的，清代是到了顶峰，这对中原文化跟周边文化，跟别的民族文化的交流发挥了很大的作用。乾隆朝编了一个《御制五体清文鉴》，就是满、蒙、藏、维、汉五体形字典，到现在，我没看过其他有三个民族的语言放在一起编字典的。

京梅（作家，晚清史专家）

我觉得清朝对中华民族的发展还是做出了一定贡献，甚至说很大贡献的。首先，清朝的疆土是我们历朝历代实行有效统治里最大的疆土，这个从历代的地图上就可以看到；其次是文化上，从战国开始的各种文体，像骈体文、赋、诗、词、曲、杂剧、小说等，在清朝都不同程度得到了发展。而且，它还留下了《古今图书集成》《四库全书》这些大型图书。

吴元丰（中国第一历史档案馆满文处主任、研究馆员，锡伯族）

几千年来，咱们历代封建王朝留下来的真正的档案，清代是最多的。明代档案是三千多件，唐代剩下来的档案才几百件。所以说满文和满语应该要保护。

京梅（作家，晚清史专家）

曹雪芹给人类的文明史留下了那么一部恢宏的巨著；纳兰性德在当代拥有那么多年轻的粉丝。还有，咱们现在普通话的语音；经常吃的美食，像春饼、涮羊肉等，这都是满族从关外带进来的。一个民族，你在你国家这个大"家族"里，占有什么样的位置，并不在于你能够保留下多少属于自己小民族的原始特色，而在于你对这个大的民族贡献了多少主流的东西。

而对于鸦片战争后，清政府统治下的中国，沦为了半封建半殖民地的现实，作家京梅认为：

京梅（作家，晚清史专家）

我觉得这个责任不应该由清朝去承担，也不应该由某一个民族、某一个姓氏、某一个人去承担。清末的这种状况，是中国古老的农业文明、两千年儒家文化和西方近代工业文明相遭遇、相冲撞所产生的一个必然的结果，这个结果是任何人都不可能改变的。

三百年时光，相对于历史的长河而言，远远够不上沧海桑田。然而，就在这三百多年的时间里，爱新觉罗家族，从中原人眼中野蛮的"北虏"，变成至高无上的九五之尊，再沦为横遭驱除的"鞑虏""牛鬼蛇神"，之后又重新被赋予了"天潢贵胄"称号。这种大起大落的传奇经历，在中国乃至世界的历史上恐怕也是绝无仅有！如今，这些"天潢贵胄"们，又会对这一切，有着怎样的感慨与体会呢？

启骧（雍正位下和亲王弘昼后裔）

这都是历史的过程，我没有，也不觉得我是个皇族的后裔就怎么光荣了；也不觉得清朝灭亡了我有什么耻辱，这个是历史的一种必然。我想，作为我们家族的人，我们每个人都做好自己的事情就可以了。

载人京华

412

金宝森（北京满文书院院长，清史学者，清兴祖直皇帝福满三子索长阿后裔）

多数爱新觉罗家族的成员都是普通老百姓，只有一些皇亲贵族，他们是一个特殊的群体，但是这个群体也基本消失了。这样的话，如果再过分强调爱新觉罗家族，我觉得好像没有太多的必要，他们也是中国老百姓里面的一员了。有些人有点儿过分关注爱新觉罗家族，我觉得没必要。

金毓璋（道光位下醇贤亲王奕譞后裔）

显赫已经成为历史，过去了，现在就是老百姓，过老百姓的生活。拿我们的小家来说吧，我有一个女儿，一个女婿，还有一个外孙女，然后我和我爱人，就是这么简单的五口之家，所以说是非常普通的老百姓。

金宝森（北京满文书院院长，清史学者，清兴祖直皇帝福满三子索长阿后裔）

这个爱新觉罗，我应该特别纠正一下，同时我也要纠正我自己。就是说，在满语里边不是爱新觉（jué）罗，是爱新觉（jiǎo）罗，他是发"角"的音，爱新觉（jiǎo）罗，不是觉（jué）罗。这个家族，我认为是满族里边挺优秀的一支，但是也不是说好像爱新觉罗是天潢贵胄，了不得了，也不是这样。因此，我衷心地呼吁社会各界，不要把这个姓氏看成一个高贵的姓氏或者是什么特殊的群体。

金连经（皇太极位下肃武亲王豪格后裔）

爱新觉罗这个姓，确实在中国的历史上只有这一家，这个倒是有它的特殊性。但是现在不管什么人都愿意往爱新觉罗家族里头挤，这不是一种特别正常的现象。

恒钺（道光位下恭忠亲王奕䜣后裔）

变成平民以后怎么样？更多的我觉得还是一种责任，不能够以自己的姓氏来作为等级的划分，我觉得这更是现代人的一种责任！你看我的作品，骨子里都是对权力的解构，对皇权的揶揄，对封建主义的鞭笞。这个工作我们还要做，我们还远远没有结束，中国还有很长的反封建的路要走。

而对属于自己家族的王朝被辛亥革命推翻这件陈年往事，这些演变为平民的"天潢贵胄"则远远没有了他们祖辈、父辈的伤情与激愤，取而代之的是一种历史的眼光与高度。毕竟时光远去，一百年已经不算太短。

毓嶦（道光位下恭忠亲王奕䜣后裔）

中国就是这样，一个朝代接着一个朝代。周朝八百年，最长了；完了是唐宋元明清，二三百年一个。大清国快三百年了，这也不算短了。到时候就完了，大清国完了以后就改民国了。

金诚（努尔哈赤位下礼烈亲王代善后裔）

首先是在国际上不能跟着形势走，然后自己腐败，那么清朝灭亡就是大势所趋，是必然灭亡的。所幸的是最后没有流血，这是爱新觉罗家族，包括隆裕太后在内的一个历史的功德。否则南北战争打起来，全是老百姓牺牲。

金宝森（北京满文书院院长，清史学者，清兴祖直皇帝福满三子索长阿后裔）

清朝灭亡倒也符合历史的发展规律，从兴到衰，这么一个过程。因此，对清王朝的灭亡我并不惋惜，我认为它也应该灭亡，从社会、历史发展来看，它也应该截止了。

恒钺（道光位下恭忠亲王奕䜣后裔）

当然，清朝灭亡以后，还有很多反复。中国对王朝的这种延续，有一种东方式的根深蒂固的东西。我们可能还要付出很多的努力，几代人的努力，才能走出封建的阴影，还是要努力的。

应该说满族是一个善于学习的民族，而爱新觉罗家族尤其如是。从最初弯弓走马、战场厮杀的巴图鲁，到后来吟诗作画、舞文弄墨的儒雅文士，有人说，包括爱新觉罗家族在内的满族早已被全盘汉化了，如今，除却族称之外，已然一无所有。对此，专家们表示出不同的看法。

京梅（作家，晚清史专家）

为什么世界上原有的四大文明古国现在都消失了，唯独我们的中华文明还在呢？就是因为它在这几千年里，不断融合各个民族的新鲜血液，新鲜的文化，不断地充实自己，提升自己。满族这个民族，它的一些习俗、特征，现在确实已经看不到了。有人就说它完全被先进的汉族文化同化掉了。我不认为完全是这样，我觉得它学习并吸收汉族文化的同时，也为汉族的文明、文化贡献了很多。

定宜庄（中国社会科学院历史所研究员）

过去有一个很普遍的观点：少数民族一旦进入中原，就会被汉化，被汉化以后它就消失了。我不同意这个观点。我们用另外一个词，涵化，好不好？不是汉化而是涵化，涵就是三点水涵养的涵。什么叫涵化呢？就是虽然它自己融入到这个群体里，但是它的文化、它的观念、它的特点，和其他民族之间还在互相影响、互相吸收，也就是共同发展。所以不能说它就是消失了。

谈到辛亥以降社会上普遍认为爱新觉罗后裔只能写字画画，八旗子弟只剩下提笼架鸟的本事，老先生们纷纷对着我们的镜头，说出了自己埋藏心底许多年的心声：

金宝森（北京满文书院院长，清史学者，清兴祖直皇帝福满三子索长阿后裔）

有人说你们满族人因为有俸禄，因此你们只会提笼架鸟，不会干事。实际上这是一种误解。满族人有这样一条规定，就是你这孩子成丁以后，你必须去当兵，你只有这么一条义务，就是当兵，不能去学做别的事去。你看改革开放以来，满族人成为著名企业家的很少很少。他不会做买卖，不但现在不会，而且以前也不会。为什么呢？他只能为国当兵去，只能有这一条出路！

启骧（雍正位下和亲王弘昼后裔）

我们家族的很多人都去搞一些字画，因为他们有这种特长，又受过这种熏陶，我想这个没有什么可炫耀的，也没有什么可自卑的。我们家族的人现在写字、画画的人多，但再过二十年，大概也不多了，这是历史的一个过程。

载入京华

416

417

金毓璋（道光位下醇贤亲王奕譞后裔）

我想让大家了解到，爱新觉罗家族也是热爱社会主义祖国，热爱共产党的这么一个非常普通的家族。家族里的人虽然都是普通的老百姓，但也是满族的一个很重要的组成部分，也想为祖国贡献自己的力量。现在正是我们发挥自己的能量来工作，来使社会主义祖国更加美好的这么一个时机。

暗淡远古的刀光，走出历史的辉煌，淡薄往昔的荣华，洗却曾经的伤痛。真诚祝福，爱新觉罗这个曾经显赫数百年、对中华民族历史产生过重要影响的家族，能够以一种愉悦、轻松的姿态，重新融入当今时代，并且生活得健康、幸福！

吴元丰（中国第一历史档案馆满文处主任、研究馆员，锡伯族）

作为一个人，应该知道自己家族的历史，应该知道自己民族的历史，应该知道自己国家的历史，这都是应该的。不然的话，不知道自己来自哪，他就是无源之水，很空洞。人随着年龄的增长，知识的增加，都会想知道我来自哪，我的根在哪。这不是狭隘，这是人到一定程度的时候才能想到的问题。包括家族怎么走过来的，我应该继承什么，我应该扬弃什么。咱们现在电视上讲家风，也是一样的事。一个家庭、一个家族、一个社会、一个国家，都有一些需要传承的东西，一些优良的传统。

翻开中国人最熟悉的《现代汉语词典》，在我国历代纪元表中，您会看到有关这个家族的最简单记载：清【爱新觉罗氏】（1616—1911），建国于1616年，初称后金，1636年始改国号为清，1644 年入关。也许，更多的时候，历史仅仅是一行文字。然而，历史深处的真相，却往往是一个个匆匆走过的、无可复制的生命⋯⋯

载人京华